TRANZLATY

La Langue est pour tout le Monde

Bahasa adalah untuk semua orang

L'appel de la forêt

Panggilan Alam Liar

Jack London

Français / Bahasa Melayu

Dans le primitif
Menjadi Primitif

Buck ne lisait pas les journaux
Buck tidak membaca surat khabar.
S'il avait lu les journaux, il aurait su que des problèmes se préparaient.
Sekiranya dia membaca surat khabar, dia akan tahu masalah sedang berlaku.
Il y avait des problèmes non seulement pour lui-même, mais pour tous les chiens de la marée.
Terdapat masalah bukan sahaja untuk dirinya sendiri, tetapi untuk setiap anjing air pasang.
Tout chien musclé et aux poils longs et chauds allait avoir des ennuis.
Setiap anjing yang kuat otot dan dengan rambut yang hangat dan panjang akan menghadapi masalah.
De Puget Bay à San Diego, aucun chien ne pouvait échapper à ce qui allait arriver.
Dari Puget Bay ke San Diego tiada anjing dapat melarikan diri dari apa yang akan datang.
Des hommes, tâtonnant dans l'obscurité de l'Arctique, avaient trouvé un métal jaune.
Lelaki, meraba-raba dalam kegelapan Artik, telah menemui logam kuning.
Les compagnies de navigation et de transport étaient à la recherche de cette découverte.
Syarikat kapal wap dan pengangkutan mengejar penemuan itu.
Des milliers d'hommes se précipitaient vers le Nord.
Beribu-ribu lelaki bergegas ke Northland.
Ces hommes voulaient des chiens, et les chiens qu'ils voulaient étaient des chiens lourds.
Lelaki ini mahukan anjing, dan anjing yang mereka inginkan adalah anjing berat.
Chiens dotés de muscles puissants pour travailler.
Anjing dengan otot yang kuat untuk bekerja keras.

Chiens avec des manteaux de fourrure pour les protéger du gel.
Anjing dengan bulu berbulu untuk melindungi mereka daripada fros.

Buck vivait dans une grande maison dans la vallée ensoleillée de Santa Clara.
Buck tinggal di sebuah rumah besar di Lembah Santa Clara yang dicium matahari.
La maison du juge Miller s'appelait ainsi.
Di tempat Hakim Miller, rumahnya dipanggil.
Sa maison se trouvait en retrait de la route, à moitié cachée parmi les arbres.
Rumahnya berdiri di belakang dari jalan, separuh tersembunyi di antara pokok.
On pouvait apercevoir la large véranda qui courait autour de la maison.
Seseorang boleh melihat sekilas beranda luas yang berjalan di sekeliling rumah.
On accédait à la maison par des allées gravillonnées.
Rumah itu dihampiri oleh jalan masuk berbatu.
Les sentiers serpentaient à travers de vastes pelouses.
Laluan itu meliuk-liuk melalui rumput yang terbentang luas.
Au-dessus de nos têtes se trouvaient les branches entrelacées de grands peupliers.
Di atas kepala adalah dahan jalinan poplar tinggi.
À l'arrière de la maison, les choses étaient encore plus spacieuses.
Di bahagian belakang rumah, keadaan lebih luas.
Il y avait de grandes écuries, où une douzaine de palefreniers discutaient
Terdapat kandang kuda yang besar, di mana sedozen pengantin lelaki sedang berbual
Il y avait des rangées de maisons de serviteurs recouvertes de vigne
Terdapat deretan pondok pelayan berpakaian anggur

Et il y avait une gamme infinie et ordonnée de toilettes extérieures

Dan terdapat susunan rumah luar yang tidak berkesudahan dan teratur

Longues tonnelles de vigne, pâturages verts, vergers et parcelles de baies.

Arbors anggur panjang, padang rumput hijau, dusun, dan tompok beri.

Ensuite, il y avait l'usine de pompage du puits artésien.

Kemudian terdapat loji pengepaman untuk perigi artesis.

Et il y avait le grand réservoir en ciment rempli d'eau.

Dan terdapat tangki simen besar yang dipenuhi air.

C'est ici que les garçons du juge Miller ont fait leur plongeon matinal.

Di sini anak lelaki Hakim Miller mengambil risiko pagi mereka.

Et ils se sont rafraîchis là-bas aussi dans l'après-midi chaud.

Dan mereka menyejukkan di sana pada waktu petang yang panas juga.

Et sur ce grand domaine, Buck était celui qui régnait sur tout.

Dan atas domain yang hebat ini, Buck adalah orang yang memerintah semua itu.

Buck est né sur cette terre et y a vécu toutes ses quatre années.

Buck dilahirkan di tanah ini dan tinggal di sini selama empat tahun.

Il y avait bien d'autres chiens, mais ils n'avaient pas vraiment d'importance.

Memang ada anjing lain, tetapi mereka tidak begitu penting.

D'autres chiens étaient attendus dans un endroit aussi vaste que celui-ci.

Anjing lain dijangka berada di tempat yang seluas ini.

Ces chiens allaient et venaient, ou vivaient à l'intérieur des chenils très fréquentés.

Anjing-anjing ini datang dan pergi, atau tinggal di dalam kandang yang sibuk.

Certains chiens vivaient cachés dans la maison, comme Toots et Ysabel.

Beberapa anjing tinggal tersembunyi di dalam rumah, seperti yang dilakukan oleh Toots dan Ysabel.

Toots était un carlin japonais, Ysabel un chien nu mexicain.

Toots ialah anjing Jepun, Ysabel anjing Mexico yang tidak berbulu.

Ces étranges créatures sortaient rarement de la maison.

Makhluk aneh ini jarang melangkah keluar rumah.

Ils n ont pas touché le sol, ni respiré l'air libre à l'extérieur.

Mereka tidak menyentuh tanah, atau menghidu udara terbuka di luar.

Il y avait aussi les fox-terriers, au moins une vingtaine.

Terdapat juga terrier musang, sekurang-kurangnya dua puluh jumlahnya.

Ces terriers aboyaient férocement sur Toots et Ysabel à l'intérieur.

Terrier ini menyalak dengan ganas ke arah Toots dan Ysabel di dalam rumah.

Toots et Ysabel sont restés derrière les fenêtres, à l'abri du danger.

Toots dan Ysabel tinggal di belakang tingkap, selamat daripada bahaya.

Ils étaient gardés par des domestiques munies de balais et de serpillères.

Mereka dikawal oleh pembantu rumah dengan penyapu dan mop.

Mais Buck n'était pas un chien de maison, et il n'était pas non plus un chien de chenil.

Tetapi Buck bukan anjing rumah, dan dia juga bukan anjing kennel.

L'ensemble de la propriété appartenait à Buck comme son royaume légitime.

Keseluruhan harta itu adalah milik Buck sebagai kerajaan yang sah.

Buck nageait dans le réservoir ou partait à la chasse avec les fils du juge.

Buck berenang di dalam tangki atau pergi memburu dengan anak-anak Hakim.

Il marchait avec Mollie et Alice tôt ou tard le soir.

Dia berjalan bersama Mollie dan Alice pada waktu awal atau lewat.

Lors des nuits froides, il s'allongeait devant le feu de la bibliothèque avec le juge.

Pada malam-malam yang dingin dia berbaring di hadapan kebakaran perpustakaan bersama Hakim.

Buck a promené les petits-fils du juge sur son dos robuste.

Buck memberi tumpangan kepada cucu Hakim di punggungnya yang kuat.

Il roula dans l'herbe avec les garçons, les surveillant de près.

Dia berguling-guling di rumput bersama budak-budak itu, menjaga mereka dengan ketat.

Ils s'aventurèrent jusqu'à la fontaine et même au-delà des champs de baies.

Mereka menjelajah ke air pancut dan juga melepasi ladang beri.

Parmi les fox terriers, Buck marchait toujours avec une fierté royale.

Di antara terrier musang, Buck sentiasa berjalan dengan bangga diraja.

Il ignora Toots et Ysabel, les traitant comme s'ils étaient de l'air.

Dia tidak mengendahkan Toots dan Ysabel, melayan mereka seperti udara.

Buck régnait sur toutes les créatures vivantes sur les terres du juge Miller.

Buck memerintah semua makhluk hidup di tanah Hakim Miller.

Il régnait sur les animaux, les insectes, les oiseaux et même les humains.

Dia memerintah haiwan, serangga, burung, dan juga manusia.

Le père de Buck, Elmo, était un énorme et fidèle Saint-Bernard.

Bapa Buck, Elmo, adalah seorang St. Bernard yang besar dan setia.

Elmo n'a jamais quitté le juge et l'a servi fidèlement.

Elmo tidak pernah meninggalkan pihak Hakim, dan melayaninya dengan setia.

Buck semblait prêt à suivre le noble exemple de son père.

Buck nampaknya bersedia untuk mengikuti teladan murni bapanya.

Buck n'était pas aussi gros, pesant cent quarante livres.

Buck tidak begitu besar, seberat seratus empat puluh paun.

Sa mère, Shep, était un excellent chien de berger écossais.

Ibunya, Shep, adalah anjing gembala Scotch yang baik.

Mais même avec ce poids, Buck marchait avec une présence royale.

Tetapi walaupun pada berat itu, Buck berjalan dengan kehadiran agung.

Cela venait de la bonne nourriture et du respect qu'il recevait toujours.

Ini datang dari makanan yang enak dan penghormatan yang selalu diterimanya.

Pendant quatre ans, Buck a vécu comme un noble gâté.

Selama empat tahun, Buck telah hidup seperti seorang bangsawan yang manja.

Il était fier de lui, et même légèrement égoïste.

Dia bangga dengan dirinya sendiri, malah sedikit ego.

Ce genre de fierté était courant chez les seigneurs des régions reculées.

Kebanggaan seperti itu adalah perkara biasa di kalangan tuan-tuan negara terpencil.

Mais Buck s'est sauvé de devenir un chien de maison choyé.

Tetapi Buck menyelamatkan dirinya daripada menjadi anjing rumah yang dimanjakan.

Il est resté mince et fort grâce à la chasse et à l'exercice.

Dia kekal kurus dan kuat melalui pemburuan dan senaman.

Il aimait profondément l'eau, comme les gens qui se baignent dans les lacs froids.

Dia sangat menyukai air, seperti orang yang mandi di tasik yang sejuk.

Cet amour pour l'eau a gardé Buck fort et en très bonne santé.

Kecintaan terhadap air ini membuatkan Buck kuat, dan sangat sihat.

C'était le chien que Buck était devenu à l'automne 1897.

Ini adalah anjing yang Buck telah menjadi pada musim luruh tahun 1897.

Lorsque la découverte du Klondike a attiré des hommes vers le Nord gelé.

Apabila serangan Klondike menarik lelaki ke Utara beku.

Des gens du monde entier se sont précipités vers ce pays froid.

Orang ramai bergegas dari seluruh dunia ke tanah yang sejuk.

Buck, cependant, ne lisait pas les journaux et ne comprenait pas les nouvelles.

Buck, bagaimanapun, tidak membaca kertas itu, atau memahami berita.

Il ne savait pas que Manuel était un homme désagréable à fréquenter.

Dia tidak tahu Manuel adalah seorang yang jahat untuk berada di sekelilingnya.

Manuel, qui aidait au jardin, avait un problème grave.

Manuel, yang membantu di taman, mempunyai masalah yang mendalam.

Manuel était accro aux jeux de loterie chinois.

Manuel ketagih berjudi dalam loteri Cina.

Il croyait également fermement en un système fixe pour gagner.

Dia juga sangat percaya pada sistem tetap untuk menang.

Cette croyance rendait son échec certain et inévitable.

Kepercayaan itu menjadikan kegagalannya pasti dan tidak dapat dielakkan.

Jouer un système exige de l'argent, ce qui manquait à Manuel.

Memainkan sistem memerlukan wang, yang kekurangan Manuel.

Son salaire suffisait à peine à subvenir aux besoins de sa femme et de ses nombreux enfants.

Gajinya hampir tidak dapat menampung isteri dan ramai anak.

La nuit où Manuel a trahi Buck, les choses étaient normales.

Pada malam Manuel mengkhianati Buck, keadaan adalah normal.

Le juge était présent à une réunion de l'Association des producteurs de raisins secs.

Hakim berada di mesyuarat Persatuan Penanam Kismis.

Les fils du juge étaient alors occupés à former un club d'athlétisme.

Anak-anak Hakim sedang sibuk membentuk kelab olahraga ketika itu.

Personne n'a vu Manuel et Buck sortir par le verger.

Tiada siapa yang melihat Manuel dan Buck pergi melalui kebun.

Buck pensait que cette promenade n'était qu'une simple promenade nocturne.

Buck menganggap berjalan kaki ini hanyalah berjalan-jalan pada waktu malam.

Ils n'ont rencontré qu'un seul homme à la station du drapeau, à College Park.

Mereka hanya bertemu seorang lelaki di stesen bendera, di College Park.

Cet homme a parlé à Manuel et ils ont échangé de l'argent.

Lelaki itu bercakap dengan Manuel, dan mereka bertukar wang.

« Emballez les marchandises avant de les livrer », a-t-il suggéré.

"Balut barang sebelum anda menghantarnya," dia mencadangkan.

La voix de l'homme était rauque et impatiente lorsqu'il parlait.

Suara lelaki itu kasar dan tidak sabar semasa dia bercakap.

Manuel a soigneusement attaché une corde épaisse autour du cou de Buck.

Manuel dengan berhati-hati mengikat tali tebal di leher Buck.

« Tournez la corde et vous l'étoufferez abondamment »

"Pusingkan tali, dan anda akan tercekik dia"

L'étranger émit un grognement, montrant qu'il comprenait bien.

Orang asing itu merengus, menunjukkan dia faham.

Buck a accepté la corde avec calme et dignité tranquille ce jour-là.

Buck menerima tali itu dengan tenang dan bermaruah pada hari itu.

C'était un acte inhabituel, mais Buck faisait confiance aux hommes qu'il connaissait.

Ia adalah satu tindakan yang luar biasa, tetapi Buck mempercayai lelaki yang dia kenali.

Il croyait que leur sagesse allait bien au-delà de sa propre pensée.

Dia percaya kebijaksanaan mereka melampaui pemikirannya sendiri.

Mais ensuite la corde fut remise entre les mains de l'étranger.

Tetapi kemudian tali itu diserahkan kepada tangan orang yang tidak dikenali itu.

Buck émit un grognement sourd qui avertissait avec une menace silencieuse.

Buck memberikan geraman rendah yang memberi amaran dengan ancaman senyap.

Il était fier et autoritaire, et voulait montrer son mécontentement.

Dia bangga dan memerintah, dan bermaksud untuk menunjukkan rasa tidak senangnya.

Buck pensait que son avertissement serait compris comme un ordre.

Buck percaya amarannya akan difahami sebagai perintah.

À sa grande surprise, la corde se resserra rapidement autour de son cou épais.

Terkejut, tali itu diketatkan pantas di leher tebalnya.

Son air fut coupé et il commença à se battre dans une rage soudaine.

Udaranya terputus dan dia mula melawan secara tiba-tiba.

Il s'est jeté sur l'homme, qui a rapidement rencontré Buck en plein vol.

Dia melompat ke arah lelaki itu, yang segera bertemu Buck di udara.

L'homme attrapa Buck par la gorge et le fit habilement tourner dans les airs.

Lelaki itu menangkap kerongkong Buck dan dengan mahir memulasnya ke udara.

Buck a été violemment projeté au sol, atterrissant à plat sur le dos.

Buck dilemparkan ke bawah dengan kuat, mendarat di belakangnya.

La corde l'étranglait alors cruellement tandis qu'il donnait des coups de pied sauvages.

Tali itu kini mencekiknya dengan kejam manakala dia menendang liar.

Sa langue tomba, sa poitrine se souleva, mais il ne reprit pas son souffle.

Lidahnya terkeluar, dadanya berombak, tetapi tidak bernafas.

Il n'avait jamais été traité avec une telle violence de sa vie.

Dia tidak pernah dilayan dengan keganasan sebegitu seumur hidupnya.

Il n'avait jamais été rempli d'une fureur aussi profonde auparavant.

Dia juga tidak pernah dipenuhi dengan kemarahan yang begitu mendalam sebelum ini.

Mais le pouvoir de Buck s'est estompé et ses yeux sont devenus vitreux.

Tetapi kuasa Buck pudar, dan matanya bertukar berkaca.

Il s'est évanoui juste au moment où un train s'arrêtait à proximité.

Dia pengsan ketika kereta api dipandu berhampiran.

Les deux hommes le jetèrent alors rapidement dans le fourgon à bagages.

Kemudian dua lelaki itu mencampakkannya ke dalam kereta bagasi dengan pantas.

La chose suivante que Buck ressentit fut une douleur dans sa langue enflée.

Perkara seterusnya yang Buck rasakan ialah sakit pada lidahnya yang bengkak.

Il se déplaçait dans un chariot tremblant, à peine conscient.

Dia bergerak dalam kereta yang bergoncang, hanya dalam keadaan samar-samar.

Le cri aigu d'un sifflet de train indiqua à Buck où il se trouvait.

Jeritan tajam wisel kereta memberitahu Buck lokasinya.

Il avait souvent roulé avec le juge et connaissait ce sentiment.

Dia sering menumpang dengan Hakim dan tahu perasaan itu.

C'était le choc unique de voyager à nouveau dans un fourgon à bagages.

Ia adalah kejutan yang unik untuk mengembara dengan kereta bagasi sekali lagi.

Buck ouvrit les yeux et son regard brûla de rage.

Buck membuka matanya, dan pandangannya terbakar dengan kemarahan.

C'était la colère d'un roi fier déchu de son trône.

Ini adalah kemarahan seorang raja yang sombong yang diambil dari takhtanya.

Un homme a tenté de l'attraper, mais Buck a frappé en premier.

Seorang lelaki mencapainya untuk menangkapnya, tetapi Buck lebih dahulu menyerangnya.

Il enfonça ses dents dans la main de l'homme et la serra fermement.

Dia membenamkan giginya ke dalam tangan lelaki itu dan memegang erat.

Il ne l'a pas lâché jusqu'à ce qu'il s'évanouisse une deuxième fois.

Dia tidak melepaskan sehingga dia pingsan untuk kali kedua.

« Ouais, il a des crises », murmura l'homme au bagagiste.

"Ya, sudah muat," lelaki itu bergumam kepada penjaga bagasi.

Le bagagiste avait entendu la lutte et s'était approché.

Pengangkut barang telah mendengar pergelutan dan mendekat.

« Je l'emmène à Frisco pour le patron », a expliqué l'homme.

"Saya akan membawanya ke 'Frisco untuk bos," jelas lelaki itu.

« Il y a un excellent vétérinaire qui dit pouvoir les guérir. »

"Ada doktor anjing yang baik di sana yang mengatakan dia boleh menyembuhkan mereka."

Plus tard dans la soirée, l'homme a donné son propre récit complet.

Kemudian malam itu lelaki itu memberikan akaun penuhnya sendiri.

Il parlait depuis un hangar derrière un saloon sur les quais.

Dia bercakap dari bangsal di belakang saloon di dok.

« Tout ce qu'on m'a donné, c'était cinquante dollars », se plaignit-il au vendeur du saloon.

"Apa yang saya berikan hanyalah lima puluh dolar," dia mengadu kepada lelaki saloon itu.

« Je ne le referais pas, même pour mille dollars en espèces. »

"Saya tidak akan melakukannya lagi, walaupun untuk seribu wang tunai sejuk."

Sa main droite était étroitement enveloppée dans un tissu ensanglanté.

Tangan kanannya dibalut kemas dengan kain berdarah.

Son pantalon était déchiré du genou au pied.

Kaki seluarnya terkoyak luas dari lutut ke kaki.

« Combien a été payé l'autre idiot ? » demanda le vendeur du saloon.

"Berapa bayaran mug yang lain itu?" tanya lelaki saloon itu.

« Cent », répondit l'homme, « il n'accepterait pas un centime de moins. »

"Seratus," lelaki itu menjawab, "dia tidak akan mengambil kurang satu sen pun."

« Cela fait cent cinquante », dit le vendeur du saloon.

"Itu sampai seratus lima puluh," kata lelaki saloon itu.

« Et il vaut tout ça, sinon je ne suis pas meilleur qu'un imbécile. »

"Dan dia berbaloi dengan semua itu, atau saya tidak lebih baik daripada orang bodoh."

L'homme ouvrit les emballages pour examiner sa main.

Lelaki itu membuka pembalut untuk memeriksa tangannya.

La main était gravement déchirée et couverte de sang séché.

Tangan itu koyak teruk dan berkerak darah kering.

« Si je n'ai pas l' hydrophobie… » commença-t-il à dire.

"Jika saya tidak mengalami hidrofobia…" dia mula berkata.

« Ce sera parce que tu es né pour être pendu », dit-il en riant.

"Ia adalah kerana anda dilahirkan untuk menggantung," terdengar ketawa.

« Viens m'aider avant de partir », lui a-t-on demandé.

"Mari bantu saya sebelum anda pergi," dia diminta.

Buck était dans un état second à cause de la douleur dans sa langue et sa gorge.

Buck terpinga-pinga kerana sakit di lidah dan tekaknya.

Il était à moitié étranglé et pouvait à peine se tenir debout.

Dia separuh tercekik, dan hampir tidak dapat berdiri tegak.

Pourtant, Buck essayait de faire face aux hommes qui l'avaient blessé ainsi.

Namun, Buck cuba berdepan dengan lelaki yang telah menyakitinya begitu.

Mais ils le jetèrent à terre et l'étranglèrent une fois de plus.

Tetapi mereka melemparkannya dan mencekiknya sekali lagi.

Ce n'est qu'à ce moment-là qu'ils ont pu scier son lourd collier de laiton.

Hanya selepas itu mereka boleh melihat kolar loyangnya yang berat.

Ils ont retiré la corde et l'ont poussé dans une caisse.

Mereka mengeluarkan tali dan menolaknya ke dalam peti.

La caisse était petite et avait la forme d'une cage en fer brut.

Peti itu kecil dan berbentuk seperti sangkar besi yang kasar.

Buck resta allongé là toute la nuit, rempli de colère et d'orgueil blessé.

Buck berbaring di sana sepanjang malam, dipenuhi dengan kemarahan dan kebanggaan yang terluka.

Il ne pouvait pas commencer à comprendre ce qui lui arrivait.

Dia tidak dapat mula memahami apa yang berlaku kepadanya.

Pourquoi ces hommes étranges le gardaient-ils dans cette petite caisse ?

Mengapa lelaki pelik ini menyimpannya di dalam peti kecil ini?

Que voulaient-ils de lui et pourquoi cette cruelle captivité ?

Apa yang mereka mahu dengannya, dan mengapa penahanan yang kejam ini?

Il ressentait une pression sombre, un sentiment de catastrophe qui se rapprochait.

Dia merasakan tekanan gelap; rasa bencana semakin dekat.

C'était une peur vague, mais elle pesait lourdement sur son esprit.

Ia adalah ketakutan yang samar-samar, tetapi ia sangat kuat pada semangatnya.

Il a sursauté à plusieurs reprises lorsque la porte du hangar a claqué.

Beberapa kali dia melompat apabila pintu bangsal bergegar.

Il s'attendait à ce que le juge ou les garçons apparaissent et le sauvent.

Dia mengharapkan Hakim atau budak lelaki itu muncul dan menyelamatkannya.

Mais à chaque fois, seul le gros visage du tenancier de bar apparaissait à l'intérieur.

Tetapi hanya muka gemuk penjaga saloon yang mengintip ke dalam setiap kali.

Le visage de l'homme était éclairé par la faible lueur d'une bougie de suif.

Wajah lelaki itu terpancar cahaya samar-samar lilin.

À chaque fois, l'aboiement joyeux de Buck se transformait en un grognement bas et colérique.

Setiap kali, kulit kayu Buck yang riang berubah menjadi geraman yang rendah dan marah.

Le tenancier du saloon l'a laissé seul pour la nuit dans la caisse
Penjaga saloon meninggalkannya sendirian untuk bermalam di dalam peti
Mais quand il se réveilla le matin, d'autres hommes arrivèrent.
Tetapi apabila dia bangun pada waktu pagi lebih ramai lelaki datang.
Quatre hommes sont venus et ont ramassé la caisse avec précaution, sans un mot.
Empat lelaki datang dan dengan berhati-hati mengambil peti itu tanpa sebarang kata.
Buck comprit immédiatement dans quelle situation il se trouvait.
Buck segera tahu situasi yang dihadapinya.
Ils étaient d'autres bourreaux qu'il devait combattre et craindre.
Mereka adalah penyiksa selanjutnya yang harus dia lawan dan takuti.
Ces hommes avaient l'air méchants, en haillons et très mal soignés.
Lelaki-lelaki ini kelihatan jahat, compang-camping, dan sangat teruk berpakaian.
Buck grogna et se jeta férocement sur eux à travers les barreaux.
Buck menggeram dan menerjang mereka dengan kuat melalui palang.
Ils se sont contentés de rire et de le frapper avec de longs bâtons en bois.
Mereka hanya ketawa dan mencucuk batang kayu panjang kepadanya.
Buck a mordu les bâtons, puis s'est rendu compte que c'était ce qu'ils aimaient.

Buck menggigit kayu, kemudian menyedari bahawa itulah yang mereka suka.

Il s'allongea donc tranquillement, maussade et brûlant d'une rage silencieuse.

Jadi dia berbaring dengan tenang, merajuk dan terbakar dengan kemarahan yang tenang.

Ils ont soulevé la caisse dans un chariot et sont partis avec lui.

Mereka mengangkat peti itu ke dalam gerabak dan memandu pergi bersamanya.

La caisse, avec Buck enfermé à l'intérieur, changeait souvent de mains.

Peti itu, dengan Buck terkunci di dalam, sering bertukar tangan.

Les employés du bureau express ont pris les choses en main et l'ont traité brièvement.

Kerani pejabat ekspres mengambil alih dan mengendalikannya secara ringkas.

Puis un autre chariot transporta Buck à travers la ville bruyante.

Kemudian gerabak lain membawa Buck melintasi bandar yang bising itu.

Un camion l'a emmené avec des cartons et des colis sur un ferry.

Sebuah trak membawanya dengan kotak dan bungkusan ke atas bot feri.

Après la traversée, le camion l'a déchargé dans un dépôt ferroviaire.

Selepas menyeberang, trak itu memunggahnya di depoh kereta api.

Finalement, Buck fut placé dans une voiture express en attente.

Akhirnya, Buck diletakkan di dalam kereta ekspres yang menunggu.

Pendant deux jours et deux nuits, les trains ont emporté la voiture express.

Selama dua hari dan malam, kereta api menarik kereta ekspres itu.

Buck n'a ni mangé ni bu pendant tout le douloureux voyage.

Buck tidak makan atau minum sepanjang perjalanan yang menyakitkan itu.

Lorsque les messagers express ont essayé de l'approcher, il a grogné.

Apabila utusan ekspres cuba mendekatinya, dia geram.

Ils ont réagi en se moquant de lui et en le taquinant cruellement.

Mereka membalas dengan mengejeknya dan mengusiknya dengan kejam.

Buck se jeta sur les barreaux, écumant et tremblant

Buck melemparkan dirinya ke bar, berbuih dan berjabat

ils ont ri bruyamment et l'ont raillé comme des brutes de cour d'école.

mereka ketawa dengan kuat, dan mengejeknya seperti pembuli sekolah.

Ils aboyaient comme de faux chiens et battaient des bras.

Mereka menyalak seperti anjing palsu dan mengepakkan tangan mereka.

Ils ont même chanté comme des coqs juste pour le contrarier davantage.

Malah mereka berkokok seperti ayam jantan semata-mata untuk lebih menyusahkannya.

C'était un comportement stupide, et Buck savait que c'était ridicule.

Ia adalah tingkah laku yang bodoh, dan Buck tahu ia tidak masuk akal.

Mais cela n'a fait qu'approfondir son sentiment d'indignation et de honte.

Tetapi itu hanya menambah rasa marah dan malunya.

Il n'a pas été trop dérangé par la faim pendant le voyage.

Dia tidak terlalu terganggu dengan kelaparan sepanjang perjalanan itu.

Mais la soif provoquait une douleur aiguë et une souffrance insupportable.

Tetapi kehausan membawa kesakitan yang tajam dan penderitaan yang tidak tertanggung.

Sa gorge sèche et enflammée et sa langue brûlaient de chaleur.

Tekak dan lidahnya yang kering dan meradang terbakar oleh haba.

Cette douleur alimentait la fièvre qui montait dans son corps fier.

Kesakitan ini menyuburkan demam yang meningkat dalam tubuhnya yang bangga.

Buck était reconnaissant pour une seule chose au cours de ce procès.

Buck bersyukur untuk satu perkara semasa percubaan ini.

La corde avait été retirée de son cou épais.

Tali telah ditanggalkan dari leher tebalnya.

La corde avait donné à ces hommes un avantage injuste et cruel.

Tali itu telah memberi orang-orang itu kelebihan yang tidak adil dan kejam.

Maintenant, la corde avait disparu et Buck jura qu'elle ne reviendrait jamais.

Sekarang tali itu telah hilang, dan Buck bersumpah ia tidak akan kembali.

Il a décidé qu'aucune corde ne passerait plus jamais autour de son cou.

Dia memutuskan bahawa tidak ada tali yang akan melilit lehernya lagi.

Pendant deux longs jours et deux longues nuits, il souffrit sans nourriture.

Selama dua hari dan malam yang panjang, dia menderita tanpa makanan.

Et pendant ces heures, il a développé une énorme rage en lui.

Dan pada jam-jam itu, dia membina kemarahan yang sangat besar di dalam.

Ses yeux sont devenus injectés de sang et sauvages à cause d'une colère constante.

Matanya bertukar merah dan liar kerana kemarahan yang berterusan.

Il n'était plus Buck, mais un démon aux mâchoires claquantes.

Dia bukan lagi Buck, tetapi syaitan dengan rahang patah.

Même le juge n'aurait pas reconnu cette créature folle.

Hakim pun tidak akan mengenali makhluk gila ini.

Les messagers express ont soupiré de soulagement lorsqu'ils ont atteint Seattle

Para utusan ekspres menghela nafas lega apabila mereka tiba di Seattle

Quatre hommes ont soulevé la caisse et l'ont amenée dans une cour arrière.

Empat lelaki mengangkat peti dan membawanya ke halaman belakang.

La cour était petite, entourée de murs hauts et solides.

Halaman itu kecil, dikelilingi oleh dinding yang tinggi dan kukuh.

Un grand homme sortit, vêtu d'un pull rouge affaissé.

Seorang lelaki berbadan besar melangkah keluar dengan baju sweater merah yang kendur.

Il a signé le carnet de livraison d'une écriture épaisse et audacieuse.

Dia menandatangani buku hantaran dengan tangan yang tebal dan berani.

Buck sentit immédiatement que cet homme était son prochain bourreau.

Buck langsung merasakan bahawa lelaki ini adalah penyeksanya yang seterusnya.

Il se jeta violemment sur les barreaux, les yeux rouges de fureur.

Dia menerjang dengan ganas di palang, matanya merah menahan marah.

L'homme sourit simplement sombrement et alla chercher une hachette.

Lelaki itu hanya tersenyum gelap dan pergi mengambil kapak.

Il portait également une massue dans sa main droite épaisse et forte.

Dia juga membawa kayu di tangan kanannya yang tebal dan kuat.

« Tu vas le sortir maintenant ? » demanda le chauffeur, inquiet.

"Awak nak bawa dia keluar sekarang?" tanya pemandu itu, prihatin.

« Bien sûr », dit l'homme en enfonçant la hachette dans la caisse comme levier.

"Tentu," kata lelaki itu, menyekat kapak ke dalam peti sebagai tuas.

Les quatre hommes se dispersèrent instantanément et sautèrent sur le mur de la cour.

Empat lelaki itu bersurai serta-merta, melompat ke atas dinding halaman.

Depuis leurs endroits sûrs, ils attendaient d'assister au spectacle.

Dari tempat selamat mereka di atas, mereka menunggu untuk menonton tontonan itu.

Buck se jeta sur le bois éclaté, le mordant et le secouant violemment.

Buck menerkam kayu yang serpihan itu, menggigit dan menggoncang dengan kuat.

Chaque fois que la hachette touchait la cage, Buck était là pour l'attaquer.

Setiap kali kapak terkena sangkar), Buck berada di sana untuk menyerangnya.

Il grogna et claqua des dents avec une rage folle, impatient d'être libéré.

Dia menggeram dan membentak dengan kemarahan liar, tidak sabar-sabar untuk dibebaskan.

L'homme dehors était calme et stable, concentré sur sa tâche.

Lelaki di luar itu tenang dan mantap, bersungguh-sungguh dalam tugasnya.

« Bon, alors, espèce de diable aux yeux rouges », dit-il lorsque le trou fut grand.

"Maka, kamu syaitan bermata merah," katanya apabila lubang itu besar.

Il laissa tomber la hachette et prit le gourdin dans sa main droite.

Dia menjatuhkan kapak dan mengambil kayu di tangan kanannya.

Buck ressemblait vraiment à un diable ; les yeux injectés de sang et flamboyants.

Buck benar-benar kelihatan seperti syaitan; mata merah dan berkobar-kobar.

Son pelage se hérissait, de la mousse s'échappait de sa bouche, ses yeux brillaient.

Kotnya berbulu, buih berbuih di mulutnya, matanya berkilauan.

Il rassembla ses muscles et se jeta directement sur le pull rouge.

Dia mengikat ototnya dan melompat terus ke arah baju sejuk merah itu.

Cent quarante livres de fureur s'abattèrent sur l'homme calme.

Seratus empat puluh paun kemarahan terbang ke arah lelaki yang tenang itu.

Juste avant que ses mâchoires ne se referment, un coup terrible le frappa.

Sejurus sebelum rahangnya terkatup rapat, satu tamparan hebat melanda dirinya.

Ses dents claquèrent l'une contre l'autre, rien d'autre que l'air

Giginya patah hanya pada udara

une secousse de douleur résonna dans son corps

sentakan kesakitan bergema di seluruh tubuhnya

Il a fait un saut périlleux en plein vol et s'est écrasé sur le dos et sur le côté.

Dia membelok ke udara dan terhempas di belakang dan sisi.

Il n'avait jamais ressenti auparavant le coup d'un gourdin et ne pouvait pas le saisir.

Dia tidak pernah merasakan pukulan kayu sebelum ini dan tidak dapat memahaminya.

Avec un grognement strident, mi-aboiement, mi-cri, il bondit à nouveau.

Dengan jeritan yang menjerit, sebahagian kulit kayu, sebahagian menjerit, dia melompat semula.

Un autre coup brutal le frappa et le projeta au sol.

Satu lagi serangan kejam memukulnya dan menghempasnya ke tanah.

Cette fois, Buck comprit : c'était la lourde massue de l'homme.

Kali ini Buck faham—ia adalah kelab berat lelaki itu.

Mais la rage l'aveuglait, et il n'avait aucune idée de retraite.

Tetapi kemarahan membutakan dia, dan dia tidak terfikir untuk berundur.

Douze fois il s'est lancé et douze fois il est tombé.

Dua belas kali dia melancarkan dirinya, dan dua belas kali dia jatuh.

Le gourdin en bois le frappait à chaque fois avec une force impitoyable et écrasante.

Kayu kayu itu menghempasnya setiap kali dengan kekerasan yang kejam dan menghancurkan.

Après un coup violent, il se releva en titubant, étourdi et lent.

Selepas satu pukulan yang kuat, dia terhuyung-huyung berdiri, terpinga-pinga dan perlahan.

Du sang coulait de sa bouche, de son nez et même de ses oreilles.

Darah mengalir dari mulut, hidung, dan juga telinganya.

Son pelage autrefois magnifique était maculé de mousse sanglante.

Kotnya yang dulu cantik dilumuri buih berdarah.

Alors l'homme s'est avancé et a donné un coup violent au nez.

Kemudian lelaki itu melangkah dan membuat pukulan jahat ke hidung.

L'agonie était plus vive que tout ce que Buck avait jamais ressenti.

Kesakitan itu lebih tajam daripada apa yang Buck pernah rasa.

Avec un rugissement plus bête que chien, il bondit à nouveau pour attaquer.

Dengan mengaum lebih banyak daripada anjing, dia melompat sekali lagi untuk menyerang.

Mais l'homme attrapa sa mâchoire inférieure et la tourna vers l'arrière.

Tetapi lelaki itu menangkap rahang bawahnya dan memusingkannya ke belakang.

Buck fit un saut périlleux et s'écrasa à nouveau violemment.

Buck menoleh ke belakang, terhempas kuat sekali lagi.

Une dernière fois, Buck se précipita sur lui, maintenant à peine capable de se tenir debout.

Pada kali terakhir, Buck menyerangnya, kini hampir tidak dapat berdiri.

L'homme a frappé avec un timing expert, délivrant le coup final.

Lelaki itu menyerang dengan pemasaan yang pakar, memberikan pukulan terakhir.

Buck s'est effondré, inconscient et immobile.

Buck rebah dalam timbunan, tidak sedarkan diri dan tidak bergerak.

« Il n'est pas mauvais pour dresser les chiens, c'est ce que je dis », a crié un homme.

"Dia tidak lengah dalam memecahkan anjing, itulah yang saya katakan," jerit seorang lelaki.

« Druther peut briser la volonté d'un chien n'importe quel jour de la semaine. »

"Druther boleh mematahkan keinginan anjing pada bila-bila hari dalam seminggu."

« Et deux fois un dimanche ! » a ajouté le chauffeur.

"Dan dua kali pada hari Ahad!" tambah pemandu itu.

Il monta dans le chariot et fit claquer les rênes pour partir.

Dia naik ke dalam gerabak dan memecahkan kekang untuk pergi.

Buck a lentement repris le contrôle de sa conscience
Buck perlahan-lahan mengawal kesedarannya
mais son corps était encore trop faible et brisé pour bouger.
tetapi badannya masih terlalu lemah dan patah untuk
bergerak.
**Il resta allongé là où il était tombé, regardant l'homme au
pull rouge.**
Dia berbaring di tempat dia terjatuh sambil memerhatikan
lelaki berbaju merah itu.
« **Il répond au nom de Buck** », dit l'homme en lisant à haute
voix.
"Dia menjawab nama Buck," kata lelaki itu sambil membaca
dengan kuat.
Il a cité la note envoyée avec la caisse de Buck et les détails.
Dia memetik daripada nota yang dihantar bersama peti dan
butiran Buck.
« **Eh bien, Buck, mon garçon** », continua l'homme d'un ton
amical,
"Baiklah, Buck, anakku," lelaki itu menyambung dengan nada
ramah,
« **Nous avons eu notre petite dispute, et maintenant c'est fini
entre nous.** »
"Kami telah bergaduh kecil, dan kini sudah berakhir antara
kami."
« **Tu as appris à connaître ta place, et j'ai appris à connaître
la mienne** », a-t-il ajouté.
"Anda telah belajar tempat anda, dan saya telah belajar tempat
saya," tambahnya.
« **Sois sage, tout ira bien et la vie sera agréable.** »
"Jadilah baik, maka semuanya akan berjalan lancar, dan hidup
akan menyenangkan."
« **Mais sois méchant, et je te botterai les fesses, compris ?** »
"Tetapi jadi buruk, dan saya akan mengalahkan pemadat
daripada anda, faham?"
**Tandis qu'il parlait, il tendit la main et tapota la tête
douloureuse de Buck.**

Sambil bercakap, dia menghulurkan tangan dan menepuk kepala Buck yang sakit.

Les cheveux de Buck se dressèrent au contact de l'homme, mais il ne résista pas.

Rambut Buck naik apabila disentuh lelaki itu, tetapi dia tidak melawan.

L'homme lui apporta de l'eau, que Buck but à grandes gorgées.

Lelaki itu membawanya air, yang Buck minum dalam tegukan besar.

Puis vint la viande crue, que Buck dévora morceau par morceau.

Kemudian datang daging mentah, yang Buck memakan ketul demi ketul.

Il savait qu'il était battu, mais il savait aussi qu'il n'était pas brisé.

Dia tahu dia dipukul, tetapi dia juga tahu dia tidak patah.

Il n'avait aucune chance contre un homme armé d'une matraque.

Dia tidak mempunyai peluang menentang lelaki yang bersenjatakan kayu.

Il avait appris la vérité et il n'a jamais oublié cette leçon.

Dia telah mempelajari kebenaran, dan dia tidak pernah melupakan pelajaran itu.

Cette arme était le début de la loi dans le nouveau monde de Buck.

Senjata itu adalah permulaan undang-undang di dunia baru Buck.

C'était le début d'un ordre dur et primitif qu'il ne pouvait nier.

Ia adalah permulaan perintah yang keras dan primitif yang tidak dapat dia nafikan.

Il accepta la vérité ; ses instincts sauvages étaient désormais éveillés.

Dia menerima kebenaran; naluri liarnya kini terjaga.

Le monde était devenu plus dur, mais Buck l'a affronté avec courage.

Dunia telah menjadi lebih keras, tetapi Buck menghadapinya dengan berani.

Il a affronté la vie avec une prudence, une ruse et une force tranquille nouvelles.

Dia menghadapi kehidupan dengan berhati-hati, licik, dan kekuatan yang tenang.

D'autres chiens sont arrivés, attachés dans des cordes ou des caisses comme Buck l'avait été.

Lebih banyak anjing tiba, diikat dalam tali atau peti seperti Buck.

Certains chiens sont venus calmement, d'autres ont fait rage et se sont battus comme des bêtes sauvages.

Beberapa anjing datang dengan tenang, yang lain mengamuk dan bertarung seperti binatang buas.

Ils furent tous soumis au règne de l'homme au pull rouge.

Kesemua mereka dibawa ke bawah pemerintahan lelaki berbaju merah itu.

À chaque fois, Buck regardait et voyait la même leçon se dérouler.

Setiap kali, Buck memerhati dan melihat pelajaran yang sama berlaku.

L'homme avec la massue était la loi, un maître à obéir.

Lelaki dengan kelab itu adalah undang-undang; seorang tuan yang harus dipatuhi.

Il n'avait pas besoin d'être aimé, mais il fallait qu'on lui obéisse.

Dia tidak perlu disenangi, tetapi dia harus dipatuhi.

Buck ne s'est jamais montré flatteur ni n'a remué la queue comme le faisaient les chiens plus faibles.

Buck tidak pernah menjilat atau menggoyang-goyang seperti yang dilakukan oleh anjing yang lebih lemah.

Il a vu des chiens qui avaient été battus et qui continuaient à lécher la main de l'homme.

Dia melihat anjing yang dipukul dan masih menjilat tangan lelaki itu.

Il a vu un chien qui refusait d'obéir ou de se soumettre du tout.

Dia melihat seekor anjing yang tidak akan patuh atau tunduk sama sekali.

Ce chien s'est battu jusqu'à ce qu'il soit tué dans la bataille pour le contrôle.

Anjing itu melawan sehingga dia terbunuh dalam pertempuran untuk mengawal.

Des étrangers venaient parfois voir l'homme au pull rouge.

Orang asing kadang-kadang datang untuk melihat lelaki berbaju merah itu.

Ils parlaient sur un ton étrange, suppliant, marchandant et riant.

Mereka bercakap dalam nada pelik, merayu, tawar-menawar, dan ketawa.

Lors de l'échange d'argent, ils partaient avec un ou plusieurs chiens.

Apabila wang ditukar, mereka pergi dengan satu atau lebih anjing.

Buck se demandait où étaient passés ces chiens, car aucun n'était jamais revenu.

Buck tertanya-tanya ke mana anjing-anjing ini pergi, kerana tidak ada yang pernah kembali.

la peur de l'inconnu envahissait Buck chaque fois qu'un homme étrange venait

ketakutan Buck yang tidak diketahui diisi setiap kali lelaki aneh datang

il était content à chaque fois qu'un autre chien était pris, plutôt que lui-même.

dia gembira setiap kali anjing lain diambil, bukannya dirinya sendiri.

Mais finalement, le tour de Buck arriva avec l'arrivée d'un homme étrange.

Tetapi akhirnya, giliran Buck datang dengan kedatangan seorang lelaki pelik.

Il était petit, nerveux, parlait un anglais approximatif et jurait.

Dia kecil, kekar, dan bercakap dalam bahasa Inggeris yang rosak dan kutukan.

« Sacré-Dam ! » hurla-t-il en posant les yeux sur le corps de Buck.

"Sacredam!" dia menjerit apabila dia meletakkan mata pada bingkai Buck.

« C'est un sacré chien tyrannique ! Hein ? Combien ? » demanda-t-il à voix haute.

"Itu seekor anjing pembuli! Eh? Berapa harganya?" dia bertanya dengan kuat.

« Trois cents, et c'est un cadeau à ce prix-là. »

"Tiga ratus, dan dia adalah hadiah pada harga itu,"

« Puisque c'est de l'argent du gouvernement, tu ne devrais pas te plaindre, Perrault. »

"Memandangkan ia adalah wang kerajaan, anda tidak sepatutnya merungut, Perrault."

Perrault sourit à l'idée de l'accord qu'il venait de conclure avec cet homme.

Perrault tersengih melihat perjanjian yang baru dibuatnya dengan lelaki itu.

Le prix des chiens a grimpé en flèche en raison de la demande soudaine.

Harga anjing telah melambung tinggi kerana permintaan yang mendadak.

Trois cents dollars, ce n'était pas injuste pour une si belle bête.

Tiga ratus dolar tidak adil untuk binatang yang begitu baik.

Le gouvernement canadien ne perdrait rien dans cet accord

Kerajaan Kanada tidak akan kehilangan apa-apa dalam perjanjian itu

Leurs dépêches officielles ne seraient pas non plus retardées en transit.

Penghantaran rasmi mereka juga tidak akan ditangguhkan dalam transit.

Perrault connaissait bien les chiens et pouvait voir que Buck était quelque chose de rare.

Perrault mengenali anjing dengan baik, dan dapat melihat Buck adalah sesuatu yang jarang berlaku.

« Un sur dix dix mille », pensa-t-il en étudiant la silhouette de Buck.

"Satu dalam sepuluh sepuluh ribu," fikirnya, sambil mengkaji binaan Buck.

Buck a vu l'argent changer de mains, mais n'a montré aucune surprise.

Buck melihat wang bertukar tangan, tetapi tidak menunjukkan kejutan.

Bientôt, lui et Curly, un gentil Terre-Neuve, furent emmenés.

Tidak lama kemudian dia dan Kerinting, Newfoundland yang lembut, dibawa pergi.

Ils suivirent le petit homme depuis la cour du pull rouge.

Mereka mengikut lelaki kecil itu dari halaman baju sejuk merah itu.

Ce fut la dernière fois que Buck vit l'homme avec la massue en bois.

Itulah yang terakhir Buck pernah melihat lelaki dengan kayu kayu itu.

Depuis le pont du Narval, il regardait Seattle disparaître au loin.

Dari dek Narwhal dia melihat Seattle memudar ke kejauhan.

C'était aussi la dernière fois qu'il voyait le chaud Southland.

Ia juga kali terakhir dia melihat Southland yang hangat.

Perrault les emmena sous le pont et les laissa à François.

Perrault membawa mereka ke bawah dek, dan meninggalkan mereka bersama François.

François était un géant au visage noir, aux mains rugueuses et calleuses.

François ialah gergasi berwajah hitam dengan tangan yang kasar dan kapalan.

Il était brun et basané; un métis franco-canadien.

Dia gelap dan berkulit gelap; keturunan Perancis-Kanada.

Pour Buck, ces hommes étaient d'un genre qu'il n'avait jamais vu auparavant.

Bagi Buck, lelaki ini adalah sejenis yang tidak pernah dilihatnya sebelum ini.

Il allait connaître beaucoup d'autres hommes de ce genre dans les jours qui suivirent.

Dia akan mengenali ramai lelaki seperti itu pada hari-hari mendatang.

Il ne s'est pas attaché à eux, mais il a appris à les respecter.

Dia tidak menyukai mereka, tetapi dia menghormati mereka.

Ils étaient justes et sages, et ne se laissaient pas facilement tromper par un chien.

Mereka adil dan bijak, dan tidak mudah tertipu oleh mana-mana anjing.

Ils jugeaient les chiens avec calme et ne les punissaient que lorsqu'ils le méritaient.

Mereka menilai anjing dengan tenang, dan menghukum hanya apabila patut.

Sur le pont inférieur du Narwhal, Buck et Curly ont rencontré deux chiens.

Di dek bawah Narwhal, Buck dan Kerinting bertemu dua ekor anjing.

L'un d'eux était un grand chien blanc venu du lointain et glacial Spitzberg.

Salah satunya ialah seekor anjing putih besar dari Spitzbergen berais yang jauh.

Il avait autrefois navigué avec un baleinier et rejoint un groupe d'enquête.

Dia pernah belayar dengan pemburu paus dan menyertai kumpulan tinjauan.

Il était amical d'une manière sournoise, sournoise et rusée.

Dia mesra dengan cara yang licik, curang dan licik.

Lors de leur premier repas, il a volé un morceau de viande dans la poêle de Buck.

Pada hidangan pertama mereka, dia mencuri sekeping daging dari kuali Buck.

Buck sauta pour le punir, mais le fouet de François frappa en premier.

Buck melompat untuk menghukumnya, tetapi cambuk François melanda terlebih dahulu.

Le voleur blanc hurla et Buck récupéra l'os volé.

Pencuri putih menjerit, dan Buck menuntut semula tulang yang dicuri.

Cette équité impressionna Buck, et François gagna son respect.

Keadilan itu mengagumkan Buck, dan François mendapat penghormatannya.

L'autre chien ne lui a pas adressé de salut et n'en a pas voulu en retour.

Anjing yang lain tidak memberi salam, dan tidak mahu membalas.

Il ne volait pas de nourriture et ne reniflait pas les nouveaux arrivants avec intérêt.

Dia tidak mencuri makanan, atau menghidu orang baru dengan penuh minat.

Ce chien était sinistre et calme, sombre et lent.

Anjing ini suram dan pendiam, muram dan bergerak perlahan.

Il a averti Curly de rester à l'écart en la regardant simplement.

Dia memberi amaran kepada Kerinting supaya menjauhkan diri dengan hanya menjeling ke arahnya.

Son message était clair : laissez-moi tranquille ou il y aura des problèmes.

Mesejnya jelas; biarkan saya sendiri atau akan ada masalah.

Il s'appelait Dave et il remarquait à peine son environnement.

Dia dipanggil Dave, dan dia hampir tidak menyedari persekitarannya.

Il dormait souvent, mangeait tranquillement et bâillait de temps en temps.

Dia sering tidur, makan dengan tenang, dan menguap sekali-kali.

Le navire ronronnait constamment avec le battement de l'hélice en dessous.

Kapal itu berdengung sentiasa dengan kipas yang dipukul di bawah.

Les jours passèrent sans grand changement, mais le temps devint plus froid.

Hari berlalu dengan sedikit perubahan, tetapi cuaca semakin sejuk.

Buck pouvait le sentir dans ses os et remarqua que les autres le faisaient aussi.

Buck dapat merasakannya dalam tulangnya, dan perasan yang lain juga.

Puis un matin, l'hélice s'est arrêtée et tout est redevenu calme.

Kemudian pada suatu pagi, kipas itu berhenti dan semuanya diam.

Une énergie parcourut le vaisseau ; quelque chose avait changé.

Tenaga menyapu melalui kapal; sesuatu telah berubah.

François est descendu, les a attachés en laisse et les a remontés.

François turun, mengikatnya pada tali, dan membawanya ke atas.

Buck sortit et trouva le sol doux, blanc et froid.

Buck melangkah keluar dan mendapati tanah itu lembut, putih, dan sejuk.

Il sursauta en arrière, alarmé, et renifla, totalement confus.

Dia melompat ke belakang dalam ketakutan dan mendengus dalam kekeliruan.

Une étrange substance blanche tombait du ciel gris.

Benda putih pelik jatuh dari langit kelabu.

Il se secoua, mais les flocons blancs continuaient à atterrir sur lui.

Dia menggoncang dirinya sendiri, tetapi kepingan putih itu terus mendarat di atasnya.

Il renifla soigneusement la substance blanche et lécha quelques morceaux glacés.

Dia menghidu barang putih itu dengan berhati-hati dan menjilat beberapa ketulan berais.

La poudre brûla comme du feu, puis disparut de sa langue.

Serbuk itu terbakar seperti api, kemudian hilang terus dari lidahnya.

Buck essaya à nouveau, intrigué par l'étrange froideur qui disparaissait.

Buck mencuba lagi, hairan dengan kesejukan yang hilang.

Les hommes autour de lui rirent et Buck se sentit gêné.

Lelaki di sekelilingnya ketawa, dan Buck berasa malu.

Il ne savait pas pourquoi, mais il avait honte de sa réaction.

Dia tidak tahu kenapa, tetapi dia malu dengan reaksinya.

C'était sa première expérience avec la neige, et cela le dérouta.

Ia adalah pengalaman pertamanya dengan salji, dan ia mengelirukan dia.

La loi du gourdin et des crocs
Undang-undang Kelab dan Fang

Le premier jour de Buck sur la plage de Dyea ressemblait à un terrible cauchemar.

Hari pertama Buck di pantai Dyea terasa seperti mimpi ngeri yang dahsyat.

Chaque heure apportait de nouveaux chocs et des changements inattendus pour Buck.

Setiap jam membawa kejutan baru dan perubahan yang tidak dijangka untuk Buck.

Il avait été arraché à la civilisation et jeté dans un chaos sauvage.

Dia telah ditarik dari tamadun dan dilemparkan ke dalam keadaan huru-hara.

Ce n'était pas une vie ensoleillée et paresseuse, faite d'ennui et de repos.

Ini bukan kehidupan yang cerah dan malas dengan kebosanan dan rehat.

Il n'y avait pas de paix, pas de repos, et pas un instant sans danger.

Tiada kedamaian, tiada rehat, dan tiada saat tanpa bahaya.

La confusion régnait sur tout et le danger était toujours proche.

Kekeliruan menguasai segala-galanya, dan bahaya sentiasa dekat.

Buck devait rester vigilant car ces hommes et ces chiens étaient différents.

Buck terpaksa berjaga-jaga kerana lelaki dan anjing ini berbeza.

Ils n'étaient pas originaires des villes ; ils étaient sauvages et sans pitié.

Mereka bukan dari bandar; mereka liar dan tanpa belas kasihan.

Ces hommes et ces chiens ne connaissaient que la loi du gourdin et des crocs.

Lelaki dan anjing ini hanya tahu undang-undang kelab dan taring.

Buck n'avait jamais vu de chiens se battre comme ces huskies sauvages.

Buck tidak pernah melihat anjing bergaduh seperti serak ganas ini.

Sa première expérience lui a appris une leçon qu'il n'oublierait jamais.

Pengalaman pertamanya mengajarnya satu pengajaran yang tidak akan dapat dilupakannya.

Il a eu de la chance que ce ne soit pas lui, sinon il serait mort aussi.

Dia bernasib baik itu bukan dia, atau dia akan mati juga.

Curly était celui qui souffrait tandis que Buck regardait et apprenait.

Kerinting adalah orang yang menderita semasa Buck menonton dan belajar.

Ils avaient installé leur campement près d'un magasin construit en rondins.

Mereka telah membuat perkhemahan berhampiran sebuah kedai yang dibina daripada kayu balak.

Curly a essayé d'être amical avec un grand husky ressemblant à un loup.

Kerinting cuba mesra dengan seekor serak yang besar seperti serigala.

Le husky était plus petit que Curly, mais avait l'air sauvage et méchant.

Husky itu lebih kecil daripada Kerinting, tetapi kelihatan liar dan jahat.

Sans prévenir, il a sauté et lui a ouvert le visage.

Tanpa amaran, dia melompat dan menetak mukanya.

Ses dents lui coupèrent l'œil jusqu'à sa mâchoire en un seul mouvement.

Giginya dipotong dari matanya hingga ke rahang dalam satu gerakan.

C'est ainsi que les loups se battaient : ils frappaient vite et sautaient loin.

Beginilah cara serigala bertarung—memukul dengan pantas dan melompat pergi.

Mais il y avait plus à apprendre que de cette seule attaque.

Tetapi banyak lagi yang perlu dipelajari daripada serangan itu.

Des dizaines de huskies se sont précipités et ont formé un cercle silencieux.

Berpuluh-puluh huskies meluru masuk dan membuat bulatan senyap.

Ils regardaient attentivement et se léchaient les lèvres avec faim.

Mereka memerhati dengan teliti dan menjilat bibir kerana kelaparan.

Buck ne comprenait pas leur silence ni leurs regards avides.

Buck tidak memahami kesunyian mereka atau mata mereka yang bersemangat.

Curly s'est précipité pour attaquer le husky une deuxième fois.

Kerinting meluru menyerang husky buat kali kedua.

Il a utilisé sa poitrine pour la renverser avec un mouvement puissant.

Dia menggunakan dadanya untuk menjatuhkannya dengan gerakan yang kuat.

Elle est tombée sur le côté et n'a pas pu se relever.

Dia jatuh terlentang dan tidak dapat bangun semula.

C'est ce que les autres attendaient depuis le début.

Itulah yang ditunggu-tunggu oleh yang lain selama ini.

Les huskies ont sauté sur elle, hurlant et grognant avec frénésie.

Huskies melompat ke atasnya, menjerit dan menggeram dalam kegilaan.

Elle a crié alors qu'ils l'enterraient sous un tas de chiens.

Dia menjerit ketika mereka menanamnya di bawah timbunan anjing.

L'attaque fut si rapide que Buck resta figé sur place sous le choc.

Serangan itu begitu pantas sehingga Buck terkaku di tempatnya kerana terkejut.

Il vit Spitz tirer la langue d'une manière qui ressemblait à un rire.

Dia melihat Spitz menjelirkan lidahnya dengan cara yang kelihatan seperti ketawa.

François a attrapé une hache et a couru droit vers le groupe de chiens.

François mengambil kapak dan berlari terus ke dalam kumpulan anjing itu.

Trois autres hommes ont utilisé des gourdins pour aider à repousser les huskies.

Tiga lelaki lain menggunakan kayu untuk membantu mengalahkan huskies itu.

En seulement deux minutes, le combat était terminé et les chiens avaient disparu.

Hanya dalam masa dua minit, pergaduhan telah berakhir dan anjing-anjing itu telah hilang.

Curly gisait morte dans la neige rouge et piétinée, son corps déchiré.

Kerinting terbaring mati di dalam salji merah yang dipijak, badannya terkoyak.

Un homme à la peau sombre se tenait au-dessus d'elle, maudissant la scène brutale.

Seorang lelaki berkulit gelap berdiri di atasnya, mengutuk adegan kejam itu.

Le souvenir est resté avec Buck et a hanté ses rêves la nuit.

Kenangan itu kekal bersama Buck dan menghantui mimpinya pada waktu malam.

C'était comme ça ici : pas d'équité, pas de seconde chance.

Itulah caranya di sini: tiada keadilan, tiada peluang kedua.

Une fois qu'un chien tombait, les autres le tuaient sans pitié.

Apabila seekor anjing jatuh, yang lain akan membunuh tanpa belas kasihan.

Buck décida alors qu'il ne se permettrait jamais de tomber.

Buck memutuskan bahawa dia tidak akan membiarkan dirinya jatuh.

Spitz tira à nouveau la langue et rit du sang.

Spitz menjelirkan lidahnya lagi dan ketawa melihat darah itu.

À partir de ce moment-là, Buck détesta Spitz de tout son cœur.

Sejak saat itu, Buck membenci Spitz sepenuh hati.

Avant que Buck ne puisse se remettre de la mort de Curly, quelque chose de nouveau s'est produit.

Sebelum Buck pulih daripada kematian Kerinting, sesuatu yang baru berlaku.

François s'est approché et a attaché quelque chose autour du corps de Buck.

François datang dan mengikat sesuatu pada badan Buck.

C'était un harnais comme ceux utilisés sur les chevaux du ranch.

Ia adalah abah-abah seperti yang digunakan pada kuda di ladang.

Comme Buck avait vu les chevaux travailler, il devait maintenant travailler aussi.

Memandangkan Buck telah melihat kuda berfungsi, kini dia juga terpaksa bekerja.

Il a dû tirer François sur un traîneau dans la forêt voisine.

Dia terpaksa menarik François menaiki kereta luncur ke dalam hutan berhampiran.

Il a ensuite dû ramener une lourde charge de bois de chauffage.

Kemudian dia terpaksa menarik balik muatan kayu api yang berat.

Buck était fier, donc cela lui faisait mal d'être traité comme un animal de travail.

Buck bangga, jadi ia menyakitkan dia untuk dilayan seperti haiwan kerja.

Mais il était sage et n'a pas essayé de lutter contre la nouvelle situation.

Tetapi dia bijak dan tidak cuba melawan keadaan baru.

Il a accepté sa nouvelle vie et a donné le meilleur de lui-même dans chaque tâche.

Dia menerima kehidupan barunya dan memberikan yang terbaik dalam setiap tugas.

Tout ce qui concernait ce travail lui était étrange et inconnu.

Segala-galanya tentang kerja itu pelik dan tidak dikenalinya.

François était strict et exigeait l'obéissance sans délai.

François tegas dan menuntut ketaatan tanpa berlengah-lengah.

Son fouet garantissait que chaque ordre soit exécuté immédiatement.

Pecutnya memastikan setiap arahan dituruti sekali gus.

Dave était le conducteur du traîneau, le chien le plus proche du traîneau derrière Buck.

Dave adalah pemandu roda, anjing yang paling hampir dengan kereta luncur di belakang Buck.

Dave mordait Buck sur les pattes arrière s'il faisait une erreur.

Dave menggigit kaki belakang Buck jika dia membuat kesilapan.

Spitz était le chien de tête, compétent et expérimenté dans ce rôle.

Spitz ialah anjing utama, mahir dan berpengalaman dalam peranan itu.

Spitz ne pouvait pas atteindre Buck facilement, mais il le corrigea quand même.

Spitz tidak dapat menghubungi Buck dengan mudah, tetapi masih membetulkannya.

Il grognait durement ou tirait le traîneau d'une manière qui enseignait à Buck.

Dia menggeram dengan kasar atau menarik kereta luncur dengan cara yang mengajar Buck.

Grâce à cette formation, Buck a appris plus vite que ce qu'ils avaient imaginé.

Di bawah latihan ini, Buck belajar lebih cepat daripada yang mereka jangkakan.

Il a travaillé dur et a appris de François et des autres chiens.

Dia bekerja keras dan belajar daripada François dan anjing lain.

À leur retour, Buck connaissait déjà les commandes clés.
Pada masa mereka kembali, Buck sudah tahu arahan utama.
Il a appris à s'arrêter au son « ho » de François.
Dia belajar untuk berhenti pada bunyi "ho" dari François.
Il a appris quand il a dû tirer le traîneau et courir.
Dia belajar apabila dia terpaksa menarik kereta luncur dan
berlari.
Il a appris à tourner largement dans les virages du sentier
sans difficulté.
Dia belajar membelok lebar di selekoh di denai tanpa masalah.
Il a également appris à éviter Dave lorsque le traîneau
descendait rapidement.
Dia juga belajar untuk mengelakkan Dave apabila kereta
luncur itu menuruni bukit dengan pantas.
« Ce sont de très bons chiens », dit fièrement François à
Perrault.
"Mereka anjing yang sangat baik," François dengan bangga
memberitahu Perrault.
« Ce Buck tire comme un dingue, je lui apprends vite fait. »
"Buck itu menarik seperti neraka-saya mengajarnya secepat
mungkin."

Plus tard dans la journée, Perrault est revenu avec deux
autres chiens husky.
Kemudian pada hari itu, Perrault kembali dengan dua lagi
anjing serak.
Ils s'appelaient Billee et Joe, et ils étaient frères.
Nama mereka ialah Billee dan Joe, dan mereka adalah adik
beradik.
Ils venaient de la même mère, mais ne se ressemblaient pas
du tout.
Mereka berasal dari ibu yang sama, tetapi tidak serupa sama
sekali.
Billee était de nature douce et très amicale avec tout le
monde.
Billee seorang yang manis dan terlalu mesra dengan semua
orang.

Joe était tout le contraire : calme, en colère et toujours en train de grogner.

Joe adalah sebaliknya — pendiam, marah, dan sentiasa merengus.

Buck les a accueillis de manière amicale et s'est montré calme avec eux deux.

Buck menyambut mereka dengan mesra dan tenang dengan kedua-duanya.

Dave ne leur prêta aucune attention et resta silencieux comme d'habitude.

Dave tidak menghiraukan mereka dan diam seperti biasa.

Spitz a attaqué d'abord Billee, puis Joe, pour montrer sa domination.

Spitz menyerang Billee pertama, kemudian Joe, untuk menunjukkan penguasaannya.

Billee remua la queue et essaya d'être amical avec Spitz.

Billee mengibas-ngibaskan ekornya dan cuba bersikap mesra dengan Spitz.

Lorsque cela n'a pas fonctionné, il a essayé de s'enfuir à la place.

Apabila itu tidak berjaya, dia cuba melarikan diri sebaliknya.

Il a pleuré tristement lorsque Spitz l'a mordu fort sur le côté.

Dia menangis sedih apabila Spitz menggigitnya kuat di sebelah.

Mais Joe était très différent et refusait d'être intimidé.

Tetapi Joe sangat berbeza dan enggan dibuli.

Chaque fois que Spitz s'approchait, Joe se retournait pour lui faire face rapidement.

Setiap kali Spitz mendekat, Joe berpusing menghadapnya dengan pantas.

Sa fourrure se hérissa, ses lèvres se retroussèrent et ses dents claquèrent sauvagement.

Bulunya berbulu, bibirnya melengkung, dan giginya berketap liar.

Les yeux de Joe brillaient de peur et de rage, défiant Spitz de frapper.

Mata Joe bersinar-sinar dengan ketakutan dan kemarahan, berani Spitz untuk menyerang.

Spitz abandonna le combat et se détourna, humilié et en colère.

Spitz berputus asa dan berpaling, terhina dan marah.

Il a déversé sa frustration sur le pauvre Billee et l'a chassé.

Dia meluahkan kekecewaannya pada Billee yang malang dan menghalaunya.

Ce soir-là, Perrault ajouta un chien de plus à l'équipe.

Petang itu, Perrault menambah satu lagi anjing kepada pasukan itu.

Ce chien était vieux, maigre et couvert de cicatrices de guerre.

Anjing ini sudah tua, kurus, dan dipenuhi parut pertempuran.

L'un de ses yeux manquait, mais l'autre brillait de puissance.

Sebelah matanya hilang, tetapi sebelah lagi berkelip dengan kuasa.

Le nom du nouveau chien était Solleks, ce qui signifiait « celui qui est en colère ».

Nama anjing baru itu ialah Solleks, yang bermaksud Si Marah.

Comme Dave, Solleks ne demandait rien aux autres et ne donnait rien en retour.

Seperti Dave, Solleks tidak meminta apa-apa daripada orang lain, dan tidak membalas apa-apa.

Lorsque Solleks entra lentement dans le camp, même Spitz resta à l'écart.

Apabila Solleks berjalan perlahan-lahan ke kem, malah Spitz menjauhkan diri.

Il avait une étrange habitude que Buck a eu la malchance de découvrir.

Dia mempunyai tabiat aneh yang Buck tidak bernasib baik untuk menemuinya.

Solleks détestait qu'on l'approche du côté où il était aveugle.

Solleks benci didekati di sebelah dia buta.

Buck ne le savait pas et a fait cette erreur par accident.

Buck tidak tahu ini dan membuat kesilapan itu secara tidak sengaja.

Solleks se retourna et frappa l'épaule de Buck profondément et rapidement.

Solleks berpusing dan menetak bahu Buck dalam dan pantas.

À partir de ce moment, Buck ne s'est plus jamais approché du côté aveugle de Solleks.

Sejak saat itu, Buck tidak pernah mendekati sisi buta Solleks.

Ils n'ont plus jamais eu de problèmes pendant le reste de leur temps ensemble.

Mereka tidak pernah mengalami masalah lagi sepanjang masa mereka bersama.

Solleks voulait seulement être laissé seul, comme le calme Dave.

Solleks hanya mahu ditinggalkan sendirian, seperti Dave yang pendiam.

Mais Buck apprendra plus tard qu'ils avaient chacun un autre objectif secret.

Tetapi Buck kemudiannya akan mengetahui bahawa mereka masing-masing mempunyai matlamat rahsia yang lain.

Cette nuit-là, Buck a dû faire face à un nouveau défi troublant : comment dormir.

Malam itu Buck menghadapi cabaran baru dan merisaukan — cara tidur.

La tente brillait chaleureusement à la lumière des bougies dans le champ enneigé.

Khemah itu bercahaya mesra dengan cahaya lilin di padang bersalji.

Buck entra, pensant qu'il pourrait se reposer là comme avant.

Buck masuk ke dalam, memikirkan dia boleh berehat di sana seperti sebelum ini.

Mais Perrault et François lui criaient dessus et lui jetaient des casseroles.

Tetapi Perrault dan François menjerit kepadanya dan membaling kuali.

Choqué et confus, Buck s'est enfui dans le froid glacial.

Terkejut dan keliru, Buck berlari keluar ke dalam kesejukan yang membeku.

Un vent glacial piquait son épaule blessée et lui gelait les pattes.

Angin pahit menyengat bahunya yang cedera dan membekukan kakinya.

Il s'est allongé dans la neige et a essayé de dormir à la belle étoile.

Dia berbaring di salji dan cuba tidur di tempat terbuka.

Mais le froid l'obligea bientôt à se relever, tremblant terriblement.

Tetapi kesejukan tidak lama kemudian memaksanya untuk bangun semula, menggigil teruk.

Il erra dans le camp, essayant de trouver un endroit plus chaud.

Dia bersiar-siar di kem, cuba mencari tempat yang lebih hangat.

Mais chaque coin était aussi froid que le précédent.

Tetapi setiap sudut adalah sama sejuk seperti yang sebelum ini.

Parfois, des chiens sauvages sautaient sur lui dans l'obscurité.

Kadang-kadang anjing buas melompat ke arahnya dari kegelapan.

Buck hérissa sa fourrure, montra ses dents et grogna en signe d'avertissement.

Buck berbulu bulunya, menampakkan giginya, dan menggeram dengan amaran.

Il apprenait vite et les autres chiens reculaient rapidement.

Dia belajar dengan cepat, dan anjing lain berundur dengan cepat.

Il n'avait toujours pas d'endroit où dormir et ne savait pas quoi faire.

Namun, dia tidak mempunyai tempat untuk tidur, dan tidak tahu apa yang perlu dilakukan.

Finalement, une pensée lui vint : aller voir ses coéquipiers.

Akhirnya, terlintas di fikirannya—periksa rakan sepasukannya.

Il est retourné dans leur région et a été surpris de les trouver partis.

Dia kembali ke kawasan mereka dan terkejut apabila mendapati mereka sudah tiada.

Il chercha à nouveau dans le camp, mais ne parvint toujours pas à les trouver.

Sekali lagi dia mencari kem itu, tetapi masih tidak menjumpai mereka.

Il savait qu'ils ne pouvaient pas être dans la tente, sinon il le serait aussi.

Dia tahu mereka tidak boleh berada di dalam khemah, atau dia akan turut.

Alors, où étaient passés tous les chiens dans ce camp gelé ?

Jadi ke mana perginya semua anjing di kem beku ini?

Buck, froid et misérable, tournait lentement autour de la tente.

Buck, sejuk dan sengsara, perlahan-lahan mengelilingi khemah.

Soudain, ses pattes avant s'enfoncèrent dans la neige molle et le surprit.

Tiba-tiba, kaki depannya tenggelam ke dalam salji lembut dan mengejutkannya.

Quelque chose se tortilla sous ses pieds et il sursauta en arrière, effrayé.

Sesuatu menggeliat di bawah kakinya, dan dia melompat ke belakang kerana ketakutan.

Il grogna et grogna, ne sachant pas ce qui se cachait sous la neige.

Dia menggeram dan menggeram, tidak tahu apa yang ada di bawah salji.

Puis il entendit un petit aboiement amical qui apaisa sa peur.

Kemudian dia mendengar kulit kayu kecil yang mesra yang meredakan ketakutannya.

Il renifla l'air et s'approcha pour voir ce qui était caché.

Dia menghidu udara dan mendekat untuk melihat apa yang tersembunyi.

Sous la neige, recroquevillée en boule chaude, se trouvait la petite Billee.

Di bawah salji, melengkung menjadi bola hangat, adalah Billee kecil.

Billee remua la queue et lécha le visage de Buck pour le saluer.

Billee mengibaskan ekornya dan menjilat muka Buck untuk menyambutnya.

Buck a vu comment Billee avait fabriqué un endroit pour dormir dans la neige.

Buck melihat bagaimana Billee telah membuat tempat tidur di dalam salji.

Il avait creusé et utilisé sa propre chaleur pour rester au chaud.

Dia telah menggali dan menggunakan habanya sendiri untuk kekal hangat.

Buck avait appris une autre leçon : c'est ainsi que les chiens dormaient.

Buck telah belajar satu lagi pelajaran—beginilah anjing-anjing itu tidur.

Il a choisi un endroit et a commencé à creuser son propre trou dans la neige.

Dia memilih tempat dan mula menggali lubang sendiri di salji.

Au début, il bougeait trop et gaspillait de l'énergie.

Pada mulanya, dia terlalu banyak bergerak dan membuang tenaga.

Mais bientôt son corps réchauffa l'espace et il se sentit en sécurité.

Tetapi tidak lama kemudian badannya menghangatkan ruang, dan dia berasa selamat.

Il se recroquevilla étroitement et, peu de temps après, il s'endormit profondément.

Dia meringkuk rapat, dan tidak lama kemudian dia tertidur.

La journée avait été longue et dure, et Buck était épuisé.

Hari yang panjang dan sukar, dan Buck telah letih.

Il dormait profondément et confortablement, même si ses rêves étaient fous.

Dia tidur dengan nyenyak dan selesa, walaupun mimpinya liar.

Il grognait et aboyait dans son sommeil, se tordant pendant qu'il rêvait.

Dia menggeram dan menyalak dalam tidurnya, berpusing sambil bermimpi.

Buck ne s'est réveillé que lorsque le camp était déjà en train de prendre vie.

Buck tidak bangun sehingga kem itu sudah mula hidup.

Au début, il ne savait pas où il était ni ce qui s'était passé.

Pada mulanya, dia tidak tahu di mana dia berada atau apa yang telah berlaku.

La neige était tombée pendant la nuit et avait complètement enseveli son corps.

Salji telah turun semalaman dan membenamkan tubuhnya sepenuhnya.

La neige se pressait autour de lui, serrée de tous côtés.

Salji menyelubunginya, ketat di semua sisi.

Soudain, une vague de peur traversa tout le corps de Buck.

Tiba-tiba gelombang ketakutan menyerbu seluruh tubuh Buck.

C'était la peur d'être piégé, une peur venue d'instincts profonds.

Ia adalah ketakutan untuk terperangkap, ketakutan dari naluri yang mendalam.

Bien qu'il n'ait jamais vu de piège, la peur vivait en lui.

Walaupun dia tidak pernah melihat perangkap, ketakutan itu hidup dalam dirinya.

C'était un chien apprivoisé, mais maintenant ses vieux instincts sauvages se réveillaient.

Dia adalah seekor anjing yang jinak, tetapi kini naluri liarnya yang lama terjaga.

Les muscles de Buck se tendirent et sa fourrure se dressa sur tout son dos.

Otot Buck menjadi tegang, dan bulunya berdiri di seluruh punggungnya.

Il grogna férocement et bondit droit dans la neige.

Dia menggeram dengan kuat dan melompat terus ke atas melalui salji.

La neige volait dans toutes les directions alors qu'il faisait irruption dans la lumière du jour.

Salji berterbangan ke setiap arah ketika dia mencecah cahaya matahari.

Avant même d'atterrir, Buck vit le camp s'étendre devant lui.

Malah sebelum mendarat, Buck melihat kem itu tersebar di hadapannya.

Il se souvenait de tout ce qui s'était passé la veille, d'un seul coup.

Dia mengingati segala-galanya dari hari sebelumnya, sekaligus.

Il se souvenait d'avoir flâné avec Manuel et d'avoir fini à cet endroit.

Dia teringat berjalan-jalan dengan Manuel dan berakhir di tempat ini.

Il se souvenait avoir creusé le trou et s'être endormi dans le froid.

Dia ingat menggali lubang dan tertidur dalam kesejukan.

Maintenant, il était réveillé et le monde sauvage qui l'entourait était clair.

Sekarang dia terjaga, dan dunia liar di sekelilingnya jelas.

Un cri de François salua l'apparition soudaine de Buck.

Jeritan dari François memuji kemunculan Buck secara tiba-tiba.

« Qu'est-ce que j'ai dit ? » cria le conducteur du chien à Perrault.

"Apa yang saya cakap?" pemandu anjing itu menangis dengan kuat kepada Perrault.

« Ce Buck apprend vraiment très vite », a ajouté François.

"Buck itu pastinya belajar dengan pantas," tambah François.

Perrault hocha gravement la tête, visiblement satisfait du résultat.

Perrault mengangguk serius, jelas gembira dengan hasilnya.

En tant que courrier pour le gouvernement canadien, il transportait des dépêches.

Sebagai kurier untuk Kerajaan Kanada, dia membawa kiriman.

Il était impatient de trouver les meilleurs chiens pour son importante mission.

Dia tidak sabar-sabar untuk mencari anjing terbaik untuk misi pentingnya.

Il se sentait particulièrement heureux maintenant que Buck faisait partie de l'équipe.

Dia berasa sangat gembira sekarang bahawa Buck adalah sebahagian daripada pasukan.

Trois autres huskies ont été ajoutés à l'équipe en une heure.

Tiga lagi huskie telah ditambah kepada pasukan dalam masa sejam.

Cela porte le nombre total de chiens dans l'équipe à neuf.

Itu menjadikan jumlah anjing dalam pasukan kepada sembilan.

En quinze minutes, tous les chiens étaient dans leurs harnais.

Dalam masa lima belas minit semua anjing berada dalam abah-abah mereka.

L'équipe de traîneaux remontait le sentier en direction du canyon de Dyea.

Pasukan kereta luncur sedang menghayun laluan ke arah Dyea Cañon.

Buck était heureux de partir, même si le travail à venir était difficile.

Buck berasa gembira untuk pergi, walaupun kerja di hadapan adalah sukar.

Il s'est rendu compte qu'il ne détestait pas particulièrement le travail ou le froid.

Dia mendapati dia tidak begitu menghina buruh atau kesejukan.

Il a été surpris par l'empressement qui a rempli toute l'équipe.

Dia terkejut dengan keghairahan yang memenuhi seluruh pasukan.

Encore plus surprenant fut le changement qui s'était produit chez Dave et Solleks.

Lebih memeranjatkan ialah perubahan yang berlaku pada Dave dan Solleks.

Ces deux chiens étaient complètement différents lorsqu'ils étaient attelés.

Kedua-dua anjing ini sama sekali berbeza apabila mereka dimanfaatkan.

Leur passivité et leur manque d'intérêt avaient complètement disparu.

Sikap pasif dan kurang prihatin mereka telah hilang sepenuhnya.

Ils étaient alertes et actifs, et désireux de bien faire leur travail.

Mereka berjaga-jaga dan aktif, dan bersemangat untuk melakukan kerja mereka dengan baik.

Ils s'irritaient violemment à tout ce qui pouvait provoquer un retard ou une confusion.

Mereka menjadi sangat jengkel pada apa-apa yang menyebabkan kelewatan atau kekeliruan.

Le travail acharné sur les rênes était le centre de tout leur être.

Kerja keras di tampuk adalah pusat seluruh makhluk mereka.

Tirer un traîneau semblait être la seule chose qu'ils appréciaient vraiment.

Menarik kereta luncur nampaknya satu-satunya perkara yang benar-benar mereka gemari.

Dave était à l'arrière du groupe, le plus proche du traîneau lui-même.

Dave berada di belakang kumpulan itu, paling hampir dengan kereta luncur itu sendiri.

Buck a été placé devant Dave, et Solleks a dépassé Buck.

Buck diletakkan di hadapan Dave, dan Solleks mendahului Buck.

Le reste des chiens était aligné devant eux en file indienne.

Anjing-anjing yang lain digantung di hadapan dalam satu fail.

La position de tête à l'avant était occupée par Spitz.

Kedudukan utama di hadapan diisi oleh Spitz.

Buck avait été placé entre Dave et Solleks pour l'instruction.

Buck telah diletakkan di antara Dave dan Solleks untuk arahan.

Il apprenait vite et ils étaient des professeurs fermes et compétents.

Dia seorang yang cepat belajar, dan mereka adalah guru yang tegas dan berkebolehan.

Ils n'ont jamais permis à Buck de rester longtemps dans l'erreur.

Mereka tidak pernah membenarkan Buck kekal dalam kesilapan lama.

Ils ont enseigné leurs leçons avec des dents acérées quand c'était nécessaire.

Mereka mengajar pelajaran mereka dengan gigi yang tajam apabila diperlukan.

Dave était juste et faisait preuve d'une sagesse calme et sérieuse.

Dave bersikap adil dan menunjukkan kebijaksanaan yang tenang dan serius.

Il n'a jamais mordu Buck sans une bonne raison de le faire.

Dia tidak pernah menggigit Buck tanpa alasan yang kukuh untuk berbuat demikian.

Mais il n'a jamais manqué de mordre lorsque Buck avait besoin d'être corrigé.

Tetapi dia tidak pernah gagal untuk menggigit apabila Buck memerlukan pembetulan.

Le fouet de François était toujours prêt et soutenait leur autorité.

Cambuk François sentiasa bersedia dan menyokong kuasa mereka.

Buck a vite compris qu'il valait mieux obéir que riposter.

Buck tidak lama kemudian mendapati ia adalah lebih baik untuk mematuhi daripada melawan.

Un jour, lors d'un court repos, Buck s'est emmêlé dans les rênes.

Suatu ketika, semasa berehat sebentar, Buck tersangkut di kekang.

Il a retardé le départ et a perturbé le mouvement de l'équipe.

Dia menangguhkan permulaan dan mengelirukan pergerakan pasukan.

Dave et Solleks se sont jetés sur lui et lui ont donné une raclée.

Dave dan Solleks terbang ke arahnya dan memukulnya dengan kasar.

L'enchevêtrement n'a fait qu'empirer, mais Buck a bien appris sa leçon.

Kekusutan semakin teruk, tetapi Buck belajar pelajarannya dengan baik.

Dès lors, il garda les rênes tendues et travailla avec soin.

Sejak itu, dia mengekalkan tali kekang, dan bekerja dengan berhati-hati.

Avant la fin de la journée, Buck avait maîtrisé une grande partie de sa tâche.

Sebelum hari itu berakhir, Buck telah menguasai banyak tugasnya.

Ses coéquipiers ont presque arrêté de le corriger ou de le mordre.

Rakan sepasukannya hampir berhenti membetulkan atau menggigitnya.

Le fouet de François claquait de moins en moins souvent dans l'air.

Pukulan François semakin jarang retak di udara.

Perrault a même soulevé les pieds de Buck et a soigneusement examiné chaque patte.

Perrault juga mengangkat kaki Buck dan memeriksa setiap cakar dengan teliti.

Cela avait été une journée de course difficile, longue et épuisante pour eux tous.

Ia adalah larian hari yang sukar, panjang dan meletihkan bagi mereka semua.

Ils remontèrent le Cañon, traversèrent Sheep Camp et passèrent devant les Scales.

Mereka mengembara ke atas Cañon, melalui Kem Biri-biri, dan melepasi Scales.

Ils ont traversé la limite des forêts, puis des glaciers et des congères de plusieurs mètres de profondeur.

Mereka melintasi garisan kayu, kemudian glasier dan hanyut salji sedalam beberapa kaki.

Ils ont escaladé la grande et froide chaîne de montagnes Chilkoot Divide.

Mereka mendaki sejuk yang hebat dan melarang Chilkoot Divide.

Cette haute crête se dressait entre l'eau salée et l'intérieur gelé.

Permatang tinggi itu berdiri di antara air masin dan pedalaman beku.

Les montagnes protégeaient le Nord triste et solitaire avec de la glace et des montées abruptes.

Pergunungan menjaga Utara yang sedih dan sunyi dengan ais dan pendakian yang curam.

Ils ont parcouru à bon rythme une longue chaîne de lacs en aval de la ligne de partage des eaux.

Mereka membuat masa yang baik menyusuri rantaian tasik yang panjang di bawah jurang.

Ces lacs remplissaient les anciens cratères de volcans éteints.

Tasik tersebut memenuhi kawah purba gunung berapi yang telah pupus.

Tard dans la nuit, ils atteignirent un grand camp au bord du lac Bennett.

Lewat malam itu, mereka tiba di sebuah kem besar di Tasik Bennett.

Des milliers de chercheurs d'or étaient là, construisant des bateaux pour le printemps.

Beribu-ribu pencari emas berada di sana, membina bot untuk musim bunga.

La glace allait bientôt se briser et ils devaient être prêts.
Ais akan pecah tidak lama lagi, dan mereka perlu bersedia.

Buck creusa son trou dans la neige et tomba dans un profond sommeil.
Buck menggali lubangnya di salji dan tertidur dengan nyenyak.

Il dormait comme un ouvrier, épuisé par une dure journée de travail.
Dia tidur seperti orang yang bekerja, keletihan dari hari kerja yang keras.

Mais trop tôt dans l'obscurité, il fut tiré de son sommeil.
Tetapi terlalu awal dalam kegelapan, dia diseret dari tidur.

Il fut à nouveau attelé avec ses compagnons et attaché au traîneau.
Dia diikat dengan rakan-rakannya sekali lagi dan diikat pada kereta luncur.

Ce jour-là, ils ont parcouru quarante milles, car la neige était bien battue.
Pada hari itu mereka berjalan sejauh empat puluh batu, kerana salji telah dipijak dengan baik.

Le lendemain, et pendant plusieurs jours après, la neige était molle.
Keesokan harinya, dan selama beberapa hari selepas itu, salji lembut.

Ils ont dû faire le chemin eux-mêmes, en travaillant plus dur et en avançant plus lentement.
Mereka terpaksa membuat jalan itu sendiri, bekerja lebih keras dan bergerak lebih perlahan.

Habituellement, Perrault marchait devant l'équipe avec des raquettes palmées.
Biasanya, Perrault berjalan mendahului pasukan dengan kasut salji berselaput.

Ses pas ont compacté la neige, facilitant ainsi le déplacement du traîneau.
Langkahnya memenuhi salji, memudahkan kereta luncur itu bergerak.

François, qui dirigeait depuis le mât, prenait parfois le relais.

François, yang mengemudi dari tiang gee, kadang-kadang
mengambil alih.

Mais il était rare que François prenne les devants
Tetapi jarang sekali François mendahului
parce que Perrault était pressé de livrer les lettres et les colis.
kerana Perrault tergesa-gesa menghantar surat dan
bungkusan.
**Perrault était fier de sa connaissance de la neige, et surtout
de la glace.**
Perrault berbangga dengan pengetahuannya tentang salji, dan
terutamanya ais.
**Cette connaissance était essentielle, car la glace d'automne
était dangereusement mince.**
Pengetahuan itu penting, kerana ais musim gugur sangat
nipis.
**Là où l'eau coulait rapidement sous la surface, il n'y avait
pas du tout de glace.**
Di mana air mengalir deras di bawah permukaan, tiada ais
langsung.

Jour après jour, la même routine se répétait sans fin.
Hari demi hari, rutin yang sama berulang tanpa kesudahan.
**Buck travaillait sans relâche sur les rênes, de l'aube jusqu'à
la nuit.**
Buck bekerja keras tanpa henti di tampuk dari subuh hingga
malam.
**Ils quittèrent le camp dans l'obscurité, bien avant le lever du
soleil.**
Mereka meninggalkan perkhemahan dalam kegelapan, jauh
sebelum matahari terbit.
**Au moment où le jour se leva, ils avaient déjà parcouru de
nombreux kilomètres.**
Pada waktu siang tiba, banyak batu sudah berada di belakang
mereka.
**Ils ont installé leur campement après la tombée de la nuit,
mangeant du poisson et creusant dans la neige.**

Mereka berkhemah selepas gelap, makan ikan dan menggali salji.

Buck avait toujours faim et n'était jamais vraiment satisfait de sa ration.

Buck sentiasa lapar dan tidak pernah benar-benar puas dengan catuannya.

Il recevait une livre et demie de saumon séché chaque jour.

Dia menerima setengah paun salmon kering setiap hari.

Mais la nourriture semblait disparaître en lui, laissant la faim derrière elle.

Tetapi makanan itu seolah-olah lenyap di dalam dirinya, meninggalkan rasa lapar.

Il souffrait constamment de la faim et rêvait de plus de nourriture.

Dia mengalami rasa lapar yang berterusan, dan mengimpikan lebih banyak makanan.

Les autres chiens n'ont pris qu'une livre, mais ils sont restés forts.

Anjing-anjing lain hanya mendapat satu paun makanan, tetapi mereka tetap kuat.

Ils étaient plus petits et étaient nés dans le mode de vie du Nord.

Mereka lebih kecil, dan telah dilahirkan dalam kehidupan utara.

Il perdit rapidement la méticulosité qui avait marqué son ancienne vie.

Dia dengan cepat kehilangan ketekunan yang telah menandakan kehidupan lamanya.

Il avait été un mangeur délicat, mais maintenant ce n'était plus possible.

Dia adalah seorang pemakan manis, tetapi sekarang itu tidak lagi mungkin.

Ses camarades ont terminé premiers et lui ont volé sa ration inachevée.

Rakan-rakannya selesai dahulu dan merampas makanannya yang belum selesai.

Une fois qu'ils ont commencé, il n'y avait aucun moyen de défendre sa nourriture contre eux.

Sebaik sahaja mereka mula tidak ada cara untuk mempertahankan makanannya daripada mereka.

Pendant qu'il combattait deux ou trois chiens, les autres volaient le reste.

Semasa dia melawan dua atau tiga anjing, yang lain mencuri yang lain.

Pour résoudre ce problème, il a commencé à manger aussi vite que les autres.

Untuk membetulkannya, dia mula makan secepat yang lain makan.

La faim le poussait tellement qu'il prenait même de la nourriture qui n'était pas la sienne.

Kelaparan mendorongnya dengan kuat sehingga dia mengambil makanan yang bukan miliknya.

Il observait les autres et apprenait rapidement de leurs actions.

Dia memerhati yang lain dan belajar dengan cepat daripada tindakan mereka.

Il a vu Pike, un nouveau chien, voler une tranche de bacon à Perrault.

Dia melihat Pike, seekor anjing baru, mencuri sepotong daging dari Perrault.

Pike avait attendu que Perrault ait le dos tourné pour voler le bacon.

Pike telah menunggu sehingga punggung Perrault dipusingkan untuk mencuri daging.

Le lendemain, Buck a copié Pike et a volé tout le morceau.

Keesokan harinya, Buck menyalin Pike dan mencuri keseluruhan bahagian.

Un grand tumulte s'ensuivit, mais Buck ne fut pas suspecté.

Kegemparan hebat diikuti, tetapi Buck tidak disyaki.

Dub, un chien maladroit qui se faisait toujours prendre, a été puni à la place.

Dub, anjing kekok yang selalu ditangkap, sebaliknya dihukum.

Ce premier vol a fait de Buck un chien apte à survivre dans le Nord.

Kecurian pertama itu menandakan Buck sebagai anjing yang sesuai untuk bertahan di Utara.

Il a montré qu'il pouvait s'adapter à de nouvelles conditions et apprendre rapidement.

Dia menunjukkan dia boleh menyesuaikan diri dengan keadaan baru dan belajar dengan cepat.

Sans une telle adaptabilité, il serait mort rapidement et gravement.

Tanpa kebolehsuaian sedemikian, dia akan mati dengan pantas dan teruk.

Cela a également marqué l'effondrement de sa nature morale et de ses valeurs passées.

Ia juga menandakan kerosakan sifat moral dan nilai masa lalunya.

Dans le Southland, il avait vécu sous la loi de l'amour et de la bonté.

Di Southland, dia telah hidup di bawah undang-undang cinta dan kebaikan.

Là, il était logique de respecter la propriété et les sentiments des autres chiens.

Di sana masuk akal untuk menghormati harta benda dan perasaan anjing lain.

Mais le Northland suivait la loi du gourdin et la loi du croc.

Tetapi Northland mengikut undang-undang kelab dan undang-undang taring.

Quiconque respectait les anciennes valeurs ici était stupide et échouerait.

Sesiapa yang menghormati nilai lama di sini adalah bodoh dan akan gagal.

Buck n'a pas réfléchi à tout cela dans son esprit.

Buck tidak memikirkan semua ini dalam fikirannya.

Il était en forme et s'est donc adapté sans avoir besoin de réfléchir.

Dia cergas, jadi dia menyesuaikan diri tanpa perlu berfikir.

De toute sa vie, il n'avait jamais fui un combat.

Sepanjang hidupnya, dia tidak pernah lari dari pergaduhan.

Mais la massue en bois de l'homme au pull rouge a changé cette règle.

Tetapi kayu kayu lelaki berbaju sweater merah itu mengubah peraturan itu.

Il suivait désormais un code plus profond et plus ancien, inscrit dans son être.

Kini dia mengikuti kod yang lebih dalam dan lebih lama yang ditulis ke dalam dirinya.

Il ne volait pas par plaisir, mais par faim.

Dia tidak mencuri kerana keseronokan, tetapi dari kesakitan kelaparan.

Il n'a jamais volé ouvertement, mais il a volé avec ruse et prudence.

Dia tidak pernah merompak secara terbuka, tetapi mencuri dengan licik dan berhati-hati.

Il a agi par respect pour la massue en bois et par peur du croc.

Dia bertindak kerana menghormati kayu kayu dan takut kepada taring.

En bref, il a fait ce qui était plus facile et plus sûr que de ne pas le faire.

Pendek kata, dia melakukan apa yang lebih mudah dan lebih selamat daripada tidak melakukannya.

Son développement – ou peut-être son retour à ses anciens instincts – fut rapide.

Perkembangannya-atau mungkin kembalinya kepada naluri lama-cepat.

Ses muscles se durcirent jusqu'à devenir aussi forts que du fer.

Ototnya mengeras sehingga terasa sekuat besi.

Il ne se souciait plus de la douleur, à moins qu'elle ne soit grave.

Dia tidak lagi mempedulikan kesakitan, melainkan ia serius.

Il est devenu efficace à l'intérieur comme à l'extérieur, ne gaspillant rien du tout.

Dia menjadi cekap luar dan dalam, tidak membazir langsung.

Il pouvait manger des choses viles, pourries ou difficiles à digérer.

Dia boleh makan benda yang keji, busuk, atau sukar dihadam.

Quoi qu'il mange, son estomac utilisait jusqu'au dernier morceau de valeur.

Apa sahaja yang dia makan, perutnya menggunakan setiap nilai terakhir.

Son sang transportait les nutriments loin dans son corps puissant.

Darahnya membawa nutrien jauh melalui tubuhnya yang kuat.

Cela a créé des tissus solides qui lui ont donné une endurance incroyable.

Ini membina tisu yang kuat yang memberikannya ketahanan yang luar biasa.

Sa vue et son odorat sont devenus beaucoup plus sensibles qu'avant.

Penglihatan dan baunya menjadi lebih sensitif daripada sebelumnya.

Son ouïe est devenue si fine qu'il pouvait détecter des sons faibles pendant son sommeil.

Pendengarannya semakin tajam sehingga dapat mengesan bunyi samar dalam tidur.

Il savait dans ses rêves si les sons signifiaient sécurité ou danger.

Dia tahu dalam mimpinya sama ada bunyi itu bermaksud keselamatan atau bahaya.

Il a appris à mordre la glace entre ses orteils avec ses dents.

Dia belajar menggigit ais di antara jari kakinya dengan giginya.

Si un point d'eau gelait, il brisait la glace avec ses jambes.

Jika lubang air membeku, dia akan memecahkan ais dengan kakinya.

Il se cabra et frappa violemment la glace avec ses membres antérieurs raides.

Dia bangun dan memukul ais dengan kuat dengan anggota hadapan yang kaku.

Sa capacité la plus frappante était de prédire les changements de vent pendant la nuit.

Keupayaannya yang paling menarik ialah meramalkan perubahan angin dalam sekelip mata.

Même lorsque l'air était calme, il choisissait des endroits abrités du vent.

Walaupun udara sunyi, dia memilih tempat yang terlindung dari angin.

Partout où il creusait son nid, le vent du lendemain le passait à côté de lui.

Di mana sahaja dia menggali sarangnya, angin keesokan harinya melewatinya.

Il finissait toujours par se blottir et se protéger, sous le vent.

Dia sentiasa selesa dan dilindungi, ke angin sepoi-sepoi.

Buck n'a pas seulement appris par l'expérience : son instinct est également revenu.

Buck bukan sahaja belajar melalui pengalaman — nalurinya juga kembali.

Les habitudes des générations domestiquées ont commencé à disparaître.

Tabiat generasi yang dijinakkan mula hilang.

De manière vague, il se souvenait des temps anciens de sa race.

Dengan cara yang tidak jelas, dia teringat zaman purba bakanya.

Il repensa à l'époque où les chiens sauvages couraient en meute dans les forêts.

Dia teringat kembali apabila anjing liar berlari beramai-ramai melalui hutan.

Ils avaient poursuivi et tué leur proie en la poursuivant.

Mereka telah mengejar dan membunuh mangsa mereka sambil berlari ke bawah.

Il était facile pour Buck d'apprendre à se battre avec force et rapidité.

Mudah untuk Buck belajar cara bertarung dengan gigi dan laju.

Il utilisait des coupures, des entailles et des coups rapides, tout comme ses ancêtres.
Dia menggunakan luka, tebasan dan sentakan cepat seperti nenek moyangnya.

Ces ancêtres se sont réveillés en lui et ont réveillé sa nature sauvage.
Nenek moyang itu bergerak dalam dirinya dan membangunkan sifat liarnya.

Leurs anciennes compétences lui avaient été transmises par le sang.
Kemahiran lama mereka telah diturunkan kepadanya melalui garis keturunan.

Leurs tours étaient désormais à lui, sans besoin de pratique ni d'effort.
Helah mereka adalah miliknya sekarang, tanpa perlu latihan atau usaha.

Lors des nuits calmes et froides, Buck levait le nez et hurlait.
Pada malam yang sejuk, Buck mengangkat hidungnya dan melolong.

Il hurla longuement et profondément, comme le faisaient les loups autrefois.
Dia melolong panjang dan dalam, seperti yang dilakukan serigala dahulu.

À travers lui, ses ancêtres morts pointaient leur nez et hurlaient.
Melalui dia, nenek moyangnya yang sudah mati menunjukkan hidung mereka dan melolong.

Ils ont hurlé à travers les siècles avec sa voix et sa forme.
Mereka melolong selama berabad-abad dalam suara dan bentuknya.

Ses cadences étaient les leurs, de vieux cris qui parlaient de chagrin et de froid.
Iramanya adalah milik mereka, tangisan lama yang menceritakan tentang kesedihan dan kesejukan.

Ils chantaient l'obscurité, la faim et le sens de l'hiver.

Mereka menyanyikan tentang kegelapan, kelaparan, dan makna musim sejuk.

Buck a prouvé que la vie est façonnée par des forces qui nous dépassent.

Buck membuktikan bagaimana kehidupan dibentuk oleh kuasa di luar diri sendiri,

L'ancienne chanson s'éleva à travers Buck et s'empara de son âme.

lagu purba naik melalui Buck dan memegang jiwanya.

Il s'est retrouvé parce que les hommes avaient trouvé de l'or dans le Nord.

Dia mendapati dirinya kerana lelaki telah menemui emas di Utara.

Et il s'est retrouvé parce que Manuel, l'aide du jardinier, avait besoin d'argent.

Dan dia mendapati dirinya kerana Manuel, pembantu tukang kebun, memerlukan wang.

La Bête Primordiale Dominante
Binatang Primordial yang Dominan

La bête primordiale dominante était aussi forte que jamais en Buck.

Binatang purba yang dominan adalah sekuat biasa di Buck.

Mais la bête primordiale dominante sommeillait en lui.

Tetapi binatang primordial yang dominan telah tertidur dalam dirinya.

La vie sur le sentier était dure, mais elle renforçait la bête qui sommeillait en Buck.

Kehidupan jejak adalah keras, tetapi ia menguatkan binatang di dalam Buck.

Secrètement, la bête devenait de plus en plus forte chaque jour.

Diam-diam binatang itu bertambah kuat dan lebih kuat setiap hari.

Mais cette croissance intérieure est restée cachée au monde extérieur.

Tetapi pertumbuhan dalaman itu tetap tersembunyi kepada dunia luar.

Une force primordiale, calme et tranquille, se construisait à l'intérieur de Buck.

Satu kuasa primordial yang tenang dan tenang sedang membina di dalam Buck.

Une nouvelle ruse a donné à Buck l'équilibre, le calme, le contrôle et l'équilibre.

Kelicikan baru memberikan Buck keseimbangan, kawalan tenang, dan ketenangan.

Buck s'est concentré sur son adaptation, sans jamais se sentir complètement détendu.

Buck memberi tumpuan keras untuk menyesuaikan diri, tidak pernah berasa tenang sepenuhnya.

Il évitait les conflits, ne déclenchait jamais de bagarres et ne cherchait jamais les ennuis.

Dia mengelakkan konflik, tidak pernah memulakan pergaduhan, atau mencari masalah.

Une réflexion lente et constante façonnait chaque mouvement de Buck.
Perhatian yang perlahan dan mantap membentuk setiap pergerakan Buck.
Il évitait les choix irréfléchis et les décisions soudaines et imprudentes.
Dia mengelakkan pilihan yang terburu-buru dan keputusan yang tiba-tiba dan melulu.
Bien que Buck détestait profondément Spitz, il ne lui montrait aucune agressivité.
Walaupun Buck sangat membenci Spitz, dia tidak menunjukkan pencerobohan kepadanya.
Buck n'a jamais provoqué Spitz et a gardé ses actions contenues.
Buck tidak pernah memprovokasi Spitz, dan mengekalkan tindakannya dihalang.
Spitz, de son côté, sentait le danger grandissant chez Buck.
Spitz, sebaliknya, merasakan bahaya yang semakin meningkat dalam Buck.
Il considérait Buck comme une menace et un sérieux défi à son pouvoir.
Dia melihat Buck sebagai ancaman dan cabaran serius terhadap kuasanya.
Il profitait de chaque occasion pour grogner et montrer ses dents acérées.
Dia menggunakan setiap peluang untuk menggerutu dan menunjukkan giginya yang tajam.
Il essayait de déclencher le combat mortel qui devait avoir lieu.
Dia cuba memulakan pergaduhan maut yang akan datang.
Au début du voyage, une bagarre a failli éclater entre eux.
Pada awal perjalanan, pergaduhan hampir tercetus antara mereka.
Mais un accident inattendu a empêché le combat d'avoir lieu.
Tetapi kemalangan yang tidak dijangka menghalang pergaduhan daripada berlaku.

Ce soir-là, ils installèrent leur campement sur le lac Le Barge, extrêmement froid.

Petang itu mereka berkhemah di Tasik Le Barge yang sangat sejuk.

La neige tombait fort et le vent soufflait comme un couteau.

Salji turun dengan kuat, dan angin memotong seperti pisau.

La nuit était venue trop vite et l'obscurité les entourait.

Malam telah datang terlalu cepat, dan kegelapan mengelilingi mereka.

Ils n'auraient pas pu choisir un pire endroit pour se reposer.

Mereka hampir tidak boleh memilih tempat yang lebih buruk untuk berehat.

Les chiens cherchaient désespérément un endroit où se coucher.

Anjing-anjing itu mencari-cari tempat untuk berbaring.

Un haut mur de roche s'élevait abruptement derrière le petit groupe.

Tembok batu tinggi naik curam di belakang kumpulan kecil itu.

La tente avait été laissée à Dyea pour alléger la charge.

Khemah telah ditinggalkan di Dyea untuk meringankan beban.

Ils n'avaient pas d'autre choix que d'allumer le feu sur la glace elle-même.

Mereka tiada pilihan selain membuat api di atas ais itu sendiri.

Ils étendent leurs robes de nuit directement sur le lac gelé.

Mereka membentangkan jubah tidur mereka terus di atas tasik beku.

Quelques bâtons de bois flotté leur ont donné un peu de feu.

Beberapa batang kayu hanyut memberi mereka sedikit api.

Mais le feu s'est allumé sur la glace et a fondu à travers elle.

Tetapi api itu dibina di atas ais, dan dicairkan melaluinya.

Finalement, ils mangeaient leur dîner dans l'obscurité.

Akhirnya mereka makan malam dalam kegelapan.

Buck s'est recroquevillé près du rocher, à l'abri du vent froid.

Buck meringkuk di sebelah batu, terlindung dari angin sejuk.

L'endroit était si chaud et sûr que Buck détestait déménager.

Tempat itu begitu hangat dan selamat sehinggakan Buck tidak suka berpindah.

Mais François avait réchauffé le poisson et distribuait les rations.

Tetapi François telah memanaskan ikan dan sedang mengedarkan makanan.

Buck finit de manger rapidement et retourna dans son lit.

Buck selesai makan dengan cepat, dan kembali ke katilnya.

Mais Spitz était maintenant allongé là où Buck avait fait son lit.

Tetapi Spitz kini berbaring di mana Buck telah mengemas katilnya.

Un grognement sourd avertit Buck que Spitz refusait de bouger.

Tengkingan rendah memberi amaran kepada Buck bahawa Spitz enggan bergerak.

Jusqu'à présent, Buck avait évité ce combat avec Spitz.

Sehingga kini, Buck telah mengelak pergaduhan dengan Spitz ini.

Mais au plus profond de Buck, la bête s'est finalement libérée.

Tetapi jauh di dalam Buck binatang itu akhirnya terlepas.

Le vol de son lieu de couchage était trop difficile à tolérer.

Kecurian tempat tidurnya terlalu banyak untuk diterima.

Buck se lança sur Spitz, plein de colère et de rage.

Buck melancarkan dirinya di Spitz, penuh kemarahan dan kemarahan.

Jusqu'à présent, Spitz pensait que Buck n'était qu'un gros chien.

Sehingga tidak Spitz menyangka Buck hanyalah seekor anjing besar.

Il ne pensait pas que Buck avait survécu grâce à son esprit.

Dia tidak menyangka Buck telah terselamat melalui rohnya.

Il s'attendait à la peur et à la lâcheté, pas à la fureur et à la vengeance.

Dia mengharapkan ketakutan dan pengecut, bukan
kemarahan dan dendam.

François regarda les deux chiens sortir du nid en ruine.

François merenung apabila kedua-dua anjing itu keluar dari
sarang yang musnah.

**Il comprit immédiatement ce qui avait déclenché cette lutte
sauvage.**

Dia segera memahami apa yang telah memulakan perjuangan
liar.

« Aa-ah ! » s'écria François en soutien au chien brun.

"Aa-ah!" François menjerit menyokong anjing coklat itu.

« Frappez-le ! Par Dieu, punissez ce voleur sournois ! »

"Beri dia pukul! Demi Tuhan, hukum pencuri licik itu!"

**Spitz a montré une volonté égale et une impatience folle de
se battre.**

Spitz menunjukkan kesediaan yang sama dan keinginan liar
untuk bertarung.

**Il cria de rage tout en tournant rapidement en rond,
cherchant une ouverture.**

Dia menjerit marah sambil berputar laju, mencari celah.

Buck a montré la même soif de combat et la même prudence.

Buck menunjukkan rasa lapar yang sama untuk melawan, dan
berhati-hati yang sama.

**Il a également encerclé son adversaire, essayant de prendre
le dessus dans la bataille.**

Dia mengelilingi lawannya juga, cuba untuk mendapatkan
kelebihan dalam pertempuran.

**Puis quelque chose d'inattendu s'est produit et a tout
changé.**

Kemudian sesuatu yang tidak dijangka berlaku dan
mengubah segala-galanya.

Ce moment a retardé l'éventuelle lutte pour le leadership.

Detik itu melambatkan perjuangan akhirnya untuk
kepimpinan.

**De nombreux kilomètres de piste et de lutte attendaient
encore avant la fin.**

Banyak batu jejak dan perjuangan masih menunggu sebelum akhirnya.

Perrault cria un juron tandis qu'une massue frappait un os.

Perrault menjerit sumpah apabila sebatang kayu terhantuk ke tulang.

Un cri aigu de douleur suivit, puis le chaos explosa tout autour.

Jeritan kesakitan diikuti, kemudian huru-hara meletup di sekeliling.

Des formes sombres se déplaçaient dans le camp ; des huskies sauvages, affamés et féroces.

Bentuk gelap bergerak di kem; husky liar, kelaparan dan garang.

Quatre ou cinq douzaines de huskies avaient reniflé le camp de loin.

Empat atau lima dozen huskies telah menghidu kem dari jauh.

Ils s'étaient glissés discrètement pendant que les deux chiens se battaient à proximité.

Mereka telah merayap masuk secara senyap-senyap manakala kedua-dua anjing itu bergaduh berhampiran.

François et Perrault chargèrent en brandissant des massues sur les envahisseurs.

François dan Perrault menyerang, menghayunkan kayu ke arah penceroboh.

Les huskies affamés ont montré les dents et ont riposté avec frénésie.

Huskie yang kelaparan menunjukkan gigi dan melawan dalam kegilaan.

L'odeur de la viande et du pain les avait chassés de toute peur.

Bau daging dan roti telah mendorong mereka melepasi semua ketakutan.

Perrault battait un chien qui avait enfoui sa tête dans la boîte à nourriture.

Perrault mengalahkan seekor anjing yang telah membenamkan kepalanya di dalam kotak grub.

Le coup a été violent et la boîte s'est retournée, la nourriture s'est répandue.

Pukulan itu terkena dengan kuat, dan kotak itu terbalik, makanan tertumpah keluar.

En quelques secondes, une vingtaine de bêtes sauvages déchirèrent le pain et la viande.

Dalam beberapa saat, sebilangan besar binatang liar mengoyak roti dan daging.

Les gourdin masculins ont porté coup sur coup, mais aucun chien ne s'est détourné.

Kelab lelaki mendarat pukulan demi pukulan, tetapi tiada anjing berpaling.

Ils hurlaient de douleur, mais se battaient jusqu'à ce qu'il ne reste plus de nourriture.

Mereka meraung kesakitan, tetapi bertempur sehingga tiada makanan yang tinggal.

Pendant ce temps, les chiens de traîneau avaient sauté de leurs lits enneigés.

Sementara itu, anjing kereta luncur telah melompat dari katil bersalji mereka.

Ils ont été immédiatement attaqués par les huskies vicieux et affamés.

Mereka serta-merta diserang oleh huskie lapar yang ganas.

Buck n'avait jamais vu de créatures aussi sauvages et affamées auparavant.

Buck tidak pernah melihat makhluk liar dan kelaparan seperti itu sebelum ini.

Leur peau pendait librement, cachant à peine leur squelette.

Kulit mereka tergantung longgar, hampir tidak menyembunyikan rangka mereka.

Il y avait un feu dans leurs yeux, de faim et de folie

Terdapat api di mata mereka, kerana kelaparan dan kegilaan

Il n'y avait aucun moyen de les arrêter, aucune résistance à leur ruée sauvage.

Tidak ada yang menghalang mereka; tidak menahan tergesa-gesa ganas mereka.

Les chiens de traîneau furent repoussés, pressés contre la paroi de la falaise.

Anjing kereta luncur ditolak ke belakang, ditekan ke dinding tebing.

Trois huskies ont attaqué Buck en même temps, déchirant sa chair.

Tiga ekor serak menyerang Buck sekaligus, mengoyakkan dagingnya.

Du sang coulait de sa tête et de ses épaules, là où il avait été coupé.

Darah mengalir dari kepala dan bahunya, di mana dia telah dipotong.

Le bruit remplissait le camp : grognements, cris et cris de douleur.

Bunyi bising memenuhi kem; geram, jeritan, dan tangisan kesakitan.

Billee pleurait fort, comme d'habitude, prise dans la mêlée et la panique.

Billee menangis dengan kuat, seperti biasa, terperangkap dalam pergaduhan dan panik.

Dave et Solleks se tenaient côte à côte, saignant mais provocants.

Dave dan Solleks berdiri sebelah menyebelah, berdarah tetapi menentang.

Joe s'est battu comme un démon, mordant tout ce qui s'approchait.

Joe bertarung seperti syaitan, menggigit apa sahaja yang dekat.

Il a écrasé la jambe d'un husky d'un claquement brutal de ses mâchoires.

Dia meremukkan kaki seekor husky dengan satu patah kejam rahangnya.

Pike a sauté sur le husky blessé et lui a brisé le cou instantanément.

Pike melompat ke atas husky yang cedera dan mematahkan lehernya serta-merta.

Buck a attrapé un husky par la gorge et lui a déchiré la veine.

Buck menangkap serak di kerongkong dan merobek urat.

Le sang gicla et le goût chaud poussa Buck dans une frénésie.

Darah menyembur, dan rasa hangat mendorong Buck menjadi kegilaan.

Il s'est jeté sur un autre agresseur sans hésitation.

Dia melemparkan dirinya kepada penyerang lain tanpa teragak-agak.

Au même moment, des dents acérées s'enfoncèrent dans la gorge de Buck.

Pada masa yang sama, gigi tajam digali ke dalam kerongkong Buck sendiri.

Spitz avait frappé de côté, attaquant sans avertissement.

Spitz telah menyerang dari sisi, menyerang tanpa amaran.

Perrault et François avaient vaincu les chiens en volant la nourriture.

Perrault dan François telah mengalahkan anjing yang mencuri makanan.

Ils se sont alors précipités pour aider leurs chiens à repousser les attaquants.

Kini mereka bergegas membantu anjing mereka melawan penyerang.

Les chiens affamés se retirèrent tandis que les hommes brandissaient leurs gourdins.

Anjing-anjing yang kelaparan berundur ketika lelaki itu menghayunkan kayu mereka.

Buck s'est libéré de l'attaque, mais l'évasion a été brève.

Buck melepaskan diri dari serangan, tetapi melarikan diri adalah singkat.

Les hommes ont couru pour sauver leurs chiens, et les huskies ont de nouveau afflué.

Lelaki itu berlari untuk menyelamatkan anjing mereka, dan huskies mengerumuni lagi.

Billee, effrayé et courageux, sauta dans la meute de chiens.

Billee, ketakutan menjadi berani, melompat ke dalam kumpulan anjing.

Mais il s'est alors enfui sur la glace, saisi de terreur et de panique.

Tetapi kemudian dia melarikan diri melintasi ais, dalam ketakutan dan panik.

Pike et Dub suivaient de près, courant pour sauver leur vie.

Pike dan Dub mengikuti dari belakang, berlari menyelamatkan nyawa mereka.

Le reste de l'équipe s'est séparé et dispersé, les suivant.

Selebihnya pasukan pecah dan bertaburan, mengikuti mereka.

Buck rassembla ses forces pour courir, mais vit alors un éclair.

Buck mengumpul kekuatannya untuk berlari, tetapi kemudian melihat kilat.

Spitz s'est jeté sur le côté de Buck, essayant de le faire tomber au sol.

Spitz menerjang ke sisi Buck, cuba menjatuhkannya ke tanah.

Sous cette foule de huskies, Buck n'aurait eu aucune échappatoire.

Di bawah gerombolan huskies itu, Buck tidak akan dapat melarikan diri.

Mais Buck est resté ferme et s'est préparé au coup de Spitz.

Tetapi Buck berdiri teguh dan bersedia untuk tamparan daripada Spitz.

Puis il s'est retourné et a couru sur la glace avec l'équipe en fuite.

Kemudian dia berpaling dan berlari keluar ke atas ais bersama pasukan yang melarikan diri.

Plus tard, les neuf chiens de traîneau se sont rassemblés à l'abri des bois.

Kemudian, sembilan anjing kereta luncur itu berkumpul di tempat perlindungan hutan.

Personne ne les poursuivait plus, mais ils étaient battus et blessés.

Tiada siapa yang mengejar mereka lagi, tetapi mereka dipukul dan cedera.

Chaque chien avait des blessures ; quatre ou cinq coupures profondes sur chaque corps.

Setiap anjing mempunyai luka; empat atau lima luka dalam pada setiap badan.

Dub avait une patte arrière blessée et avait du mal à marcher maintenant.

Dub mengalami kecederaan kaki belakang dan sukar untuk berjalan sekarang.

Dolly, le nouveau chien de Dyea, avait la gorge tranchée.

Dolly, anjing terbaharu dari Dyea, mengalami kerongkong.

Joe avait perdu un œil et l'oreille de Billee était coupée en morceaux

Joe telah kehilangan mata, dan telinga Billee dipotong

Tous les chiens ont crié de douleur et de défaite toute la nuit.

Semua anjing menangis kesakitan dan kekalahan sepanjang malam.

À l'aube, ils retournèrent au camp, endoloris et brisés.

Pada waktu subuh mereka merangkak kembali ke kem, sakit dan patah.

Les huskies avaient disparu, mais le mal était fait.

Huskies telah hilang, tetapi kerosakan telah dilakukan.

Perrault et François étaient de mauvaise humeur à cause de la ruine.

Perrault dan François berdiri dalam mood busuk di atas kehancuran itu.

La moitié de la nourriture avait disparu, volée par les voleurs affamés.

Separuh daripada makanan telah hilang, diragut oleh pencuri yang kelaparan.

Les huskies avaient déchiré les fixations et la toile du traîneau.

Huskies telah terkoyak melalui ikatan kereta luncur dan kanvas.

Tout ce qui avait une odeur de nourriture avait été complètement dévoré.

Apa-apa sahaja yang berbau makanan telah dimakan sepenuhnya.

Ils ont mangé une paire de bottes de voyage en peau d'élan de Perrault.

Mereka makan sepasang but perjalanan kulit rusa utara Perrault.

Ils ont mâché des reis en cuir et ruiné des sangles au point de les rendre inutilisables.

Mereka mengunyah reis kulit dan tali yang rosak tidak dapat digunakan.

François cessa de fixer le fouet déchiré pour vérifier les chiens.

François berhenti merenung sebatan yang terkoyak untuk memeriksa anjing-anjing itu.

« Ah, mes amis », dit-il d'une voix basse et pleine d'inquiétude.

"Ah, kawan-kawan saya," katanya, suaranya rendah dan penuh dengan kebimbangan.

« Peut-être que toutes ces morsures vous transformeront en bêtes folles. »

"Mungkin semua gigitan ini akan mengubah kamu menjadi binatang gila."

« Peut-être que ce sont tous des chiens enragés, sacredam ! Qu'en penses-tu, Perrault ? »

"Mungkin semua anjing gila, sacredam! Apa pendapat awak, Perrault?"

Perrault secoua la tête, les yeux sombres d'inquiétude et de peur.

Perrault menggelengkan kepalanya, matanya gelap dengan kebimbangan dan ketakutan.

Il y avait encore quatre cents milles entre eux et Dawson.

Empat ratus batu masih terletak di antara mereka dan Dawson.

La folie canine pourrait désormais détruire toute chance de survie.

Kegilaan anjing kini boleh memusnahkan sebarang peluang untuk terus hidup.

Ils ont passé deux heures à jurer et à essayer de réparer le matériel.

Mereka menghabiskan dua jam bersumpah dan cuba membetulkan gear.

L'équipe blessée a finalement quitté le camp, brisée et vaincue.

Pasukan yang cedera akhirnya meninggalkan kem, rosak dan kalah.

C'était le sentier le plus difficile jusqu'à présent, et chaque pas était douloureux.

Ini adalah laluan yang paling sukar, dan setiap langkah adalah menyakitkan.

La rivière Thirty Mile n'était pas gelée et coulait à flots.

Sungai Thirty Mile tidak membeku, dan mengalir deras.

Ce n'est que dans les endroits calmes et les tourbillons que la glace parvenait à tenir.

Hanya di tempat yang tenang dan pusaran yang berpusar barulah ais berjaya ditahan.

Six jours de dur labeur se sont écoulés jusqu'à ce que les trente milles soient parcourus.

Enam hari kerja keras berlalu sehingga tiga puluh batu selesai.

Chaque kilomètre parcouru sur le sentier apportait du danger et une menace de mort.

Setiap batu dari laluan itu membawa bahaya dan ancaman kematian.

Les hommes et les chiens risquaient leur vie à chaque pas douloureux.

Lelaki dan anjing itu mempertaruhkan nyawa mereka dengan setiap langkah yang menyakitkan.

Perrault a franchi des ponts de glace minces à une douzaine de reprises.

Perrault menerobos jambatan ais nipis beberapa kali berbeza.

Il portait une perche et la laissait tomber sur le trou que son corps avait fait.

Dia memikul sebatang tiang dan membiarkannya jatuh di atas lubang yang dibuat badannya.

Plus d'une fois, ce poteau a sauvé Perrault de la noyade.

Lebih daripada sekali tiang itu menyelamatkan Perrault daripada lemas.

La vague de froid persistait, l'air était à cinquante degrés en dessous de zéro.

Rasa sejuk itu dipegang teguh, udara lima puluh darjah di bawah sifar.

Chaque fois qu'il tombait, Perrault devait allumer un feu pour survivre.

Setiap kali dia terjatuh, Perrault terpaksa menyalakan api untuk terus hidup.

Les vêtements mouillés gelaient rapidement, alors il les séchait près d'une source de chaleur intense.

Pakaian basah membeku dengan cepat, jadi dia mengeringkannya berhampiran panas terik.

Aucune peur n'a jamais touché Perrault, et cela a fait de lui un courrier.

Tiada rasa takut pernah menyentuh Perrault, dan itu menjadikannya seorang kurier.

Il a été choisi pour le danger, et il l'a affronté avec une résolution tranquille.

Dia dipilih untuk bahaya, dan dia menghadapinya dengan tekad yang tenang.

Il s'avança face au vent, son visage ratatiné et gelé.

Dia menekan ke hadapan ke arah angin, mukanya yang keriput beku.

De l'aube naissante à la tombée de la nuit, Perrault les mena en avant.

Dari subuh yang redup hingga malam, Perrault membawa mereka ke hadapan.

Il marchait sur une étroite bordure de glace qui se fissurait à chaque pas.

Dia berjalan di atas ais sempit yang retak setiap langkah.

Ils n'osaient pas s'arrêter : chaque pause risquait de provoquer un effondrement mortel.

Mereka tidak berani berhenti-setiap jeda berisiko mengalami keruntuhan maut.

Un jour, le traîneau s'est brisé, entraînant Dave et Buck à l'intérieur.

Suatu ketika kereta luncur itu menceroboh, menarik Dave dan Buck masuk.

Au moment où ils ont été libérés, tous deux étaient presque gelés.

Pada masa mereka diseret bebas, kedua-duanya hampir beku.

Les hommes ont rapidement allumé un feu pour garder Buck et Dave en vie.

Lelaki itu membakar api dengan cepat untuk memastikan Buck dan Dave terus hidup.

Les chiens étaient recouverts de glace du nez à la queue, raides comme du bois sculpté.

Anjing-anjing itu disalut dengan ais dari hidung ke ekor, kaku seperti kayu berukir.

Les hommes les faisaient courir en rond près du feu pour décongeler leurs corps.

Lelaki itu berlari mereka dalam bulatan berhampiran api untuk mencairkan badan mereka.

Ils se sont approchés si près des flammes que leur fourrure a été brûlée.

Mereka datang begitu dekat dengan api sehingga bulu mereka hangus.

Spitz a ensuite brisé la glace, entraînant l'équipe derrière lui.

Spitz menerobos ais seterusnya, menyeret pasukan di belakangnya.

La cassure s'est étendue jusqu'à l'endroit où Buck tirait.

Masa rehat itu sampai ke tempat Buck menarik.

Buck se pencha en arrière, ses pattes glissant et tremblant sur le bord.

Buck bersandar kuat, kaki tergelincir dan menggeletar di tepi.

Dave a également tendu vers l'arrière, juste derrière Buck sur la ligne.

Dave juga tegang ke belakang, tepat di belakang Buck di barisan.

François tirait sur le traîneau, ses muscles craquant sous l'effort.

François menarik kereta luncur, ototnya retak dengan usaha.

Une autre fois, la glace du bord s'est fissurée devant et derrière le traîneau.

Lain kali, rim ais retak sebelum dan belakang kereta luncur.

Ils n'avaient d'autre issue que d'escalader une paroi rocheuse gelée.

Mereka tidak mempunyai jalan keluar kecuali memanjat dinding tebing beku.

Perrault a réussi à escalader le mur, mais un miracle l'a maintenu en vie.

Perrault entah bagaimana memanjat dinding; satu keajaiban membuatkan dia hidup.

François resta en bas, priant pour avoir le même genre de chance.

François tinggal di bawah, berdoa untuk nasib yang sama.

Ils ont attaché chaque sangle, chaque amarrage et chaque traçage en une seule longue corde.

Mereka mengikat setiap tali, sebatan, dan kesan ke dalam satu tali panjang.

Les hommes ont hissé chaque chien, un par un, jusqu'au sommet.

Lelaki itu menarik setiap anjing ke atas, satu demi satu ke atas.

François est monté en dernier, après le traîneau et toute la charge.

François mendaki terakhir, selepas kereta luncur dan keseluruhan muatan.

Commença alors une longue recherche d'un chemin pour descendre des falaises.

Kemudian bermula pencarian panjang untuk laluan turun dari tebing.

Ils sont finalement descendus en utilisant la même corde qu'ils avaient fabriquée.

Mereka akhirnya turun menggunakan tali yang sama yang mereka buat.

La nuit tombait alors qu'ils retournaient au lit de la rivière, épuisés et endoloris.

Malam tiba ketika mereka kembali ke dasar sungai, letih dan sakit.

La journée entière ne leur avait permis de gagner qu'un quart de mile.

Mereka telah mengambil masa sehari penuh untuk menempuh hanya seperempat batu.

Au moment où ils atteignirent le Hootalinqua, Buck était épuisé.

Pada masa mereka sampai ke Hootalinqua, Buck sudah haus.

Les autres chiens ont tout autant souffert des conditions du sentier.

Anjing-anjing lain menderita sama teruk akibat keadaan laluan.

Mais Perrault avait besoin de récupérer du temps et les poussait chaque jour.

Tetapi Perrault perlu memulihkan masa, dan menolaknya setiap hari.

Le premier jour, ils ont parcouru trente miles jusqu'à Big Salmon.

Hari pertama mereka mengembara tiga puluh batu ke Big Salmon.

Le lendemain, ils parcoururent trente-cinq milles jusqu'à Little Salmon.

Keesokan harinya mereka mengembara tiga puluh lima batu ke Little Salmon.

Le troisième jour, ils ont parcouru quarante longs kilomètres gelés.

Pada hari ketiga mereka menempuh empat puluh batu beku yang panjang.

À ce moment-là, ils approchaient de la colonie de Five Fingers.

Ketika itu, mereka sedang menghampiri penempatan Five Fingers.

Les pieds de Buck étaient plus doux que les pieds durs des huskies indigènes.

Kaki Buck lebih lembut daripada kaki keras huskies asli.

Ses pattes étaient devenues plus fragiles au fil des générations civilisées.

Cakarnya telah menjadi lembut selama beberapa generasi bertamadun.

Il y a longtemps, ses ancêtres avaient été apprivoisés par des hommes de la rivière ou des chasseurs.

Dahulu, nenek moyangnya telah dijinakkan oleh lelaki sungai atau pemburu.

Chaque jour, Buck boitait de douleur, marchant sur des pattes à vif et douloureuses.

Setiap hari Buck terkial-kial dalam kesakitan, berjalan di atas kaki yang mentah dan sakit.

Au camp, Buck tomba comme une forme sans vie sur la neige.

Di kem, Buck jatuh seperti bentuk tidak bermaya di atas salji.

Bien qu'affamé, Buck ne s'est pas levé pour manger son repas du soir.

Walaupun kelaparan, Buck tidak bangun untuk makan malamnya.

François apporta sa ration à Buck, en déposant du poisson près de son museau.

François membawa Buck makanannya, meletakkan ikan di dekat muncungnya.

Chaque nuit, le chauffeur frottait les pieds de Buck pendant une demi-heure.

Setiap malam pemandu itu menggosok kaki Buck selama setengah jam.

François a même découpé ses propres mocassins pour en faire des chaussures pour chiens.

Françoi juga memotong moccasinnya sendiri untuk membuat kasut anjing.

Quatre chaussures chaudes ont apporté à Buck un grand et bienvenu soulagement.

Empat kasut hangat memberi Buck kelegaan yang hebat dan dialu-alukan.

Un matin, François oublia ses chaussures et Buck refusa de se lever.

Suatu pagi, François terlupa kasut itu, dan Buck enggan
bangun.

**Buck était allongé sur le dos, les pieds en l'air, les agitant
pitoyablement.**

Buck berbaring di belakangnya, kaki di udara, melambai-
lambai dengan menyedihkan.

**Même Perrault sourit à la vue de l'appel dramatique de
Buck.**

Malah Perrault tersengih melihat rayuan dramatik Buck.

**Bientôt, les pieds de Buck devinrent durs et les chaussures
purent être jetées.**

Tidak lama kemudian kaki Buck menjadi keras, dan kasut itu
boleh dibuang.

**À Pelly, pendant le temps du harnais, Dolly laissait
échapper un hurlement épouvantable.**

Di Pelly, semasa masa abah-abah, Dolly mengeluarkan
lolongan yang mengerikan.

Le cri était long et rempli de folie, secouant chaque chien.

Tangisan itu panjang dan penuh dengan kegilaan,
menggegarkan setiap anjing.

**Chaque chien se hérissait de peur sans en connaître la
raison.**

Setiap anjing berbulu ketakutan tanpa mengetahui sebabnya.

**Dolly était devenue folle et s'était jetée directement sur
Buck.**

Dolly telah menjadi gila dan melemparkan dirinya terus ke
arah Buck.

**Buck n'avait jamais vu la folie, mais l'horreur remplissait
son cœur.**

Buck tidak pernah melihat kegilaan, tetapi seram memenuhi
hatinya.

**Sans réfléchir, il se retourna et s'enfuit, complètement
paniqué.**

Tanpa berfikir panjang, dia berpaling dan melarikan diri
dalam keadaan panik.

**Dolly le poursuivit, les yeux fous, la salive s'échappant de
ses mâchoires.**

Dolly mengejarnya, matanya liar, air liur berterbangan dari rahangnya.

Elle est restée juste derrière Buck, sans jamais gagner ni reculer.

Dia terus berada di belakang Buck, tidak pernah mendapat dan tidak pernah mundur.

Buck courut à travers les bois, le long de l'île, sur de la glace déchiquetée.

Buck berlari melalui hutan, menyusuri pulau, melintasi ais bergerigi.

Il traversa vers une île, puis une autre, revenant vers la rivière.

Dia menyeberang ke sebuah pulau, kemudian yang lain, berputar kembali ke sungai.

Dolly le poursuivait toujours, son grognement le suivant de près à chaque pas.

Dolly masih mengejarnya, geramnya dekat di belakang pada setiap langkah.

Buck pouvait entendre son souffle et sa rage, même s'il n'osait pas regarder en arrière.

Buck boleh mendengar nafas dan kemarahannya, walaupun dia tidak berani menoleh ke belakang.

François cria de loin, et Buck se tourna vers la voix.

François menjerit dari jauh, dan Buck menoleh ke arah suara itu.

Encore à bout de souffle, Buck courut, plaçant tout espoir en François.

Masih tercungap-cungap, Buck berlari melepasi, meletakkan semua harapan pada François.

Le conducteur du chien leva une hache et attendit que Buck passe à toute vitesse.

Pemandu anjing itu mengangkat kapak dan menunggu Buck terbang lalu.

La hache s'abattit rapidement et frappa la tête de Dolly avec une force mortelle.

Kapak itu turun dengan pantas dan menghentak kepala Dolly dengan kekuatan maut.

Buck s'est effondré près du traîneau, essoufflé et incapable de bouger.

Buck rebah berhampiran kereta luncur, semput dan tidak dapat bergerak.

Ce moment a donné à Spitz l'occasion de frapper un ennemi épuisé.

Detik itu memberi peluang kepada Spitz untuk menyerang musuh yang keletihan.

Il a mordu Buck à deux reprises, déchirant la chair jusqu'à l'os blanc.

Dua kali dia menggigit Buck, mengoyakkan daging hingga ke tulang putih.

Le fouet de François claqua, frappant Spitz avec toute sa force et sa fureur.

Cambuk François retak, memukul Spitz dengan kekuatan penuh dan marah.

Buck regarda avec joie Spitz recevoir sa raclée la plus dure jusqu'à présent.

Buck memerhati dengan gembira apabila Spitz menerima pukulan paling kerasnya.

« C'est un diable, ce Spitz », murmura sombrement Perrault pour lui-même.

"Dia syaitan, Spitz itu," gumam Perrault dalam hati.

« Un jour prochain, ce maudit chien tuera Buck, je le jure. »

"Suatu hari nanti, anjing terkutuk itu akan membunuh Buck-saya bersumpah."

« Ce Buck a deux démons en lui », répondit François en hochant la tête.

"Buck itu mempunyai dua syaitan dalam dirinya," jawab François sambil mengangguk.

« Quand je regarde Buck, je sais que quelque chose de féroce l'attend. »

"Apabila saya menonton Buck, saya tahu sesuatu yang sengit menantinya."

« Un jour, il deviendra fou comme le feu et mettra Spitz en pièces. »

"Suatu hari nanti, dia akan marah seperti api dan mengoyakkan Spitz."

« Il va mâcher ce chien et le recracher sur la neige gelée. »

"Dia akan mengunyah anjing itu dan meludahkannya pada salji beku."

« Bien sûr que non, je le sais au plus profond de moi. »

"Sebenarnya, saya tahu perkara ini jauh di dalam tulang saya."

À partir de ce moment-là, les deux chiens étaient engagés dans une guerre.

Sejak saat itu, kedua-dua anjing itu dikunci dalam peperangan.

Spitz a dirigé l'équipe et a conservé le pouvoir, mais Buck a contesté cela.

Spitz mengetuai pasukan dan memegang kuasa, tetapi Buck mencabarnya.

Spitz a vu son rang menacé par cet étrange étranger du Sud.

Spitz melihat pangkatnya terancam oleh orang asing di Southland yang ganjil ini.

Buck ne ressemblait à aucun autre chien du sud que Spitz avait connu auparavant.

Buck tidak seperti mana-mana anjing selatan yang pernah diketahui Spitz sebelum ini.

La plupart d'entre eux ont échoué, trop faibles pour survivre au froid et à la faim.

Kebanyakan mereka gagal—terlalu lemah untuk hidup melalui kesejukan dan kelaparan.

Ils sont morts rapidement à cause du travail, du gel et de la lenteur de la famine.

Mereka mati dengan cepat di bawah buruh, fros, dan kelaparan yang perlahan.

Buck se démarquait : plus fort, plus intelligent et plus sauvage chaque jour.

Buck berdiri berasingan—lebih kuat, lebih bijak dan lebih ganas setiap hari.

Il a prospéré dans les difficultés, grandissant jusqu'à égaler les huskies du Nord.

Dia berkembang maju dalam kesusahan, berkembang untuk menandingi huskie utara.

Buck avait de la force, une habileté sauvage et un instinct patient et mortel.

Buck mempunyai kekuatan, kemahiran liar, dan sabar, naluri maut.

L'homme avec la massue avait fait perdre à Buck toute témérité.

Lelaki dengan kelab itu telah mengalahkan rasa terburu-buru daripada Buck.

La fureur aveugle avait disparu, remplacée par une ruse silencieuse et un contrôle.

Kemarahan buta telah hilang, digantikan dengan kelicikan dan kawalan yang tenang.

Il attendait, calme et primitif, guettant le bon moment.

Dia menunggu, tenang dan prima, memerhatikan masa yang sesuai.

Leur lutte pour le commandement est devenue inévitable et claire.

Perjuangan mereka untuk perintah menjadi tidak dapat dielakkan dan jelas.

Buck désirait être un leader parce que son esprit l'exigeait.

Buck inginkan kepimpinan kerana semangatnya menuntutnya.

Il était poussé par l'étrange fierté née du sentier et du harnais.

Dia didorong oleh kebanggaan aneh yang lahir dari jejak dan abah-abah.

Cette fierté a poussé les chiens à tirer jusqu'à ce qu'ils s'effondrent sur la neige.

Kebanggaan itu membuat anjing menarik sehingga mereka rebah di atas salji.

L'orgueil les a poussés à donner toute la force qu'ils avaient.

Kebanggaan memikat mereka untuk memberikan semua kekuatan yang mereka ada.

L'orgueil peut attirer un chien de traîneau jusqu'à la mort.

Kesombongan boleh memikat anjing kereta luncur hingga ke tahap kematian.

La perte du harnais a laissé les chiens brisés et sans but.

Kehilangan abah menyebabkan anjing patah dan tanpa tujuan.

Le cœur d'un chien de traîneau peut être brisé par la honte lorsqu'il prend sa retraite.

Hati anjing kereta luncur boleh dihancurkan oleh rasa malu apabila mereka bersara.

Dave vivait avec cette fierté alors qu'il tirait le traîneau par derrière.

Dave hidup dengan kebanggaan itu ketika dia menyeret kereta luncur dari belakang.

Solleks, lui aussi, a tout donné avec une force et une loyauté redoutables.

Solleks juga memberikan segalanya dengan kekuatan dan kesetiaan yang suram.

Chaque matin, l'orgueil les faisait passer de l'amertume à la détermination.

Setiap pagi, kesombongan mengubah mereka dari pahit kepada tekad.

Ils ont poussé toute la journée, puis sont restés silencieux à la fin du camp.

Mereka menolak sepanjang hari, kemudian berdiam diri di penghujung kem.

Cette fierté a donné à Spitz la force de battre les tire-au-flanc.

Kebanggaan itu memberi Spitz kekuatan untuk menewaskan syirik ke dalam barisan.

Spitz craignait Buck parce que Buck portait cette même fierté profonde.

Spitz takut Buck kerana Buck membawa kebanggaan mendalam yang sama.

L'orgueil de Buck s'est alors retourné contre Spitz, et il ne s'est pas arrêté.

Kebanggaan Buck kini dikacau terhadap Spitz, dan dia tidak berhenti.

Buck a défié le pouvoir de Spitz et l'a empêché de punir les chiens.
Buck menentang kuasa Spitz dan menghalangnya daripada menghukum anjing.
Lorsque les autres échouaient, Buck s'interposait entre eux et leur chef.
Apabila yang lain gagal, Buck melangkah di antara mereka dan ketua mereka.
Il l'a fait intentionnellement, en rendant son défi ouvert et clair.
Dia melakukan ini dengan niat, menjadikan cabarannya terbuka dan jelas.
Une nuit, une forte neige a recouvert le monde d'un profond silence.
Pada suatu malam salji tebal menyelubungi dunia dalam kesunyian yang mendalam.
Le lendemain matin, Pike, paresseux comme toujours, ne se leva pas pour aller travailler.
Keesokan paginya, Pike, malas seperti biasa, tidak bangun untuk bekerja.
Il est resté caché dans son nid sous une épaisse couche de neige.
Dia bersembunyi di dalam sarangnya di bawah lapisan salji yang tebal.
François a appelé et cherché, mais n'a pas pu trouver le chien.
François memanggil dan mencari, tetapi tidak menemui anjing itu.
Spitz devint furieux et se précipita à travers le camp couvert de neige.
Spitz menjadi marah dan menyerbu melalui kem yang dilitupi salji.
Il grogna et renifla, creusant frénétiquement avec des yeux flamboyants.
Dia menggeram dan menghidu, menggali gila dengan mata yang menyala.

Sa rage était si féroce que Pike tremblait sous la neige de peur.

Kemarahannya sangat hebat sehingga Pike bergegar di bawah salji kerana ketakutan.

Lorsque Pike fut finalement retrouvé, Spitz se précipita pour punir le chien qui se cachait.

Apabila Pike akhirnya ditemui, Spitz menerjang untuk menghukum anjing yang bersembunyi.

Mais Buck s'est précipité entre eux avec une fureur égale à celle de Spitz.

Tetapi Buck muncul di antara mereka dengan kemarahan yang sama dengan kemarahan Spitz sendiri.

L'attaque fut si soudaine et intelligente que Spitz tomba.

Serangan itu begitu mendadak dan bijak sehingga Spitz jatuh dari kakinya.

Pike, qui tremblait, puisa du courage dans ce défi.

Pike, yang telah gemetar, mengambil keberanian daripada penentangan ini.

Il sauta sur le Spitz tombé, suivant l'exemple audacieux de Buck.

Dia melompat ke atas Spitz yang jatuh, mengikuti contoh berani Buck.

Buck, n'étant plus tenu par l'équité, a rejoint la grève contre Spitz.

Buck, tidak lagi terikat dengan keadilan, menyertai mogok ke atas Spitz.

François, amusé mais ferme dans sa discipline, balançait son lourd fouet.

François, geli namun tegas dalam disiplin, menghayunkan sebatannya yang berat.

Il frappa Buck de toutes ses forces pour mettre fin au combat.

Dia memukul Buck dengan sekuat tenaga untuk meleraikan pergaduhan itu.

Buck a refusé de bouger et est resté au sommet du chef tombé.

Buck enggan bergerak dan kekal di atas ketua yang jatuh.

François a ensuite utilisé le manche du fouet, frappant Buck durement.

François kemudian menggunakan pegangan cemeti, memukul Buck dengan kuat.

Titubant sous le coup, Buck recula sous l'assaut.

Terhuyung-huyung akibat pukulan itu, Buck jatuh kembali di bawah serangan itu.

François frappait encore et encore tandis que Spitz punissait Pike.

François menyerang berulang kali manakala Spitz menghukum Pike.

Les jours passèrent et Dawson City se rapprocha de plus en plus.

Hari berlalu, dan Bandar Dawson semakin dekat dan dekat.

Buck n'arrêtait pas d'intervenir, se glissant entre le Spitz et les autres chiens.

Buck terus campur tangan, menyelinap di antara Spitz dan anjing lain.

Il choisissait bien ses moments, attendant toujours que François parte.

Dia memilih momennya dengan baik, sentiasa menunggu François pergi.

La rébellion silencieuse de Buck s'est propagée et le désordre a pris racine dans l'équipe.

Pemberontakan senyap Buck merebak, dan kekacauan berakar dalam pasukan.

Dave et Solleks sont restés fidèles, mais d'autres sont devenus indisciplinés.

Dave dan Solleks tetap setia, tetapi yang lain menjadi tidak terkawal.

L'équipe est devenue de plus en plus agitée, querelleuse et hors de propos.

Pasukan itu bertambah teruk—gelisah, bergaduh dan keluar dari barisan.

Plus rien ne fonctionnait correctement et les bagarres devenaient courantes.

Tiada apa-apa yang berfungsi dengan lancar lagi, dan pergaduhan menjadi perkara biasa.

Buck est resté au cœur des troubles, provoquant toujours des troubles.

Buck kekal di tengah-tengah masalah, sentiasa mencetuskan kekacauan.

François restait vigilant, effrayé par le combat entre Buck et Spitz.

François tetap berjaga-jaga, takut akan pergaduhan antara Buck dan Spitz.

Chaque nuit, des bagarres le réveillaient, craignant que le commencement n'arrive enfin.

Setiap malam, pergelutan menyedarkannya, takut permulaannya akhirnya tiba.

Il sauta de sa robe, prêt à mettre fin au combat.

Dia melompat dari jubahnya, bersedia untuk meleraikan pergaduhan.

Mais le moment n'arriva jamais et ils atteignirent finalement Dawson.

Tetapi saat itu tidak pernah tiba, dan mereka sampai ke Dawson akhirnya.

L'équipe est entrée dans la ville un après-midi sombre, tendu et calme.

Pasukan itu memasuki bandar pada suatu petang yang suram, tegang dan sunyi.

La grande bataille pour le leadership était encore en suspens dans l'air glacial.

Pertempuran hebat untuk kepimpinan masih tergantung di udara beku.

Dawson était rempli d'hommes et de chiens de traîneau, tous occupés à travailler.

Dawson penuh dengan lelaki dan anjing kereta luncur, semuanya sibuk dengan kerja.

Buck regardait les chiens tirer des charges du matin au soir.

Buck melihat anjing-anjing itu menarik beban dari pagi hingga malam.

Ils transportaient des bûches et du bois de chauffage et acheminaient des fournitures vers les mines.

Mereka mengangkut kayu balak dan kayu api, mengangkut bekalan ke lombong.

Là où les chevaux travaillaient autrefois dans le Southland, les chiens travaillent désormais.

Di mana kuda pernah bekerja di Southland, anjing kini bekerja.

Buck a vu quelques chiens du Sud, mais la plupart étaient des huskies ressemblant à des loups.

Buck melihat beberapa anjing dari Selatan, tetapi kebanyakannya adalah serak seperti serigala.

La nuit, comme une horloge, les chiens élevaient la voix pour chanter.

Pada waktu malam, seperti jam, anjing meninggikan suara mereka dalam lagu.

À neuf heures, à minuit et à nouveau à trois heures, les chants ont commencé.

Pada pukul sembilan, pada tengah malam, dan sekali lagi pada pukul tiga, nyanyian bermula.

Buck aimait se joindre à leur chant étrange, au son sauvage et ancien.

Buck suka menyertai nyanyian menakutkan mereka, liar dan kuno dalam bunyi.

Les aurores boréales flamboyaient, les étoiles dansaient et la neige recouvrait le pays.

Aurora menyala, bintang menari, dan salji menyelimuti bumi.

Le chant des chiens s'éleva comme un cri contre le silence et le froid glacial.

Lagu anjing meningkat sebagai tangisan menentang kesunyian dan kesejukan yang pahit.

Mais leur hurlement contenait de la tristesse, et non du défi, dans chaque longue note.

Tetapi lolongan mereka menahan kesedihan, bukan pembangkangan, dalam setiap nada yang panjang.

Chaque cri plaintif était plein de supplications, le fardeau de la vie elle-même.

Setiap tangisan ratapan penuh dengan rayuan; beban hidup itu sendiri.

Cette chanson était vieille, plus vieille que les villes et plus vieille que les incendies.

Lagu itu sudah lama—lebih tua daripada bandar, dan lebih tua daripada api

Cette chanson était encore plus ancienne que les voix des hommes.

Lagu itu lebih kuno daripada suara lelaki.

C'était une chanson du monde des jeunes, quand toutes les chansons étaient tristes.

Ia adalah lagu dari dunia muda, apabila semua lagu sedih.

La chanson portait la tristesse d'innombrables générations de chiens.

Lagu itu membawa kesedihan daripada generasi anjing yang tidak terkira banyaknya.

Buck ressentait profondément la mélodie, gémissant de douleur enracinée dans les âges.

Buck merasakan melodi itu dengan mendalam, mengerang kesakitan yang berakar pada zaman.

Il sanglotait d'un chagrin aussi vieux que le sang sauvage dans ses veines.

Dia menangis teresak-esak kerana kesedihan yang setua darah liar dalam uratnya.

Le froid, l'obscurité et le mystère ont touché l'âme de Buck.

Sejuk, gelap, dan misteri itu menyentuh jiwa Buck.

Cette chanson prouvait à quel point Buck était revenu à ses origines.

Lagu itu membuktikan sejauh mana Buck telah kembali ke asalnya.

À travers la neige et les hurlements, il avait trouvé le début de sa propre vie.

Melalui salji dan melolong dia telah menemui permulaan hidupnya sendiri.

Sept jours après leur arrivée à Dawson, ils repartent.

Tujuh hari selepas tiba di Dawson, mereka berangkat sekali lagi.

L'équipe est descendue de la caserne jusqu'au sentier du Yukon.

Pasukan itu turun dari Berek turun ke Laluan Yukon.

Ils ont commencé le voyage de retour vers Dyea et Salt Water.

Mereka memulakan perjalanan pulang ke arah Dyea dan Air Garam.

Perrault portait des dépêches encore plus urgentes qu'auparavant.

Perrault membawa penghantaran yang lebih mendesak daripada sebelumnya.

Il était également saisi par la fierté du sentier et avait pour objectif d'établir un record.

Dia juga dirampas oleh kebanggaan jejak dan bertujuan untuk mencipta rekod.

Cette fois, plusieurs avantages étaient du côté de Perrault.

Kali ini, beberapa kelebihan berada di pihak Perrault.

Les chiens s'étaient reposés pendant une semaine entière et avaient repris des forces.

Anjing-anjing itu telah berehat selama seminggu penuh dan memulihkan kekuatan mereka.

Le sentier qu'ils avaient ouvert était maintenant damé par d'autres.

Laluan yang telah mereka patahkan kini telah dimasuki oleh orang lain.

À certains endroits, la police avait stocké de la nourriture pour les chiens et les hommes.

Di beberapa tempat, polis telah menyimpan makanan untuk anjing dan lelaki.

Perrault voyageait léger, se déplaçait rapidement et n'avait pas grand-chose pour l'alourdir.

Perrault mengembara ringan, bergerak pantas dengan sedikit yang membebankannya.

Ils ont atteint Sixty-Mile, une course de cinquante milles, dès la première nuit.

Mereka mencapai Sixty-Mile, larian lima puluh batu, pada malam pertama.

Le deuxième jour, ils se sont précipités sur le Yukon en direction de Pelly.

Pada hari kedua, mereka bergegas menaiki Yukon ke arah Pelly.

Mais ces beaux progrès ont été accompagnés de beaucoup de difficultés pour François.

Tetapi kemajuan yang begitu baik datang dengan banyak tekanan untuk François.

La rébellion silencieuse de Buck avait brisé la discipline de l'équipe.

Pemberontakan Buck secara senyap telah menghancurkan disiplin pasukan.

Ils ne se rassemblaient plus comme une seule bête dans les rênes.

Mereka tidak lagi bersatu seperti satu binatang dalam kekang.

Buck avait conduit d'autres personnes à la défiance par son exemple audacieux.

Buck telah menyebabkan orang lain menentang melalui contoh beraninya.

L'ordre de Spitz n'a plus été accueilli avec crainte ou respect.

Arahan Spitz tidak lagi disambut dengan rasa takut atau hormat.

Les autres ont perdu leur respect pour lui et ont osé résister à son règne.

Yang lain hilang rasa kagum terhadapnya dan berani menentang pemerintahannya.

Une nuit, Pike a volé la moitié d'un poisson et l'a mangé sous les yeux de Buck.

Pada suatu malam, Pike mencuri separuh ikan dan memakannya di bawah mata Buck.

Une autre nuit, Dub et Joe se sont battus contre Spitz et sont restés impunis.

Satu malam lagi, Dub dan Joe melawan Spitz dan tidak dihukum.

Même Billee gémissait moins doucement et montrait une nouvelle vivacité.

Malah Billee merengek kurang manis dan menunjukkan ketajaman baru.

Buck grognait sur Spitz à chaque fois qu'ils se croisaient.

Buck menengking Spitz setiap kali mereka bersilang jalan.

L'attitude de Buck devint audacieuse et menaçante, presque comme celle d'un tyran.

Sikap Buck semakin berani dan mengancam, hampir seperti pembuli.

Il marchait devant Spitz avec une démarche assurée, pleine de menace moqueuse.

Dia mundar-mandir di hadapan Spitz dengan angkuh, penuh dengan ancaman mengejek.

Cet effondrement de l'ordre s'est également propagé parmi les chiens de traîneau.

Keruntuhan perintah itu juga merebak di kalangan anjing kereta luncur.

Ils se battaient et se disputaient plus que jamais, remplissant le camp de bruit.

Mereka bergaduh dan bertengkar lebih daripada sebelumnya, mengisi kem dengan bunyi bising.

La vie au camp se transformait chaque nuit en un chaos sauvage et hurlant.

Kehidupan perkhemahan bertukar menjadi huru-hara, melolong setiap malam.

Seuls Dave et Solleks sont restés stables et concentrés.

Hanya Dave dan Solleks yang kekal stabil dan fokus.

Mais même eux sont devenus colériques à cause des bagarres incessantes.

Tetapi mereka menjadi pemarah kerana pergaduhan yang berterusan.

François jurait dans des langues étranges et piétinait de frustration.

François mengutuk dalam bahasa pelik dan menghentak-hentak dalam kekecewaan.

Il s'arrachait les cheveux et criait tandis que la neige volait sous ses pieds.
Dia mengoyakkan rambutnya dan menjerit semasa salji berterbangan di bawah kaki.

Son fouet claqua sur le groupe, mais parvint à peine à les maintenir en ligne.
Cambuknya menerpa bungkusan itu tetapi hampir-hampir tidak dapat memastikan mereka berada dalam barisan.

Chaque fois qu'il tournait le dos, les combats reprenaient.
Setiap kali dia berpaling, pergaduhan berlaku lagi.

François a utilisé le fouet pour Spitz, tandis que Buck a dirigé les rebelles.
François menggunakan sebatan untuk Spitz, manakala Buck mengetuai pemberontak.

Chacun connaissait le rôle de l'autre, mais Buck évitait tout blâme.
Masing-masing tahu peranan masing-masing, tetapi Buck mengelak sebarang kesalahan.

François n'a jamais surpris Buck en train de provoquer une bagarre ou de se dérober à son travail.
François tidak pernah menangkap Buck memulakan pergaduhan atau mengabaikan tugasnya.

Buck travaillait dur sous le harnais – le travail lui faisait désormais vibrer l'esprit.
Buck bekerja keras dalam abah-abah—penat lelah kini menggembirakan semangatnya.

Mais il trouvait encore plus de joie à provoquer des bagarres et du chaos dans le camp.
Tetapi dia mendapati lebih banyak kegembiraan dalam mencetuskan pergaduhan dan huru-hara di kem.

Un soir, à l'embouchure du Tahkeena, Dub fit sursauter un lapin.
Di mulut Tahkeena pada suatu petang, Dub mengejutkan seekor arnab.

Il a raté la prise et le lièvre d'Amérique s'est enfui.
Dia terlepas tangkapan, dan arnab kasut salji melompat pergi.

En quelques secondes, toute l'équipe de traîneau s'est lancée à sa poursuite en poussant des cris sauvages.

Dalam beberapa saat, seluruh pasukan kereta luncur mengejar dengan teriakan liar.

À proximité, un camp de la police du Nord-Ouest abritait une cinquantaine de chiens huskys.

Berdekatan, sebuah kem Polis Barat Laut menempatkan lima puluh anjing serak.

Ils se sont joints à la chasse, descendant ensemble la rivière gelée.

Mereka menyertai perburuan, menyusuri sungai beku bersama-sama.

Le lapin a quitté la rivière et s'est enfui dans le lit d'un ruisseau gelé.

Arnab itu mematikan sungai, melarikan diri ke atas dasar sungai beku.

Le lapin sautait légèrement sur la neige tandis que les chiens peinaient à se frayer un chemin.

Arnab itu melompat ringan di atas salji manakala anjing-anjing itu bergelut.

Buck menait l'énorme meute de soixante chiens dans chaque virage sinueux.

Buck mengetuai kumpulan besar enam puluh anjing mengelilingi setiap selekoh berpusing.

Il avança, bas et impatient, mais ne put gagner du terrain.

Dia menolak ke hadapan, rendah dan bersemangat, tetapi tidak dapat memperoleh tanah.

Son corps brillait sous la lune pâle à chaque saut puissant.

Tubuhnya bersinar di bawah bulan pucat dengan setiap lompatan yang kuat.

Devant, le lapin se déplaçait comme un fantôme, silencieux et trop rapide pour être attrapé.

Di hadapan, arnab itu bergerak seperti hantu, senyap dan terlalu pantas untuk ditangkap.

Tous ces vieux instincts – la faim, le frisson – envahirent Buck.

Semua naluri lama itu-kelaparan, keseronokan-tergesa-gesa melalui Buck.

Les humains ressentent parfois cet instinct et sont poussés à chasser avec une arme à feu et des balles.

Manusia merasakan naluri ini kadang-kadang, didorong untuk memburu dengan pistol dan peluru.

Mais Buck ressentait ce sentiment à un niveau plus profond et plus personnel.

Tetapi Buck merasakan perasaan ini pada tahap yang lebih mendalam dan lebih peribadi.

Ils ne pouvaient pas ressentir la nature sauvage dans leur sang comme Buck pouvait la ressentir.

Mereka tidak dapat merasakan darah liar mereka seperti yang dapat dirasakan oleh Buck.

Il chassait la viande vivante, prêt à tuer avec ses dents et à goûter le sang.

Dia mengejar daging hidup, bersedia untuk membunuh dengan giginya dan merasakan darah.

Son corps se tendait de joie, voulant se baigner dans la vie rouge et chaude.

Badannya tegang kegembiraan, ingin bermandi kehidupan merah hangat.

Une joie étrange marque le point le plus élevé que la vie puisse atteindre.

Kegembiraan aneh menandakan titik tertinggi yang boleh dicapai oleh kehidupan.

La sensation d'un pic où les vivants oublient même qu'ils sont en vie.

Perasaan puncak di mana yang hidup lupa bahawa mereka masih hidup.

Cette joie profonde touche l'artiste perdu dans une inspiration fulgurante.

Kegembiraan yang mendalam ini menyentuh artis yang hilang dalam inspirasi yang berkobar-kobar.

Cette joie saisit le soldat qui se bat avec acharnement et n'épargne aucun ennemi.

Kegembiraan ini merampas askar yang bertarung secara liar dan tidak menghindarkan musuh.

Cette joie s'empara alors de Buck alors qu'il menait la meute dans une faim primitive.

Kegembiraan ini kini menuntut Buck ketika dia memimpin kumpulan itu dalam kelaparan.

Il hurla avec le cri ancien du loup, ravi par la chasse vivante.

Dia melolong dengan jeritan serigala purba, teruja dengan pengejaran hidup.

Buck a puisé dans la partie la plus ancienne de lui-même, perdue dans la nature.

Buck mengetuk bahagian tertua dirinya, tersesat di alam liar.

Il a puisé au plus profond de lui-même, au-delà de la mémoire, dans le temps brut et ancien.

Dia mencapai jauh di dalam, ingatan lampau, ke masa mentah, kuno.

Une vague de vie pure a traversé chaque muscle et chaque tendon.

Gelombang kehidupan murni melonjak melalui setiap otot dan tendon.

Chaque saut criait qu'il vivait, qu'il traversait la mort.

Setiap lompatan menjerit bahawa dia hidup, bahawa dia bergerak melalui kematian.

Son corps s'élevait joyeusement au-dessus d'une terre calme et froide qui ne bougeait jamais.

Tubuhnya melonjak riang di atas tanah yang tenang dan sejuk yang tidak pernah bergolak.

Spitz est resté froid et rusé, même dans ses moments les plus fous.

Spitz tetap dingin dan licik, walaupun dalam momen paling liarnya.

Il quitta le sentier et traversa un terrain où le ruisseau formait une large courbe.

Dia meninggalkan denai dan menyeberangi tanah di mana anak sungai itu melengkung luas.

Buck, inconscient de cela, resta sur le chemin sinueux du lapin.

Buck, tidak menyedari perkara ini, tinggal di laluan berliku arnab.

Puis, alors que Buck tournait un virage, le lapin fantomatique était devant lui.

Kemudian, sebagai Buck bulat selekoh, arnab seperti hantu berada di hadapannya.

Il vit une deuxième silhouette sauter de la berge devant la proie.

Dia melihat sosok kedua melompat dari tebing mendahului mangsa.

La silhouette était celle d'un Spitz, atterrissant juste sur le chemin du lapin en fuite.

Angka itu ialah Spitz, mendarat betul-betul di laluan arnab yang melarikan diri.

Le lapin ne pouvait pas se retourner et a rencontré les mâchoires de Spitz en plein vol.

Arnab itu tidak boleh berpusing dan bertemu dengan rahang Spitz di udara.

La colonne vertébrale du lapin se brisa avec un cri aussi aigu que le cri d'un humain mourant.

Tulang belakang arnab itu patah dengan jeritan setajam tangisan manusia yang hampir mati.

À ce bruit – la chute de la vie à la mort – la meute hurla fort.

Mendengar bunyi itu—kejatuhan daripada kehidupan kepada kematian—sekumpulan itu melolong dengan kuat.

Un chœur sauvage s'éleva derrière Buck, plein de joie sombre.

Paduan suara buas bangkit dari belakang Buck, penuh kegembiraan gelap.

Buck n'a émis aucun cri, aucun son, et a chargé directement Spitz.

Buck tidak menangis, tiada bunyi, dan terus menyerang Spitz.

Il a visé la gorge, mais a touché l'épaule à la place.

Dia membidik kerongkong, tetapi sebaliknya memukul bahu.

Ils dégringolèrent dans la neige molle, leurs corps bloqués dans le combat.

Mereka jatuh melalui salji lembut; badan mereka terkunci dalam pertempuran.

Spitz se releva rapidement, comme s'il n'avait jamais été renversé.

Spitz melompat dengan cepat, seolah-olah tidak pernah jatuh sama sekali.

Il a entaillé l'épaule de Buck, puis s'est éloigné du combat.

Dia menetak bahu Buck, kemudian melompat keluar dari pertarungan.

À deux reprises, ses dents claquèrent comme des pièges en acier, ses lèvres se retroussèrent et devinrent féroces.

Dua kali giginya patah seperti perangkap keluli, bibir melengkung dan garang.

Il recula lentement, cherchant un sol ferme sous ses pieds.

Dia berundur perlahan-lahan, mencari tanah yang kukuh di bawah kakinya.

Buck a compris le moment instantanément et pleinement.

Buck memahami masa itu dengan serta-merta dan sepenuhnya.

Le moment était venu ; le combat allait être un combat à mort.

Masanya telah tiba; pergaduhan itu akan menjadi pergaduhan hingga mati.

Les deux chiens tournaient en rond, grognant, les oreilles plates, les yeux plissés.

Kedua-dua anjing itu mengelilingi, menggeram, telinga rata, mata mengecil.

Chaque chien attendait que l'autre montre une faiblesse ou fasse un faux pas.

Setiap anjing menunggu yang lain untuk menunjukkan kelemahan atau salah langkah.

Pour Buck, la scène semblait étrangement connue et profondément ancrée dans ses souvenirs.

Bagi Buck, adegan itu terasa sangat dikenali dan diingati dengan mendalam.

Les bois blancs, la terre froide, la bataille au clair de lune.

Hutan putih, bumi yang sejuk, pertempuran di bawah cahaya bulan.

Un silence pesant emplissait le pays, profond et contre nature.

Kesunyian yang mendalam memenuhi bumi, dalam dan tidak wajar.

Aucun vent ne soufflait, aucune feuille ne bougeait, aucun bruit ne brisait le silence.

Tiada angin bergolak, tiada daun yang bergerak, tiada bunyi yang memecahkan kesunyian.

Le souffle des chiens s'élevait comme de la fumée dans l'air glacial et calme.

Nafas anjing naik seperti asap di udara beku dan tenang.

Le lapin a été depuis longtemps oublié par la meute de bêtes sauvages.

Arnab itu telah lama dilupakan oleh sekumpulan binatang buas.

Ces loups à moitié apprivoisés se tenaient maintenant immobiles dans un large cercle.

Serigala yang separuh jinak ini kini berdiri diam dalam bulatan yang luas.

Ils étaient silencieux, seuls leurs yeux brillants révélaient leur faim.

Mereka diam, hanya mata mereka yang bersinar-sinar menunjukkan rasa lapar mereka.

Leur souffle s'éleva, regardant le combat final commencer.

Nafas mereka melayang ke atas, menyaksikan pertarungan terakhir bermula.

Pour Buck, cette bataille était ancienne et attendue, pas du tout étrange.

Bagi Buck, pertempuran ini sudah lama dan dijangka, tidak pelik sama sekali.

C'était comme un souvenir de quelque chose qui devait arriver depuis toujours.

Terasa seperti ingatan tentang sesuatu yang sentiasa dimaksudkan untuk berlaku.

Le Spitz était un chien de combat entraîné, affiné par d'innombrables bagarres sauvages.

Spitz ialah anjing pejuang terlatih, diasah oleh pergaduhan liar yang tidak terkira banyaknya.

Du Spitzberg au Canada, il a vaincu de nombreux ennemis.

Dari Spitzbergen ke Kanada, dia telah menguasai banyak musuh.

Il était rempli de fureur, mais n'a jamais cédé au contrôle de la rage.

Dia dipenuhi dengan kemarahan, tetapi tidak pernah mengawal kemarahan.

Sa passion était vive, mais toujours tempérée par un instinct dur.

Keghairahannya tajam, tetapi sentiasa diganggu oleh naluri yang keras.

Il n'a jamais attaqué jusqu'à ce que sa propre défense soit en place.

Dia tidak pernah menyerang sehingga pertahanannya sendiri berada di tempatnya.

Buck a essayé encore et encore d'atteindre le cou vulnérable de Spitz.

Buck cuba lagi dan lagi untuk mencapai leher Spitz yang terdedah.

Mais chaque coup était accueilli par un coup des dents acérées de Spitz.

Tetapi setiap serangan disambut dengan tetakan dari gigi tajam Spitz.

Leurs crocs se sont heurtés et les deux chiens ont saigné de leurs lèvres déchirées.

Taring mereka bertembung, dan kedua-dua anjing berdarah dari bibir yang koyak.

Peu importe comment Buck s'est lancé, il n'a pas pu briser la défense.

Tidak kira bagaimana Buck menerjang, dia tidak dapat mematahkan pertahanan.

Il devint de plus en plus furieux, se précipitant avec des explosions de puissance sauvages.

Dia menjadi lebih marah, meluru masuk dengan semburan kuasa yang liar.

À maintes reprises, Buck frappait la gorge blanche du Spitz.

Berkali-kali, Buck menyerang tekak putih Spitz.

À chaque fois, Spitz esquivait et riposta avec une morsure tranchante.

Setiap kali Spitz mengelak dan menyerang balik dengan gigitan menghiris.

Buck changea alors de tactique, se précipitant à nouveau comme pour atteindre la gorge.

Kemudian Buck beralih taktik, bergegas seolah-olah untuk tekak lagi.

Mais il s'est retiré au milieu de l'attaque, se tournant pour frapper sur le côté.

Tetapi dia menarik balik pertengahan serangan, beralih untuk menyerang dari sisi.

Il a lancé son épaule sur Spitz, dans le but de le faire tomber.

Dia melemparkan bahunya ke Spitz, bertujuan untuk menjatuhkannya.

À chaque fois qu'il essayait, Spitz esquivait et ripostait avec une frappe.

Setiap kali dia mencuba, Spitz mengelak dan membalas dengan tebasan.

L'épaule de Buck était à vif alors que Spitz s'écartait après chaque coup.

Bahu Buck bertambah mentah apabila Spitz melonjak jelas selepas setiap pukulan.

Spitz n'avait pas été touché, tandis que Buck saignait de nombreuses blessures.

Spitz tidak disentuh, manakala Buck berdarah akibat banyak luka.

La respiration de Buck était rapide et lourde, son corps était couvert de sang.

Nafas Buck datang laju dan berat, badannya licin dengan darah.

Le combat devenait plus brutal à chaque morsure et à chaque charge.

Pergaduhan menjadi lebih kejam dengan setiap gigitan dan caj.

Autour d'eux, soixante chiens silencieux attendaient le premier à tomber.

Di sekeliling mereka, enam puluh anjing senyap menunggu yang pertama jatuh.

Si un chien tombait, la meute allait mettre fin au combat.

Jika seekor anjing jatuh, kumpulan itu akan menamatkan pertarungan.

Spitz vit Buck faiblir et commença à attaquer.

Spitz melihat Buck semakin lemah, dan mula menekan serangan itu.

Il a maintenu Buck en déséquilibre, le forçant à lutter pour garder pied.

Dia menyimpan Buck hilang keseimbangan, memaksa dia untuk berjuang untuk pijakan.

Un jour, Buck trébucha et tomba, et tous les chiens se relevèrent.

Sekali Buck tersandung dan jatuh, dan semua anjing bangkit.

Mais Buck s'est redressé au milieu de sa chute, et tout le monde s'est affalé.

Tetapi Buck membetulkan dirinya pada pertengahan musim gugur, dan semua orang tenggelam kembali.

Buck avait quelque chose de rare : une imagination née d'un instinct profond.

Buck mempunyai sesuatu yang jarang berlaku—imaginasi yang lahir daripada naluri yang mendalam.

Il combattait par instinct naturel, mais aussi par ruse.

Dia bertarung dengan dorongan semula jadi, tetapi dia juga bertarung dengan licik.

Il chargea à nouveau comme s'il répétait son tour d'attaque à l'épaule.

Dia mengecas lagi seolah-olah mengulangi helah serangan bahunya.

Mais à la dernière seconde, il s'est laissé tomber et a balayé Spitz.

Tetapi pada saat terakhir, dia jatuh rendah dan menyapu ke bawah Spitz.

Ses dents se sont bloquées sur la patte avant gauche de Spitz avec un claquement.

Giginya terkunci pada kaki kiri hadapan Spitz dengan patah.

Spitz était maintenant instable, son poids reposant sur seulement trois pattes.

Spitz kini berdiri goyah, beratnya hanya pada tiga kaki.

Buck frappa à nouveau, essaya trois fois de le faire tomber.

Buck menyerang lagi, cuba tiga kali untuk menjatuhkannya.

À la quatrième tentative, il a utilisé le même mouvement avec succès.

Pada percubaan keempat dia menggunakan langkah yang sama dengan kejayaan

Cette fois, Buck a réussi à mordre la jambe droite du Spitz.

Kali ini Buck berjaya menggigit kaki kanan Spitz.

Spitz, bien que paralysé et souffrant, continuait à lutter pour survivre.

Spitz, walaupun lumpuh dan dalam kesakitan, terus bergelut untuk terus hidup.

Il vit le cercle de huskies se resserrer, la langue tirée, les yeux brillants.

Dia melihat bulatan huskies mengetatkan, lidah keluar, mata bersinar.

Ils attendaient de le dévorer, comme ils l'avaient fait pour les autres.

Mereka menunggu untuk memakan dia, sama seperti yang telah mereka lakukan kepada orang lain.

Cette fois, il se tenait au centre, vaincu et condamné.

Kali ini, dia berdiri di tengah; dikalahkan dan ditakdirkan.

Le chien blanc n'avait désormais plus aucune possibilité de s'échapper.

Tiada pilihan untuk melarikan diri untuk anjing putih itu sekarang.

Buck n'a montré aucune pitié, car la pitié n'avait pas sa place dans la nature.

Buck tidak menunjukkan belas kasihan, kerana belas kasihan tidak berada di alam liar.

Buck se déplaçait prudemment, se préparant à la charge finale.

Buck bergerak dengan berhati-hati, bersedia untuk pertuduhan terakhir.

Le cercle des huskies se referma ; il sentit leur souffle chaud.

Bulatan huskies ditutup; dia merasakan nafas hangat mereka.

Ils s'accroupirent, prêts à bondir lorsque le moment viendrait.

Mereka membongkok rendah, bersedia untuk musim bunga apabila tiba saatnya.

Spitz tremblait dans la neige, grognant et changeant de position.

Spitz bergetar di dalam salji, menggeram dan mengubah pendiriannya.

Ses yeux brillaient, ses lèvres se courbaient, ses dents brillaient dans une menace désespérée.

Matanya mencerlung, bibir melengkung, gigi berkelip-kelip tanda terdesak.

Il tituba, essayant toujours de résister à la morsure froide de la mort.

Dia terhuyung-hayang, masih cuba menahan dingin gigitan kematian.

Il avait déjà vu cela auparavant, mais toujours du côté des gagnants.

Dia pernah melihat ini sebelum ini, tetapi sentiasa dari pihak yang menang.

Il était désormais du côté des perdants, des vaincus, de la proie, de la mort.

Sekarang dia berada di pihak yang kalah; yang kalah; mangsa; kematian.

Buck tourna en rond pour porter le coup final, le cercle de chiens se rapprochant.

Buck berpusing untuk pukulan terakhir, cincin anjing ditekan lebih dekat.

Il pouvait sentir leur souffle chaud, prêt à tuer.

Dia dapat merasakan nafas panas mereka; bersedia untuk membunuh.

Un silence s'installa ; tout était à sa place ; le temps s'était arrêté.

Keheningan jatuh; semua berada di tempatnya; masa telah berhenti.

Même l'air froid entre eux se figea un dernier instant.

Malah udara sejuk di antara mereka membeku buat saat terakhir.

Seul Spitz bougea, essayant de retenir sa fin amère.

Hanya Spitz yang bergerak, cuba menahan kepahitannya.

Le cercle des chiens se refermait autour de lui, comme l'était son destin.

Bulatan anjing mengepungnya, begitu juga nasibnya.

Il était désespéré maintenant, sachant ce qui allait se passer.

Dia terdesak sekarang, tahu apa yang akan berlaku.

Buck bondit, épaule contre épaule une dernière fois.

Buck melompat masuk, bahu bertemu bahu buat kali terakhir.

Les chiens se sont précipités en avant, couvrant Spitz dans l'obscurité neigeuse.

Anjing-anjing itu melonjak ke hadapan, menutupi Spitz dalam kegelapan bersalji.

Buck regardait, debout, le vainqueur dans un monde sauvage.

Buck memerhati, berdiri tegak; pemenang dalam dunia yang ganas.

La bête primordiale dominante avait fait sa proie, et c'était bien.

Binatang purba yang dominan telah membunuhnya, dan ia bagus.

Celui qui a gagné la maîtrise
Dia, Yang Telah Menang untuk Menguasai

« Hein ? Qu'est-ce que j'ai dit ? Je dis vrai quand je dis que Buck est un démon. »

"Eh? Apa yang saya katakan? Saya bercakap benar apabila saya mengatakan Buck adalah syaitan."

François a dit cela le lendemain matin après avoir constaté la disparition de Spitz.

François berkata demikian pada keesokan harinya selepas mendapati Spitz hilang.

Buck se tenait là, couvert de blessures dues au combat acharné.

Buck berdiri di sana, ditutup dengan luka akibat pergaduhan yang kejam.

François tira Buck près du feu et lui montra les blessures.

François menarik Buck berhampiran api dan menunjuk ke arah kecederaan.

« **Ce Spitz s'est battu comme le Devik** », dit Perrault en observant les profondes entailles.

"Spitz itu bertarung seperti Devik," kata Perrault, sambil melihat luka yang dalam.

« **Et ce Buck s'est battu comme deux diables** », répondit aussitôt François.

"Dan Buck itu bertarung seperti dua syaitan," jawab François serentak.

« **Maintenant, nous allons faire du bon temps ; plus de Spitz, plus de problèmes.** »

"Sekarang kita akan membuat masa yang baik; tiada lagi Spitz, tiada lagi masalah."

Perrault préparait le matériel et chargeait le traîneau avec soin.

Perrault sedang mengemas gear dan memuatkan kereta luncur dengan berhati-hati.

François a attelé les chiens en prévision de la course du jour.

François memanfaatkan anjing-anjing itu sebagai persediaan untuk larian hari itu.

Buck a trotté directement vers la position de tête autrefois détenue par Spitz.

Buck berlari terus ke kedudukan pendahulu yang pernah dipegang oleh Spitz.

Mais François, sans s'en apercevoir, conduisit Solleks vers l'avant.

Tetapi François, tidak perasan, membawa Solleks ke hadapan ke hadapan.

Aux yeux de François, Solleks était désormais le meilleur chien de tête.

Dalam pertimbangan François, Solleks kini adalah anjing utama yang terbaik.

Buck se jeta sur Solleks avec fureur et le repoussa en signe de protestation.

Buck menyerbu Solleks dalam keadaan marah dan menghalaunya kembali sebagai protes.

Il se tenait là où Spitz s'était autrefois tenu, revendiquant la position de leader.

Dia berdiri di tempat Spitz pernah berdiri, menuntut kedudukan utama.

« Hein ? Hein ? » s'écria François en se frappant les cuisses d'un air amusé.

"Eh? Eh?" jerit François sambil menepuk pehanya kerana geli.

« Regardez Buck, il a tué Spitz, et maintenant il veut prendre le poste ! »

"Lihat Buck-dia membunuh Spitz, sekarang dia mahu mengambil kerja itu!"

« Va-t'en, Chook ! » cria-t-il, essayant de chasser Buck.

"Pergi, Chook!" Dia menjerit, cuba menghalau Buck.

Mais Buck refusa de bouger et resta ferme dans la neige.

Tetapi Buck enggan bergerak dan berdiri teguh di dalam salji.

François attrapa Buck par la peau du cou et le tira sur le côté.

François mencengkam Buck, menyeretnya ke tepi.

Buck grogna bas et menaçant mais n'attaqua pas.

Buck menggeram rendah dan mengancam tetapi tidak menyerang.

François a remis Solleks en tête, tentant de régler le différend

François meletakkan Solleks kembali di hadapan, cuba menyelesaikan pertikaian itu

Le vieux chien avait peur de Buck et ne voulait pas rester.

Anjing tua itu menunjukkan ketakutan kepada Buck dan tidak mahu tinggal.

Quand François lui tourna le dos, Buck chassa à nouveau Solleks.

Apabila François berpaling ke belakang, Buck menghalau Solleks keluar semula.

Solleks n'a pas résisté et s'est discrètement écarté une fois de plus.

Solleks tidak melawan dan diam-diam melangkah ke tepi sekali lagi.

François s'est mis en colère et a crié : « Par Dieu, je te répare ! »

François menjadi marah dan menjerit, "Demi Tuhan, saya memperbaiki kamu!"

Il s'approcha de Buck en tenant une lourde massue à la main.

Dia datang ke arah Buck memegang kayu berat di tangannya.

Buck se souvenait bien de l'homme au pull rouge.

Buck mengingati lelaki berbaju sweater merah itu dengan baik.

Il recula lentement, observant François, mais grognant profondément.

Dia berundur perlahan-lahan, memerhati François, tetapi menggeram dalam-dalam.

Il ne s'est pas précipité en arrière, même lorsque Solleks s'est levé à sa place.

Dia tidak tergesa-gesa kembali, walaupun Solleks berdiri di tempatnya.

Buck tourna en rond juste hors de portée, grognant de fureur et de protestation.

Buck mengelilingi di luar jangkauan, menggeram dalam kemarahan dan protes.

Il gardait les yeux fixés sur le gourdin, prêt à esquiver si François lançait.

Dia terus memandang ke arah kelab, bersedia untuk mengelak jika François membaling.

Il était devenu sage et prudent quant aux manières des hommes armés.

Dia telah menjadi bijak dan berhati-hati dalam cara lelaki dengan senjata.

François abandonna et rappela Buck à son ancienne place.

François menyerah dan memanggil Buck ke tempatnya semula.

Mais Buck recula prudemment, refusant d'obéir à l'ordre.

Tetapi Buck berundur dengan berhati-hati, enggan mematuhi perintah itu.

François le suivit, mais Buck ne recula que de quelques pas supplémentaires.

François mengikut, tetapi Buck hanya berundur beberapa langkah lagi.

Après un certain temps, François jeta l'arme par frustration.

Selepas beberapa lama, François melemparkan senjata itu kerana kecewa.

Il pensait que Buck craignait d'être battu et qu'il allait venir tranquillement.

Dia fikir Buck takut dipukul dan akan datang secara senyap-senyap.

Mais Buck n'évitait pas la punition : il se battait pour son rang.

Tetapi Buck tidak mengelak daripada hukuman-dia berjuang untuk pangkat.

Il avait gagné la place de chien de tête grâce à un combat à mort.

Dia telah mendapat tempat anjing utama melalui pertarungan hingga mati

il n'allait pas se contenter de moins que d'être le leader.

dia tidak akan berpuas hati dengan apa-apa yang kurang daripada menjadi ketua.

Perrault a participé à la poursuite pour aider à attraper le Buck rebelle.

Perrault mengambil tangan dalam mengejar untuk membantu menangkap Buck yang memberontak.

Ensemble, ils l'ont fait courir dans le camp pendant près d'une heure.

Bersama-sama, mereka berlari dia mengelilingi kem selama hampir sejam.

Ils lui lancèrent des coups de massue, mais Buck les esquiva habilement.

Mereka membaling kayu ke arahnya, tetapi Buck mengelak setiap satunya dengan mahir.

Ils l'ont maudit, lui, ses ancêtres, ses descendants et chaque cheveu de sa personne.

Mereka mengutuk dia, nenek moyangnya, keturunannya, dan setiap rambut yang ada padanya.

Mais Buck se contenta de gronder en retour et resta hors de leur portée.

Tetapi Buck hanya merengus dan tinggal di luar jangkauan mereka.

Il n'a jamais essayé de s'enfuir mais a délibérément tourné autour du camp.

Dia tidak pernah cuba melarikan diri tetapi mengelilingi kem dengan sengaja.

Il a clairement fait savoir qu'il obéirait une fois qu'ils lui auraient donné ce qu'il voulait.

Dia menjelaskan dia akan patuh sebaik sahaja mereka memberikan apa yang dia mahu.

François s'est finalement assis et s'est gratté la tête avec frustration.

François akhirnya duduk dan menggaru kepalanya kerana kecewa.

Perrault consulta sa montre, jura et marmonna à propos du temps perdu.

Perrault memeriksa jam tangannya, bersumpah, dan bergumam tentang masa yang hilang.

Une heure s'était déjà écoulée alors qu'ils auraient dû être sur la piste.

Sejam sudah berlalu ketika mereka sepatutnya berada di laluan itu.

François haussa les épaules d'un air penaud en direction du coursier, qui soupira de défaite.

François mengangkat bahu malu ke arah kurier, yang mengeluh kerana kekalahan.

François se dirigea alors vers Solleks et appela Buck une fois de plus.

Kemudian François berjalan ke Solleks dan memanggil Buck sekali lagi.

Buck rit comme rit un chien, mais garda une distance prudente.

Buck ketawa seperti anjing ketawa, tetapi menjaga jarak berhati-hati.

François retira le harnais de Solleks et le remit à sa place.

François menanggalkan tali pinggang Solleks dan mengembalikannya ke tempatnya.

L'équipe de traîneau était entièrement harnachée, avec seulement une place libre.

Pasukan kereta luncur berdiri sepenuhnya, dengan hanya satu tempat yang belum diisi.

La position de tête est restée vide, clairement destinée à Buck seul.

Kedudukan utama kekal kosong, jelas dimaksudkan untuk Buck sahaja.

François appela à nouveau, et à nouveau Buck rit et tint bon.

François memanggil lagi, dan sekali lagi Buck ketawa dan menahan pendiriannya.

« Jetez le gourdin», ordonna Perrault sans hésitation.

"Buang kelab itu," perintah Perrault tanpa teragak-agak.

François obéit et Buck trotta immédiatement en avant, fièrement.

François menurut, dan Buck segera berlari ke hadapan dengan bangga.

Il rit triomphalement et prit la tête.

Dia ketawa penuh kemenangan dan melangkah ke posisi utama.

François a sécurisé ses traces et le traîneau a été détaché.

François memastikan jejaknya, dan kereta luncur itu terlepas.

Les deux hommes couraient côte à côte tandis que l'équipe s'engageait sur le sentier de la rivière.

Kedua-dua lelaki berlari bersama ketika pasukan itu berlumba ke denai sungai.

François avait une haute opinion des « deux diables » de Buck,

François sangat menghargai "dua syaitan" Buck.

mais il s'est vite rendu compte qu'il avait en fait sous-estimé le chien.

tetapi dia tidak lama kemudian menyedari bahawa dia sebenarnya meremehkan anjing itu.

Buck a rapidement pris le leadership et a fait preuve d'excellence.

Buck dengan cepat mengambil alih kepimpinan dan beraksi dengan cemerlang.

En termes de jugement, de réflexion rapide et d'action, Buck a surpassé Spitz.

Dalam pertimbangan, pemikiran pantas, dan tindakan pantas, Buck mengatasi Spitz.

François n'avait jamais vu un chien égal à celui que Buck présentait maintenant.

François tidak pernah melihat anjing yang setara dengan apa yang dipamerkan Buck sekarang.

Mais Buck excellait vraiment dans l'art de faire respecter l'ordre et d'imposer le respect.

Tetapi Buck benar-benar cemerlang dalam menegakkan perintah dan menghormati.

Dave et Solleks ont accepté le changement sans inquiétude ni protestation.

Dave dan Solleks menerima perubahan itu tanpa kebimbangan atau bantahan.

Ils se concentraient uniquement sur le travail et tiraient fort sur les rênes.

Mereka hanya menumpukan perhatian kepada kerja dan menarik tali pinggang dengan kuat.

Peu leur importait de savoir qui menait, tant que le traîneau continuait d'avancer.

Mereka tidak peduli siapa yang memimpin, selagi kereta luncur itu terus bergerak.

Billee, la joyeuse, aurait pu diriger pour autant qu'ils s'en soucient.

Billee, yang ceria, boleh memimpin untuk semua yang mereka ambil berat.

Ce qui comptait pour eux, c'était la paix et l'ordre dans les rangs.

Apa yang penting bagi mereka ialah keamanan dan ketenteraman dalam barisan.

Le reste de l'équipe était devenu indiscipliné pendant le déclin de Spitz.

Selebihnya pasukan telah menjadi tidak terkawal semasa kemerosotan Spitz.

Ils furent choqués lorsque Buck les ramena immédiatement à l'ordre.

Mereka terkejut apabila Buck segera membawa mereka untuk dipesan.

Pike avait toujours été paresseux et traînait les pieds derrière Buck.

Pike sentiasa malas dan menyeret kakinya ke belakang Buck.

Mais maintenant, il a été sévèrement discipliné par la nouvelle direction.

Tetapi kini telah didisiplinkan dengan tajam oleh kepimpinan baru.

Et il a rapidement appris à faire sa part dans l'équipe.

Dan dia cepat belajar untuk menarik berat badannya dalam pasukan.

À la fin de la journée, Pike avait travaillé plus dur que jamais.

Pada penghujung hari, Pike bekerja lebih keras daripada sebelumnya.

Cette nuit-là, au camp, Joe, le chien aigri, fut finalement
maîtrisé.

Malam itu di kem, Joe, anjing masam, akhirnya ditundukkan.

Spitz n'avait pas réussi à le discipliner, mais Buck n'avait
pas échoué.

Spitz telah gagal untuk mendisiplinkannya, tetapi Buck tidak
gagal.

Grâce à son poids plus important, Buck a vaincu Joe en
quelques secondes.

Menggunakan berat badannya yang lebih besar, Buck
menewaskan Joe dalam beberapa saat.

Il a mordu et battu Joe jusqu'à ce qu'il gémisse et cesse de
résister.

Dia menggigit dan memukul Joe sehingga dia merengek dan
berhenti melawan.

Toute l'équipe s'est améliorée à partir de ce moment-là.

Seluruh pasukan bertambah baik sejak saat itu.

Les chiens ont retrouvé leur ancienne unité et leur
discipline.

Anjing-anjing itu memperoleh semula perpaduan dan disiplin
lama mereka.

À Rink Rapids, deux nouveaux huskies indigènes, Teek et
Koona, nous ont rejoint.

Di Rink Rapids, dua husky asli baharu, Teek dan Koona,
menyertainya.

La rapidité avec laquelle Buck les dressa étonna même
François.

Latihan pantas Buck terhadap mereka mengejutkan François.

« Il n'y a jamais eu de chien comme ce Buck ! » s'écria-t-il
avec stupéfaction.

"Tidak pernah ada anjing seperti Buck itu!" dia menangis
kehairanan.

« Non, jamais ! Il vaut mille dollars, bon sang ! »

"Tidak, tidak pernah! Dia bernilai seribu dolar, demi Tuhan!"

« Hein ? Qu'en dis-tu, Perrault ? » demanda-t-il avec fierté.

"Eh? Apa yang awak cakap, Perrault?" dia bertanya dengan
bangga.

Perrault hocha la tête en signe d'accord et vérifia ses notes.
Perrault mengangguk setuju dan menyemak notanya.
Nous sommes déjà en avance sur le calendrier et gagnons chaque jour davantage.
Kami sudah mendahului jadual dan memperoleh lebih banyak setiap hari.
Le sentier était dur et lisse, sans neige fraîche.
Laluan itu padat dan licin, tanpa salji segar.
Le froid était constant, oscillant autour de cinquante degrés en dessous de zéro.
Kesejukan adalah stabil, berlegar pada lima puluh di bawah sifar sepanjang.
Les hommes montaient et couraient à tour de rôle pour se réchauffer et gagner du temps.
Lelaki itu menunggang dan berlari secara bergilir-gilir untuk memanaskan badan dan meluangkan masa.
Les chiens couraient vite avec peu d'arrêts, poussant toujours vers l'avant.
Anjing-anjing itu berlari pantas dengan beberapa hentian, sentiasa menolak ke hadapan.
La rivière Thirty Mile était en grande partie gelée et facile à traverser.
Sungai Thirty Mile kebanyakannya beku dan mudah untuk dilalui.
Ils sont sortis en un jour, ce qui leur avait pris dix jours pour venir.
Mereka keluar dalam satu hari yang telah mengambil masa sepuluh hari.
Ils ont parcouru une distance de soixante milles du lac Le Barge jusqu'à White Horse.
Mereka membuat pecutan sejauh enam puluh batu dari Lake Le Barge ke White Horse.
À travers les lacs Marsh, Tagish et Bennett, ils se déplaçaient incroyablement vite.
Merentasi Tasik Marsh, Tagish dan Bennett mereka bergerak dengan sangat pantas.

L'homme qui courait était tiré derrière le traîneau par une corde.

Lelaki berlari itu menunda di belakang kereta luncur dengan seutas tali.

La dernière nuit de la deuxième semaine, ils sont arrivés à destination.

Pada malam terakhir minggu kedua mereka sampai ke destinasi mereka.

Ils avaient atteint ensemble le sommet du col White.

Mereka telah mencapai puncak White Pass bersama-sama.

Ils sont descendus au niveau de la mer avec les lumières de Skaguay en dessous d'eux.

Mereka jatuh ke paras laut dengan lampu Skaguay di bawahnya.

Il s'agissait d'une course record à travers des kilomètres de nature froide et sauvage.

Ia telah mencatat rekod larian merentasi berbatu-batu hutan belantara yang sejuk.

Pendant quatorze jours d'affilée, ils ont parcouru en moyenne quarante miles.

Selama empat belas hari berturut-turut, mereka mempunyai purata empat puluh batu yang kuat.

À Skaguay, Perrault et François transportaient des marchandises à travers la ville.

Di Skaguay, Perrault dan François memindahkan kargo melalui bandar.

Ils ont été acclamés et ont reçu de nombreuses boissons de la part d'une foule admirative.

Mereka bersorak dan menawarkan banyak minuman dengan mengagumi orang ramai.

Les chasseurs de chiens et les ouvriers se sont rassemblés autour du célèbre attelage de chiens.

Pemusnah anjing dan pekerja berkumpul di sekeliling pasukan anjing terkenal.

Puis les hors-la-loi de l'Ouest arrivèrent en ville et subirent une violente défaite.

Kemudian penjahat barat datang ke bandar dan menemui kekalahan ganas.

Les gens ont vite oublié l'équipe et se sont concentrés sur un nouveau drame.

Orang ramai tidak lama lagi melupakan pasukan itu dan memberi tumpuan kepada drama baharu.

Puis sont arrivées les nouvelles commandes qui ont tout changé d'un coup.

Kemudian datang pesanan baru yang mengubah segala-galanya sekaligus.

François appela Buck à lui et le serra dans ses bras avec une fierté larmoyante.

François memanggil Buck kepadanya dan memeluknya dengan penuh sebak.

Ce moment fut la dernière fois que Buck revit François.

Detik itu adalah kali terakhir Buck melihat François lagi.

Comme beaucoup d'hommes avant eux, François et Perrault étaient tous deux partis.

Seperti ramai lelaki sebelum ini, kedua-dua François dan Perrault telah tiada.

Un métis écossais a pris en charge Buck et ses coéquipiers de chiens de traîneau.

Kaum separuh Scotch mengambil alih Buck dan rakan sepasukan anjing kereta luncurnya.

Avec une douzaine d'autres équipes de chiens, ils sont retournés par le sentier jusqu'à Dawson.

Dengan sedozen pasukan anjing lain, mereka kembali di sepanjang laluan ke Dawson.

Ce n'était plus une course rapide, juste un travail pénible avec une lourde charge chaque jour.

Ia bukan larian pantas sekarang—hanya kerja berat dengan beban yang berat setiap hari.

C'était le train postal qui apportait des nouvelles aux chercheurs d'or près du pôle.

Ini adalah kereta api mel, membawa berita kepada pemburu emas berhampiran Kutub.

Buck n'aimait pas le travail mais le supportait bien, étant fier de ses efforts.

Buck tidak menyukai kerja itu tetapi menanggungnya dengan baik, berbangga dengan usahanya.

Comme Dave et Solleks, Buck a fait preuve de dévouement dans chaque tâche quotidienne.

Seperti Dave dan Solleks, Buck menunjukkan pengabdian kepada setiap tugas harian.

Il s'est assuré que chacun de ses coéquipiers fasse sa part du travail.

Dia memastikan rakan sepasukannya masing-masing menarik berat mereka.

La vie sur les sentiers est devenue ennuyeuse, répétée avec la précision d'une machine.

Kehidupan jejak menjadi membosankan, berulang dengan ketepatan mesin.

Chaque jour était le même, un matin se fondant dans le suivant.

Setiap hari terasa sama, satu pagi bercampur dengan yang berikutnya.

À la même heure, les cuisiniers se levèrent pour allumer des feux et préparer la nourriture.

Pada jam yang sama, tukang masak bangkit untuk membakar api dan menyediakan makanan.

Après le petit-déjeuner, certains quittèrent le camp tandis que d'autres attelèrent les chiens.

Selepas sarapan pagi, ada yang meninggalkan kem manakala yang lain memanfaatkan anjing.

Ils ont pris la route avant que le faible avertissement de l'aube ne touche le ciel.

Mereka melanggar denai sebelum amaran subuh yang redup menyentuh langit.

La nuit, ils s'arrêtaient pour camper, chaque homme ayant une tâche précise.

Pada waktu malam, mereka berhenti untuk membuat perkhemahan, setiap lelaki mempunyai tugas yang ditetapkan.

Certains ont monté les tentes, d'autres ont coupé du bois de chauffage et ramassé des branches de pin.

Ada yang mendirikan khemah, yang lain memotong kayu api dan mengumpul dahan pain.

De l'eau ou de la glace étaient ramenées aux cuisiniers pour le repas du soir.

Air atau ais dibawa kembali ke tukang masak untuk makan malam.

Les chiens ont été nourris et c'était le meilleur moment de la journée pour eux.

Anjing-anjing itu diberi makan, dan ini adalah bahagian terbaik hari itu untuk mereka.

Après avoir mangé du poisson, les chiens se sont détendus et se sont allongés près du feu.

Selepas makan ikan, anjing-anjing itu berehat dan berehat berhampiran api.

Il y avait une centaine d'autres chiens dans le convoi avec lesquels se mêler.

Terdapat seratus anjing lain dalam konvoi untuk bergaul.

Beaucoup de ces chiens étaient féroces et prompts à se battre sans prévenir.

Kebanyakan anjing itu garang dan cepat melawan tanpa amaran.

Mais après trois victoires, Buck a maîtrisé même les combattants les plus féroces.

Tetapi selepas tiga kemenangan, Buck menguasai walaupun pejuang yang paling garang.

Maintenant, quand Buck grogna et montra ses dents, ils s'écartèrent.

Sekarang apabila Buck menggeram dan menunjukkan giginya, mereka melangkah ke tepi.

Mais le plus beau dans tout ça, c'est que Buck aimait s'allonger près du feu de camp vacillant.

Mungkin yang terbaik, Buck suka berbaring berhampiran unggun api yang berkelip-kelip.

Il s'accroupit, les pattes arrière repliées et les pattes avant tendues vers l'avant.

Dia bongkok dengan kaki belakang terselak dan kaki depan
dihulur ke hadapan.

**Sa tête était levée tandis qu'il cligna doucement des yeux
devant les flammes rougeoyantes.**

Kepalanya diangkat sambil mengedip perlahan melihat api
yang menyala.

**Parfois, il se souvenait de la grande maison du juge Miller à
Santa Clara.**

Kadang-kadang dia teringat rumah besar Hakim Miller di
Santa Clara.

**Il pensait à la piscine en ciment, à Ysabel et au carlin appelé
Toots.**

Dia memikirkan kolam simen, Ysabel, dan pug yang dipanggil
Toots.

**Mais le plus souvent, il se souvenait du gourdin de l'homme
au pull rouge.**

Tetapi lebih kerap dia teringat lelaki berbaju sweater merah
itu.

**Il se souvenait de la mort de Curly et de sa bataille acharnée
contre Spitz.**

Dia teringat kematian Kerinting dan pertempuran sengitnya
dengan Spitz.

**Il se souvenait aussi des bons plats qu'il avait mangés ou
dont il rêvait encore.**

Dia juga mengimbau kembali makanan enak yang pernah
dimakan atau masih diimpikannya.

**Buck n'avait pas le mal du pays : la vallée chaude était
lointaine et irréelle.**

Buck tidak rindu—lembah hangat itu jauh dan tidak nyata.

**Les souvenirs de Californie n'avaient plus vraiment
d'influence sur lui.**

Kenangan California tidak lagi menarik perhatiannya.

**Plus forts que la mémoire étaient les instincts profondément
ancrés dans sa lignée.**

Lebih kuat daripada ingatan adalah naluri yang jauh dalam
garis keturunannya.

Les habitudes autrefois perdues étaient revenues, ravivées par le sentier et la nature sauvage.

Tabiat yang pernah hilang telah kembali, dihidupkan semula oleh jejak dan liar.

Tandis que Buck regardait la lumière du feu, cela devenait parfois autre chose.

Semasa Buck memerhatikan cahaya api, kadangkala ia menjadi sesuatu yang lain.

Il vit à la lueur du feu un autre feu, plus vieux et plus profond que celui-ci.

Dia melihat dalam nyalaan api api lain, lebih tua dan lebih dalam daripada yang sekarang.

À côté de cet autre feu se tenait accroupi un homme qui ne ressemblait pas au cuisinier métis.

Di sebelah api lain merengkok seorang lelaki tidak seperti tukang masak separuh kambing.

Cette figurine avait des jambes courtes, de longs bras et des muscles durs et noués.

Angka ini mempunyai kaki pendek, lengan panjang, dan otot bersimpul yang keras.

Ses cheveux étaient longs et emmêlés, tombant en arrière à partir des yeux.

Rambutnya panjang dan kusut, condong ke belakang dari matanya.

Il émit des sons étranges et regarda l'obscurité avec peur.

Dia mengeluarkan bunyi aneh dan merenung ketakutan pada kegelapan.

Il tenait une massue en pierre basse, fermement serrée dans sa longue main rugueuse.

Dia memegang kayu batu rendah, digenggam erat di tangan kasarnya yang panjang.

L'homme portait peu de vêtements ; juste une peau carbonisée qui pendait dans son dos.

Lelaki itu memakai sedikit; hanya kulit hangus yang tergantung di belakangnya.

Son corps était couvert de poils épais sur les bras, la poitrine et les cuisses.

Badannya dilitupi rambut tebal merentasi lengan, dada, dan peha.

Certaines parties des cheveux étaient emmêlées en plaques de fourrure rugueuse.

Beberapa bahagian rambut telah kusut menjadi tompokan bulu kasar.

Il ne se tenait pas droit mais penché en avant des hanches jusqu'aux genoux.

Dia tidak berdiri tegak tetapi membongkok ke hadapan dari pinggul hingga lutut.

Ses pas étaient élastiques et félins, comme s'il était toujours prêt à bondir.

Langkahnya kenyal dan seperti kucing, seolah-olah sentiasa bersedia untuk melompat.

Il y avait une vive vigilance, comme s'il vivait dans une peur constante.

Terdapat kewaspadaan yang tajam, seperti dia hidup dalam ketakutan yang berterusan.

Cet homme ancien semblait s'attendre au danger, que le danger soit perçu ou non.

Manusia purba ini seolah-olah mengharapkan bahaya, sama ada bahaya itu dilihat atau tidak.

Parfois, l'homme poilu dormait près du feu, la tête entre les jambes.

Ada kalanya lelaki berbulu itu tidur di tepi api, kepala terselit di antara kaki.

Ses coudes reposaient sur ses genoux, ses mains jointes au-dessus de sa tête.

Sikunya disandarkan pada lutut, tangan dirapatkan di atas kepala.

Comme un chien, il utilisait ses bras velus pour se débarrasser de la pluie qui tombait.

Seperti anjing dia menggunakan lengannya yang berbulu untuk menumpahkan hujan yang turun.

Au-delà de la lumière du feu, Buck vit deux charbons jumeaux briller dans l'obscurité.

Di sebalik cahaya api, Buck melihat arang berkembar bercahaya dalam gelap.

Toujours deux par deux, ils étaient les yeux des bêtes de proie traquantes.

Sentiasa dua-dua, mereka adalah mata kepada binatang pemangsa yang mengintai.

Il entendit des corps s'écraser à travers les broussailles et des bruits se faire entendre dans la nuit.

Dia mendengar mayat berhempas melalui berus dan bunyi yang dibuat pada waktu malam.

Allongé sur la rive du Yukon, clignant des yeux, Buck rêvait près du feu.

Berbaring di tebing Yukon, berkelip, Buck bermimpi di tepi api.

Les images et les sons de ce monde sauvage lui faisaient dresser les cheveux sur la tête.

Pemandangar dan bunyi dunia liar itu membuatkan bulu romanya berdiri.

La fourrure s'élevait le long de son dos, de ses épaules et de son cou.

Bulunya naik di sepanjang punggungnya, bahunya, dan naik ke lehernya.

Il gémissait doucement ou émettait un grognement sourd au plus profond de sa poitrine.

Dia merengek perlahan atau mendengus perlahan jauh di dalam dadanya.

Alors le cuisinier métis cria : « Hé, toi Buck, réveille-toi ! »

Kemudian tukang masak kacukan separuh itu menjerit, "Hei, awak Buck, bangun!"

Le monde des rêves a disparu et la vraie vie est revenue aux yeux de Buck.

Dunia impian lenyap, dan kehidupan sebenar kembali ke mata Buck.

Il allait se lever, s'étirer et bâiller, comme s'il venait de se réveiller d'une sieste.

Dia akan bangun, meregang, dan menguap, seolah-olah bangun dari tidur.

Le voyage était difficile, avec le traîneau postal qui traînait derrière eux.

Perjalanan itu sukar, dengan kereta luncur mel menyeret di belakang mereka.

Les lourdes charges et le travail pénible épuisaient les chiens à chaque longue journée.

Beban berat dan kerja berat meletihkan anjing setiap hari yang panjang.

Ils arrivèrent à Dawson maigres, fatigués et ayant besoin de plus d'une semaine de repos.

Mereka tiba di Dawson dalam keadaan kurus, letih, dan memerlukan rehat selama seminggu.

Mais seulement deux jours plus tard, ils repartaient sur le Yukon.

Tetapi hanya dua hari kemudian, mereka turun semula ke Yukon.

Ils étaient chargés de lettres supplémentaires destinées au monde extérieur.

Mereka sarat dengan lebih banyak surat untuk dunia luar.

Les chiens étaient épuisés et les hommes se plaignaient constamment.

Anjing-anjing itu keletihan dan lelaki-lelaki itu sentiasa mengadu.

La neige tombait tous les jours, ramollissant le sentier et ralentissant les traîneaux.

Salji turun setiap hari, melembutkan laluan dan memperlahankan kereta luncur.

Cela a rendu la traction plus difficile et a entraîné plus de traînée sur les patins.

Ini menjadikan tarikan lebih keras dan lebih banyak seretan pada pelari.

Malgré cela, les pilotes étaient justes et se souciaient de leurs équipes.

Walaupun begitu, para pemandu bersikap adil dan mengambil berat terhadap pasukan mereka.

Chaque nuit, les chiens étaient nourris avant que les hommes ne puissent manger.

Setiap malam, anjing diberi makan sebelum lelaki itu makan.

Aucun homme ne dormait avant de vérifier les pattes de son propre chien.

Tiada lelaki yang tidur sebelum memeriksa kaki anjingnya sendiri.

Cependant, les chiens s'affaiblissaient à mesure que les kilomètres s'écoulaient sur leur corps.

Namun, anjing-anjing itu semakin lemah apabila batu-batu itu memakai badan mereka.

Ils avaient parcouru mille huit cents kilomètres pendant l'hiver.

Mereka telah mengembara lapan belas ratus batu melalui musim sejuk.

Ils ont tiré des traîneaux sur chaque kilomètre de cette distance brutale.

Mereka menarik kereta luncur merentasi setiap batu dari jarak kejam itu.

Même les chiens de traîneau les plus robustes ressentent de la tension après tant de kilomètres.

Malah anjing kereta luncur yang paling sukar berasa tegang selepas beberapa batu.

Buck a tenu bon, a permis à son équipe de travailler et a maintenu la discipline.

Buck bertahan, memastikan pasukannya bekerja, dan mengekalkan disiplin.

Mais Buck était fatigué, tout comme les autres pendant le long voyage.

Tetapi Buck keletihan, sama seperti yang lain dalam perjalanan yang jauh

Billee gémissait et pleurait dans son sommeil chaque nuit sans faute.

Billee merengek dan menangis dalam tidurnya setiap malam tanpa gagal.

Joe devint encore plus amer et Solleks resta froid et distant.

Joe menjadi lebih pahit, dan Solleks kekal dingin dan jauh.

Mais c'est Dave qui a le plus souffert de toute l'équipe.

Tetapi Dave yang paling menderita daripada keseluruhan pasukan.

Quelque chose n'allait pas en lui, même si personne ne savait quoi.

Ada sesuatu yang tidak kena dalam dirinya, walaupun tiada siapa yang tahu apa.

Il est devenu de plus en plus maussade et s'en est pris aux autres avec une colère croissante.

Dia menjadi lebih murung dan membentak orang lain dengan kemarahan yang semakin meningkat.

Chaque nuit, il se rendait directement à son nid, attendant d'être nourri.

Setiap malam dia terus ke sarangnya, menunggu untuk diberi makan.

Une fois tombé, Dave ne s'est pas relevé avant le matin.

Sebaik sahaja dia turun, Dave tidak bangun lagi sehingga pagi.

Sur les rênes, des secousses ou des sursauts brusques le faisaient crier de douleur.

Pada tanduk, tersentak atau mula secara tiba-tiba membuatkan dia menangis kesakitan.

Son chauffeur a recherché la cause du sinistre, mais n'a constaté aucune blessure.

Pemandunya mencari punca, tetapi tidak menemui kecederaan padanya.

Tous les conducteurs ont commencé à regarder Dave et ont discuté de son cas.

Semua pemandu mula memerhati Dave dan membincangkan kesnya.

Ils ont discuté pendant les repas et pendant leur dernière cigarette de la journée.

Mereka bercakap semasa makan dan semasa asap terakhir mereka pada hari itu.

Une nuit, ils ont tenu une réunion et ont amené Dave au feu.

Suatu malam mereka mengadakan mesyuarat dan membawa Dave ke api.

Ils pressèrent et sondèrent son corps, et il cria souvent.

Mereka menekan dan menyiasat tubuhnya, dan dia sering menangis.

De toute évidence, quelque chose n'allait pas, même si aucun os ne semblait cassé.

Jelas sekali, ada sesuatu yang tidak kena, walaupun tiada tulang yang kelihatan patah.

Au moment où ils atteignirent Cassiar Bar, Dave était en train de tomber.

Ketika mereka tiba di Cassiar Bar, Dave telah jatuh terduduk.

Le métis écossais a appelé à la fin et a retiré Dave de l'équipe.

Kaum separuh baka Scotch berhenti dan mengeluarkan Dave daripada pasukan.

Il a attaché Solleks à la place de Dave, le plus près de l'avant du traîneau.

Dia mengikat Solleks di tempat Dave, paling hampir dengan bahagian hadapan kereta luncur itu.

Il avait l'intention de laisser Dave se reposer et courir librement derrière le traîneau en mouvement.

Dia bermaksud untuk membiarkan Dave berehat dan berlari bebas di belakang kereta luncur yang bergerak.

Mais même malade, Dave détestait être privé du travail qu'il avait occupé.

Tetapi walaupun sakit, Dave benci diambil dari pekerjaan yang dimilikinya.

Il grogna et gémit tandis que les rênes étaient retirées de son corps.

Dia merengek dan merengek apabila tali kekang ditarik dari badannya.

Quand il vit Solleks à sa place, il pleura de douleur.

Apabila dia melihat Solleks di tempatnya, dia menangis dengan kesakitan yang patah hati.

La fierté du travail sur les sentiers était profonde chez Dave, même à l'approche de la mort.

Kebanggaan kerja jejak adalah mendalam dalam diri Dave, walaupun kematian menghampiri.

Alors que le traîneau se déplaçait, Dave pataugeait dans la neige molle près du sentier.

Semasa kereta luncur itu bergerak, Dave menggelepar melalui salji lembut berhampiran denai.

Il a attaqué Solleks, le mordant et le poussant du côté du traîneau.

Dia menyerang Solleks, menggigit dan menolaknya dari sisi kereta luncur.

Dave a essayé de sauter dans le harnais et de récupérer sa place de travail.

Dave cuba melompat ke dalam abah-abah dan menuntut semula tempat kerjanya.

Il hurlait, gémissait et pleurait, déchiré entre la douleur et la fierté du travail.

Dia menjerit, merengek, dan menangis, terbelah antara kesakitan dan kebanggaan dalam melahirkan anak.

Le métis a utilisé son fouet pour essayer de chasser Dave de l'équipe.

Kaum separuh itu menggunakan cemetinya untuk cuba menghalau Dave daripada pasukan.

Mais Dave ignora le coup de fouet, et l'homme ne put pas le frapper plus fort.

Tetapi Dave tidak mengendahkan sebatan itu, dan lelaki itu tidak boleh memukulnya lebih kuat.

Dave a refusé le chemin le plus facile derrière le traîneau, où la neige était tassée.

Dave menolak laluan yang lebih mudah di belakang kereta luncur, di mana salji dipenuhi.

Au lieu de cela, il se débattait dans la neige profonde à côté du sentier, dans la misère.

Sebaliknya, dia bergelut dalam salji yang dalam di sebelah denai, dalam kesengsaraan.

Finalement, Dave s'est effondré, allongé dans la neige et hurlant de douleur.

Akhirnya, Dave rebah, terbaring di atas salji dan meraung kesakitan.

Il cria tandis que le long train de traîneaux le dépassait un par un.

Dia menjerit apabila kereta luncur panjang melewatinya satu persatu.

Pourtant, avec ce qu'il lui restait de force, il se leva et trébucha après eux.

Namun, dengan kekuatan yang masih ada, dia bangkit dan tersandung mengejar mereka.

Il l'a rattrapé lorsque le train s'est arrêté à nouveau et a retrouvé son vieux traîneau.

Dia mengejar apabila kereta api berhenti semula dan menemui kereta luncur lamanya.

Il a dépassé les autres équipes et s'est retrouvé à nouveau aux côtés de Solleks.

Dia menggelepar melepasi pasukan lain dan berdiri di sebelah Solleks semula.

Alors que le conducteur s'arrêtait pour allumer sa pipe, Dave saisit sa dernière chance.

Semasa pemandu berhenti untuk menyalakan paipnya, Dave mengambil peluang terakhirnya.

Lorsque le chauffeur est revenu et a crié, l'équipe n'a pas avancé.

Apabila pemandu itu kembali dan menjerit, pasukan itu tidak bergerak ke hadapan.

Les chiens avaient tourné la tête, déconcertés par l'arrêt soudain.

Anjing-anjing itu telah menoleh, keliru dengan pemberhentian secara tiba-tiba.

Le conducteur était également choqué : le traîneau n'avait pas avancé d'un pouce.

Pemandu itu juga terkejut— kereta luncur itu tidak bergerak seinci ke hadapan.

Il a appelé les autres pour qu'ils viennent voir ce qui s'était passé.

Dia memanggil yang lain untuk datang dan melihat apa yang telah berlaku.

Dave avait mâché les rênes de Solleks, les brisant toutes les deux.

Dave telah mengunyah kekang Solleks, memecahkan kedua-duanya.

Il se tenait maintenant devant le traîneau, de retour à sa position légitime.

Kini dia berdiri di hadapan kereta luncur, kembali dalam kedudukannya yang sepatutnya.

Dave leva les yeux vers le conducteur, le suppliant silencieusement de rester dans les traces.

Dave mendongak ke arah pemandu, dalam diam merayu untuk kekal dalam jejak.

Le conducteur était perplexe, ne sachant pas quoi faire pour le chien en difficulté.

Pemandu itu hairan, tidak pasti apa yang perlu dilakukan untuk anjing yang bergelut itu.

Les autres hommes parlaient de chiens qui étaient morts après avoir été emmenés dehors.

Lelaki lain bercakap tentang anjing yang telah mati kerana dibawa keluar.

Ils ont parlé de chiens âgés ou blessés dont le cœur se brisait lorsqu'ils étaient abandonnés.

Mereka memberitahu anjing tua atau cedera yang hatinya hancur apabila ditinggalkan.

Ils ont convenu que c'était une preuve de miséricorde de laisser Dave mourir alors qu'il était encore dans son harnais.

Mereka bersetuju bahawa ia adalah belas kasihan untuk membiarkan Dave mati semasa masih dalam abahnya.

Il était attaché au traîneau et Dave tirait avec fierté.

Dia diikat semula ke atas kereta luncur, dan Dave ditarik dengan bangga.

Même s'il criait parfois, il travaillait comme si la douleur pouvait être ignorée.

Walaupun dia kadang-kadang menangis, dia bekerja seolah-olah kesakitan boleh diabaikan.

Plus d'une fois, il est tombé et a été traîné avant de se relever.

Lebih daripada sekali dia jatuh dan diseret sebelum bangkit semula.

Un jour, le traîneau l'a écrasé et il a boité à partir de ce moment-là.

Sekali, kereta luncur itu bergolek di atasnya, dan dia terpincang-pincang sejak saat itu.

Il travailla néanmoins jusqu'à ce qu'il atteigne le camp, puis s'allongea près du feu.

Namun, dia bekerja sehingga kem dicapai, dan kemudian berbaring di tepi api.

Le matin, Dave était trop faible pour voyager ou même se tenir debout.

Menjelang pagi, Dave terlalu lemah untuk bergerak atau berdiri tegak.

Au moment de l'attelage, il essaya d'atteindre son conducteur avec un effort tremblant.

Pada masa abah-abah, dia cuba mencapai pemandunya dengan usaha yang menggeletar.

Il se força à se relever, tituba et s'effondra sur le sol enneigé.

Dia memaksa dirinya bangun, terhuyung-hayang, dan rebah ke tanah bersalji.

À l'aide de ses pattes avant, il a traîné son corps vers la zone de harnais.

Menggunakan kaki hadapannya, dia mengheret badannya ke arah kawasan harnessing.

Il s'avança, pouce par pouce, vers les chiens de travail.

Dia memaut dirinya ke hadapan, inci demi inci, ke arah anjing yang bekerja.

Ses forces l'abandonnèrent, mais il continua d'avancer dans sa dernière poussée désespérée.

Kekuatannya hilang, tetapi dia terus bergerak dalam tolakan terakhirnya yang terdesak.

Ses coéquipiers l'ont vu haleter dans la neige, impatients de les rejoindre.

Rakan sepasukannya melihat dia tercungap-cungap di dalam salji, masih rindu untuk menyertai mereka.

Ils l'entendirent hurler de tristesse alors qu'ils quittaient le camp.
Mereka mendengar dia melolong dengan kesedihan ketika mereka meninggalkan perkhemahan itu.

Alors que l'équipe disparaissait dans les arbres, le cri de Dave résonna derrière eux.
Ketika pasukan itu hilang ke dalam pokok, tangisan Dave bergema di belakang mereka.

Le train de traîneaux s'est brièvement arrêté après avoir traversé un tronçon de forêt fluviale.
Kereta luncur itu berhenti seketika selepas melintasi sebatang kayu sungai.

Le métis écossais retourna lentement vers le camp situé derrière lui.
Kaum separuh baka Scotch berjalan perlahan-lahan kembali ke arah perkhemahan di belakang.

Les hommes ont arrêté de parler quand ils l'ont vu quitter le train de traîneaux.
Lelaki itu berhenti bercakap apabila mereka melihat dia meninggalkan kereta luncur.

Puis un coup de feu retentit clairement et distinctement de l'autre côté du sentier.
Kemudian satu das tembakan kedengaran jelas dan tajam melintasi laluan itu.

L'homme revint rapidement et reprit sa place sans un mot.
Lelaki itu kembali dengan pantas dan mengambil tempat tanpa sebarang kata.

Les fouets claquaient, les cloches tintaient et les traîneaux roulaient dans la neige.
Cambuk retak, loceng berdering, dan kereta luncur bergolek melalui salji.

Mais Buck savait ce qui s'était passé, et tous les autres chiens aussi.
Tetapi Buck tahu apa yang telah berlaku-dan begitu juga setiap anjing lain.

Le travail des rênes et du sentier
Jerih payah Tanduk dan Jejak

Trente jours après avoir quitté Dawson, le Salt Water Mail atteignit Skaguay.
Tiga puluh hari selepas meninggalkan Dawson, Mail Air Garam tiba di Skaguay.
Buck et ses coéquipiers ont pris la tête, arrivant dans un état pitoyable.
Buck dan rakan sepasukannya mendahului, tiba dalam keadaan menyedihkan.
Buck était passé de cent quarante à cent quinze livres.
Buck telah turun daripada seratus empat puluh kepada seratus lima belas paun.
Les autres chiens, bien que plus petits, avaient perdu encore plus de poids.
Anjing-anjing lain, walaupun lebih kecil, telah kehilangan lebih banyak berat badan.
Pike, autrefois un faux boiteux, traînait désormais derrière lui une jambe véritablement blessée.
Pike, yang dahulunya seorang lemper palsu, kini mengheret kaki yang benar-benar cedera di belakangnya.
Solleks boitait beaucoup et Dub avait une omoplate déchirée.
Solleks terpincang-pincang dengan teruk, dan tulang belikat Dub tercabut.
Tous les chiens de l'équipe avaient mal aux pieds après des semaines passées sur le sentier gelé.
Setiap anjing dalam pasukan itu sakit kaki selama berminggu-minggu di laluan beku.
Ils n'avaient plus aucun ressort dans leurs pas, seulement un mouvement lent et traînant.
Mereka tidak mempunyai mata air lagi dalam langkah mereka, hanya gerakan yang perlahan dan menyeret.
Leurs pieds heurtent durement le sentier, chaque pas ajoutant plus de tension à leur corps.

Kaki mereka menghentak denai dengan kuat, setiap langkah menambah ketegangan pada badan mereka.

Ils n'étaient pas malades, seulement épuisés au-delà de toute guérison naturelle.

Mereka tidak sakit, hanya dikeringkan di luar semua pemulihan semula jadi.

Ce n'était pas la fatigue d'une dure journée, guérie par une nuit de repos.

Ini bukanlah keletihan dari satu hari yang sukar, sembuh dengan rehat malam.

C'était un épuisement qui s'était construit lentement au fil de mois d'efforts épuisants.

Ia adalah keletihan yang dibina perlahan-lahan melalui usaha yang melelahkan selama berbulan-bulan.

Il ne leur restait plus aucune force de réserve : ils avaient épuisé toutes leurs forces.

Tiada kekuatan simpanan yang tinggal—mereka telah menggunakan semua yang mereka ada.

Chaque muscle, chaque fibre et chaque cellule de leur corps étaient épuisés et usés.

Setiap otot, serat, dan sel dalam badan mereka dihabiskan dan haus.

Et il y avait une raison : ils avaient parcouru deux mille cinq cents kilomètres.

Dan ada sebabnya—mereka telah menempuh jarak dua puluh lima ratus batu.

Ils ne s'étaient reposés que cinq jours au cours des mille huit cents derniers kilomètres.

Mereka telah berehat hanya lima hari selama lapan belas ratus batu yang lalu.

Lorsqu'ils arrivèrent à Skaguay, ils semblaient à peine capables de se tenir debout.

Apabila mereka tiba di Skaguay, mereka kelihatan hampir tidak dapat berdiri tegak.

Ils ont lutté pour garder les rênes serrées et rester devant le traîneau.

Mereka bergelut untuk mengekalkan tampuk ketat dan berada di hadapan kereta luncur.

Dans les descentes, ils ont tout juste réussi à éviter d'être écrasés.

Di cerun menuruni bukit, mereka hanya sempat mengelak daripada digilis.

« Continuez, pauvres pieds endoloris », dit le chauffeur tandis qu'ils boitaient.

"Majulah, kaki sakit," kata pemandu itu sambil berjalan tertatih-tatih.

« C'est la dernière ligne droite, après quoi nous aurons tous droit à un long repos, c'est sûr. »

"Ini adalah regangan terakhir, kemudian kita semua berehat panjang, pasti."

« Un très long repos », promit-il en les regardant avancer en titubant.

"Satu rehat yang benar-benar lama," dia berjanji, melihat mereka terhuyung-huyung ke hadapan.

Les pilotes s'attendaient à bénéficier d'une longue pause bien méritée.

Pemandu menjangkakan mereka akan mendapat rehat yang panjang dan diperlukan.

Ils avaient parcouru douze cents milles avec seulement deux jours de repos.

Mereka telah mengembara dua belas ratus batu dengan hanya berehat dua hari.

Par souci d'équité et de raison, ils estimaient avoir mérité un temps de détente.

Dengan keadilan dan alasan, mereka merasakan mereka telah mendapat masa untuk berehat.

Mais trop de gens étaient venus au Klondike et trop peu étaient restés chez eux.

Tetapi terlalu ramai yang datang ke Klondike, dan terlalu sedikit yang tinggal di rumah.

Les lettres des familles ont afflué, créant des piles de courrier en retard.

Surat daripada keluarga membanjiri, mencipta timbunan surat tertangguh.

Les ordres officiels sont arrivés : de nouveaux chiens de la Baie d'Hudson allaient prendre le relais.

Pesanan rasmi tiba—anjing Hudson Bay baharu akan mengambil alih.

Les chiens épuisés, désormais considérés comme sans valeur, devaient être éliminés.

Anjing-anjing yang keletihan, yang kini dipanggil tidak bernilai, harus dilupuskan.

Comme l'argent comptait plus que les chiens, ils allaient être vendus à bas prix.

Oleh kerana wang lebih penting daripada anjing, mereka akan dijual dengan murah.

Trois jours supplémentaires passèrent avant que les chiens ne ressentent à quel point ils étaient faibles.

Tiga hari lagi berlalu sebelum anjing-anjing itu merasakan betapa lemahnya mereka.

Le quatrième matin, deux hommes venus des États-Unis ont acheté toute l'équipe.

Pada pagi keempat, dua lelaki dari Amerika membeli seluruh pasukan.

La vente comprenait tous les chiens, ainsi que leur harnais usagé.

Jualan itu termasuk semua anjing, serta peralatan abah-abah yang dipakai.

Les hommes s'appelaient mutuellement « Hal » et « Charles » lorsqu'ils concluaient l'affaire.

Lelaki itu memanggil satu sama lain "Hal" dan "Charles" semasa mereka menyelesaikan perjanjian itu.

Charles était d'âge moyen, pâle, avec des lèvres molles et des pointes de moustache féroces.

Charles pertengahan umur, pucat, bibir lembik dan hujung misai garang.

Hal était un jeune homme, peut-être âgé de dix-neuf ans, portant une ceinture bourrée de cartouches.

Hal adalah seorang lelaki muda, mungkin sembilan belas, memakai tali pinggang yang diisi kartrij.

La ceinture contenait un gros revolver et un couteau de chasse, tous deux inutilisés.

Tali pinggang itu memegang revolver besar dan pisau memburu, kedua-duanya tidak digunakan.

Cela a montré à quel point il était inexpérimenté et inapte à la vie dans le Nord.

Ia menunjukkan betapa dia tidak berpengalaman dan tidak sesuai untuk kehidupan di utara.

Aucun des deux hommes n'appartenait à la nature sauvage ; leur présence défiait toute raison.

Kedua-dua lelaki tidak tergolong dalam alam liar; kehadiran mereka menentang segala alasan.

Buck a regardé l'argent échanger des mains entre l'acheteur et l'agent.

Buck melihat ketika wang bertukar tangan antara pembeli dan ejen.

Il savait que les conducteurs du train postal allaient le quitter comme les autres.

Dia tahu pemandu kereta api mel meninggalkan hidupnya seperti yang lain.

Ils suivirent Perrault et François, désormais irrévocables.

Mereka mengikuti Perrault dan François, kini tidak dapat diingati lagi.

Buck et l'équipe ont été conduits dans le camp négligé de leurs nouveaux propriétaires.

Buck dan pasukan telah dibawa ke kem ceroboh pemilik baru mereka.

La tente s'affaissait, la vaisselle était sale et tout était en désordre.

Khemah kendur, pinggan mangkuk kotor, dan semuanya berantakan.

Buck remarqua également une femme : Mercedes, la femme de Charles et la sœur de Hal.

Buck melihat seorang wanita di sana juga—Mercedes, isteri Charles dan adik kepada Hal.

Ils formaient une famille complète, bien que loin d'être adaptée au sentier.

Mereka membuat keluarga yang lengkap, walaupun jauh dari sesuai dengan jejak.

Buck regarda nerveusement le trio commencer à emballer les fournitures.

Buck memerhati dengan gugup apabila ketiga-tiga mereka mula mengemas bekalan.

Ils ont travaillé dur mais sans ordre, juste du grabuge et des efforts gaspillés.

Mereka bekerja keras tetapi tanpa perintah—hanya kekecohan dan usaha yang sia-sia.

La tente a été roulée dans une forme volumineuse, beaucoup trop grande pour le traîneau.

Khemah itu digulung menjadi bentuk yang besar, terlalu besar untuk kereta luncur.

La vaisselle sale a été emballée sans avoir été nettoyée ni séchée du tout.

Pinggan mangkuk yang kotor dibungkus tanpa dibersihkan atau dikeringkan sama sekali.

Mercedes voltigeait, parlant constamment, corrigeant et intervenant.

Mercedes berkibar-kibar, sentiasa bercakap, membetulkan, dan campur tangan.

Lorsqu'un sac était placé à l'avant, elle insistait pour qu'il soit placé à l'arrière.

Apabila sebuah guni diletakkan di hadapan, dia menegaskan ia diletakkan di belakang.

Elle a mis le sac au fond, et l'instant d'après, elle en avait besoin.

Dia membungkus guni di bahagian bawah, dan pada saat berikutnya dia memerlukannya.

Le traîneau a donc été déballé à nouveau pour atteindre le sac spécifique.

Jadi kereta luncur itu dibuka semula untuk mencapai satu beg tertentu.

À proximité, trois hommes se tenaient devant une tente, observant la scène se dérouler.

Berdekatan, tiga lelaki berdiri di luar khemah, melihat kejadian itu berlaku.

Ils souriaient, faisaient des clins d'œil et souriaient à la confusion évidente des nouveaux arrivants.

Mereka tersenyum, mengenyitkan mata, dan tersengih melihat kekeliruan yang jelas kelihatan oleh pendatang baru.

« Vous avez déjà une charge très lourde », dit l'un des hommes.

"Anda sudah mempunyai beban yang betul," kata salah seorang lelaki itu.

« Je ne pense pas que tu devrais porter cette tente, mais c'est ton choix. »

"Saya tidak fikir anda perlu membawa khemah itu, tetapi ia adalah pilihan anda."

« Inimaginable ! » s'écria Mercedes en levant les mains de désespoir.

"Tidak diimpikan!" jerit Mercedes sambil mengangkat tangannya dalam keputusasaan.

« Comment pourrais-je voyager sans une tente sous laquelle dormir ? »

"Bagaimana saya boleh mengembara tanpa khemah untuk tinggal di bawah?"

« C'est le printemps, vous ne verrez plus jamais de froid », répondit l'homme.

"Sekarang musim bunga—anda tidak akan melihat cuaca sejuk lagi," jawab lelaki itu.

Mais elle secoua la tête et ils continuèrent à empiler des objets sur le traîneau.

Tetapi dia menggelengkan kepalanya, dan mereka terus menimbun barang-barang ke atas kereta luncur.

La charge s'élevait dangereusement alors qu'ils ajoutaient les dernières choses.

Beban itu menjulang tinggi dengan berbahaya apabila mereka menambah perkara terakhir.

« Tu penses que le traîneau va rouler ? » demanda l'un des hommes avec un regard sceptique.

"Fikirkan kereta luncur itu akan naik?" tanya salah seorang lelaki itu dengan pandangan skeptikal.

« Pourquoi pas ? » rétorqua Charles, vivement agacé.

"Kenapa tidak sepatutnya?" Charles membalas dengan kegusaran yang tajam.

« Oh, ce n'est pas grave », dit rapidement l'homme, s'éloignant de l'offense.

"Oh, tidak apa-apa," lelaki itu berkata dengan cepat, berundur dari kesalahan.

« Je me demandais juste – ça me semblait un peu trop lourd. »

"Saya hanya tertanya-tanya-ia kelihatan agak terlalu berat bagi saya."

Charles se détourna et attacha la charge du mieux qu'il put.

Charles berpaling dan mengikat beban itu sebaik mungkin.

Mais les attaches étaient lâches et l'emballage mal fait dans l'ensemble.

Tetapi sebatan itu longgar dan pembungkusan tidak dilakukan secara keseluruhan.

« Bien sûr, les chiens tireront ça toute la journée », a dit un autre homme avec sarcasme.

"Pasti, anjing-anjing itu akan menariknya sepanjang hari," kata lelaki lain dengan sinis.

« Bien sûr », répondit froidement Hal en saisissant le long mât du traîneau.

"Sudah tentu," jawab Hal dingin, meraih tiang gee-gee yang panjang.

D'une main sur le poteau, il faisait tournoyer le fouet dans l'autre.

Dengan sebelah tangan di atas tiang, dia menghayunkan cemeti pada sebelah lagi.

« Allons-y ! » cria-t-il. « Allez ! » exhortant les chiens à démarrer.

"Jom!" dia menjerit. "Alihkannya!" menggesa anjing untuk memulakan.

Les chiens se sont penchés sur le harnais et ont tendu pendant quelques instants.

Anjing-anjing itu bersandar pada abah-abah dan tegang untuk beberapa saat.

Puis ils s'arrêtèrent, incapables de déplacer d'un pouce le traîneau surchargé.

Kemudian mereka berhenti, tidak dapat mengalihkan kereta luncur yang sarat itu satu inci.

« Ces brutes paresseuses ! » hurla Hal en levant le fouet pour les frapper.

"Bangsat pemalas!" Hal menjerit, mengangkat cambuk untuk memukul mereka.

Mais Mercedes s'est précipitée et a saisi le fouet des mains de Hal.

Tetapi Mercedes meluru masuk dan merampas cambuk dari tangan Hal.

« Oh, Hal, n'ose pas leur faire de mal », s'écria-t-elle, alarmée.

"Oh, Hal, jangan kamu berani menyakiti mereka," dia menangis ketakutan.

« Promets-moi que tu seras gentil avec eux, sinon je n'irai pas plus loin. »

"Berjanjilah kepada saya anda akan berbuat baik kepada mereka, atau saya tidak akan pergi selangkah lagi."

« Tu ne connais rien aux chiens », lança Hal à sa sœur.

"Kamu tidak tahu apa-apa tentang anjing," bentak Hal pada kakaknya.

« Ils sont paresseux, et la seule façon de les déplacer est de les fouetter. »

"Mereka malas, dan satu-satunya cara untuk menggerakkan mereka adalah dengan menyebat mereka."

« Demandez à n'importe qui, demandez à l'un de ces hommes là-bas si vous doutez de moi. »

"Tanya sesiapa sahaja — tanyalah salah seorang daripada lelaki di sana jika kamu meragui saya."

Mercedes regarda les spectateurs avec des yeux suppliants et pleins de larmes.

Mercedes memandang orang yang melihat dengan mata yang merayu dan sebak.

Son visage montrait à quel point elle détestait la vue de la douleur.

Wajahnya menunjukkan betapa dia benci melihat sebarang kesakitan.

« Ils sont faibles, c'est tout », dit un homme. « Ils sont épuisés. »

"Mereka lemah, itu sahaja," kata seorang lelaki. "Mereka sudah haus."

« Ils ont besoin de repos, ils ont travaillé trop longtemps sans pause. »

"Mereka memerlukan rehat-mereka telah bekerja terlalu lama tanpa rehat."

« Que le repos soit maudit », murmura Hal, la lèvre retroussée.

"Rehatlah terkutuk," gumam Hal dengan bibir melengkung.

Mercedes haleta, clairement peinée par ce mot grossier de sa part.

Mercedes tersentak, jelas kesakitan dengan kata-kata kasar daripadanya.

Pourtant, elle est restée loyale et a immédiatement défendu son frère.

Namun, dia tetap setia dan serta-merta mempertahankan abangnya.

« Ne fais pas attention à cet homme », dit-elle à Hal. « Ce sont nos chiens. »

"Jangan kisah lelaki itu," katanya kepada Hal. "Mereka anjing kami."

« Vous les conduisez comme bon vous semble, faites ce que vous pensez être juste. »

"Anda memandu mereka mengikut apa yang anda fikirkan patut-buat apa yang anda fikir betul."

Hal leva le fouet et frappa à nouveau les chiens sans pitié.

Hal mengangkat cambuk dan memukul anjing-anjing itu lagi tanpa belas kasihan.

Ils se sont précipités en avant, le corps bas, les pieds poussant dans la neige.

Mereka menerjang ke hadapan, badan rendah, kaki menolak ke dalam salji.

Toutes leurs forces étaient utilisées pour tirer, mais le traîneau ne bougeait pas.

Semua kekuatan mereka masuk ke dalam tarikan, tetapi kereta luncur itu tidak bergerak.

Le traîneau est resté coincé, comme une ancre figée dans la neige tassée.

Kereta luncur itu tetap tersangkut, seperti sauh beku ke dalam salji yang penuh sesak.

Après un deuxième effort, les chiens s'arrêtèrent à nouveau, haletants.

Selepas usaha kedua, anjing-anjing itu berhenti lagi, tercungap-cungap.

Hal leva à nouveau le fouet, juste au moment où Mercedes intervenait à nouveau.

Hal mengangkat cambuk sekali lagi, sama seperti Mercedes mengganggu sekali lagi.

Elle tomba à genoux devant Buck et lui serra le cou.

Dia melutut di hadapan Buck dan memeluk lehernya.

Les larmes lui montèrent aux yeux tandis qu'elle suppliait le chien épuisé.

Air mata memenuhi matanya ketika dia merayu kepada anjing yang keletihan itu.

« Pauvres chéris », dit-elle, « pourquoi ne tirez-vous pas plus fort ? »

"Kamu yang malang," katanya, "mengapa kamu tidak tarik lebih kuat?"

« Si tu tires, tu ne seras pas fouetté comme ça. »

"Jika anda menarik, maka anda tidak akan disebat seperti ini."

Buck n'aimait pas Mercedes, mais il était trop fatigué pour lui résister maintenant.

Buck tidak menyukai Mercedes, tetapi dia terlalu letih untuk menentangnya sekarang.

Il accepta ses larmes comme une simple partie de cette journée misérable.

Dia menerima air matanya sebagai sebahagian lagi daripada hari yang menyedihkan itu.

L'un des hommes qui regardaient a finalement parlé après avoir retenu sa colère.

Salah seorang lelaki yang memerhati akhirnya bersuara setelah menahan marah.

« Je me fiche de ce qui vous arrive, mais ces chiens comptent. »

"Saya tidak kisah apa yang berlaku kepada kamu semua, tetapi anjing itu penting."

« Si vous voulez aider, détachez ce traîneau, il est gelé dans la neige. »

"Jika anda ingin membantu, longgarkan kereta luncur itu—ia beku sehingga salji."

« Appuyez fort sur la perche, à droite et à gauche, et brisez le sceau de glace. »

"Tolak kuat-kuat kutub gee, kanan dan kiri, dan pecahkan anjing laut ais."

Une troisième tentative a été faite, cette fois-ci suite à la suggestion de l'homme.

Percubaan ketiga dilakukan, kali ini mengikut cadangan lelaki itu.

Hal a balancé le traîneau d'un côté à l'autre, libérant les patins.

Hal menggoyangkan kereta luncur dari sisi ke sisi, menyebabkan pelari terlepas.

Le traîneau, bien que surchargé et maladroit, a finalement fait un bond en avant.

Kereta luncur itu, walaupun terlebih muatan dan janggal, akhirnya meluncur ke hadapan.

Buck et les autres tiraient sauvagement, poussés par une tempête de coups de fouet.

Buck dan yang lain menarik dengan liar, didorong oleh ribut cambuk.

Une centaine de mètres plus loin, le sentier courbait et descendait en pente dans la rue.

Seratus ela di hadapan, laluan itu melengkung dan mencerun ke jalan.

Il aurait fallu un conducteur expérimenté pour maintenir le traîneau droit.

Ia akan memerlukan pemandu yang mahir untuk memastikan kereta luncur itu tegak.

Hal n'était pas habile et le traîneau a basculé en tournant dans le virage.

Hal tidak mahir, dan kereta luncur itu terhuyung semasa ia berayun di selekoh.

Les sangles lâches ont cédé et la moitié de la charge s'est répandue sur la neige.

Sebatan yang longgar memberi laluan, dan separuh beban tumpah ke salji.

Les chiens ne s'arrêtèrent pas ; le traîneau le plus léger volait sur le côté.

Anjing-anjing itu tidak berhenti; kereta luncur pemetik api itu terbang di sisinya.

En colère à cause des mauvais traitements et du lourd fardeau, les chiens couraient plus vite.

Marah kerana penderaan dan beban yang berat, anjing-anjing itu berlari lebih cepat.

Buck, furieux, s'est mis à courir, suivi par l'équipe.

Buck, dalam kemarahan, menceroboh lari, dengan pasukan mengikuti di belakang.

Hal a crié « Whoa ! Whoa ! » mais l'équipe ne lui a pas prêté attention.

Hal menjerit "Whoa! Whoa!" tetapi pasukan itu tidak mempedulikannya.

Il a trébuché, est tombé et a été traîné au sol par le harnais.

Dia tersandung, jatuh, dan diseret ke tanah oleh abah.

Le traîneau renversé l'a heurté tandis que les chiens couraient devant.

Kereta luncur yang terbalik itu terlanggarnya ketika anjing-anjing itu berlumba di hadapan.

Le reste des fournitures est dispersé dans la rue animée de Skaguay.

Selebihnya bekalan bertaburan di seberang jalan Skaguay yang sibuk.

Des personnes au grand cœur se sont précipitées pour arrêter les chiens et rassembler le matériel.

Orang yang baik hati bergegas untuk menghentikan anjing dan mengumpulkan peralatan.

Ils ont également donné des conseils, directs et pratiques, aux nouveaux voyageurs.

Mereka juga memberi nasihat, terus terang dan praktikal, kepada pengembara baru.

« Si vous voulez atteindre Dawson, prenez la moitié du chargement et doublez les chiens. »

"Jika anda ingin mencapai Dawson, ambil separuh beban dan gandakan anjing."

Hal, Charles et Mercedes écoutaient, mais sans enthousiasme.

Hal, Charles, dan Mercedes mendengar, walaupun tidak dengan semangat.

Ils ont installé leur tente et ont commencé à trier leurs provisions.

Mereka mendirikan khemah dan mula menyusun bekalan mereka.

Des conserves sont sorties, ce qui a fait rire les spectateurs.

Keluar barangan dalam tin, yang membuat penonton ketawa kuat.

« Des conserves sur le sentier ? Tu vas mourir de faim avant qu'elles ne fondent », a dit l'un d'eux.

"Bahan tin di laluan itu? Anda akan kelaparan sebelum ia cair," kata seorang.

« Des couvertures d'hôtel ? Tu ferais mieux de toutes les jeter. »

"Selimut hotel? Lebih baik awak buang semuanya."

« Laissez tomber la tente aussi, et personne ne fait la vaisselle ici. »

"Buang khemah juga, dan tiada siapa yang membasuh pinggan di sini."

« Tu crois que tu voyages dans un train Pullman avec des domestiques à bord ? »

"Anda fikir anda menaiki kereta api Pullman dengan pelayan di dalamnya?"

Le processus a commencé : chaque objet inutile a été jeté de côté.

Proses itu bermula—setiap barang yang tidak berguna dicampak ke tepi.

Mercedes a pleuré lorsque ses sacs ont été vidés sur le sol enneigé.

Mercedes menangis apabila begnya dikosongkan ke tanah bersalji.

Elle sanglotait sur chaque objet jeté, un par un, sans pause.

Dia menangis teresak-esak melihat setiap barang yang dibuang, satu persatu tanpa jeda.

Elle jura de ne plus faire un pas de plus, même pas pendant dix Charles.

Dia berikrar untuk tidak pergi satu langkah lagi—walaupun untuk sepuluh orang Charles.

Elle a supplié chaque personne à proximité de la laisser garder ses objets précieux.

Dia merayu setiap orang yang berdekatan untuk membiarkan dia menyimpan barang berharganya.

Finalement, elle s'essuya les yeux et commença à jeter même les vêtements essentiels.

Akhirnya, dia mengesat matanya dan mula melemparkan pakaian yang penting.

Une fois les siennes terminées, elle commença à vider les provisions des hommes.

Apabila selesai dengan sendiri, dia mula mengosongkan bekalan lelaki.

Comme un tourbillon, elle a déchiré les affaires de Charles et Hal.

Seperti angin puyuh, dia mengoyakkan harta benda Charles dan Hal.

Même si la charge était réduite de moitié, elle était encore bien plus lourde que nécessaire.

Walaupun beban dikurangkan separuh, ia masih jauh lebih berat daripada yang diperlukan.

Cette nuit-là, Charles et Hal sont sortis et ont acheté six nouveaux chiens.

Malam itu, Charles dan Hal keluar dan membeli enam ekor anjing baharu.

Ces nouveaux chiens ont rejoint les six originaux, plus Teek et Koona.

Anjing baharu ini menyertai enam yang asal, ditambah dengan Teek dan Koona.

Ensemble, ils formaient une équipe de quatorze chiens attelés au traîneau.

Bersama-sama mereka membuat sepasukan empat belas ekor anjing diikat pada kereta luncur.

Mais les nouveaux chiens n'étaient pas aptes et mal entraînés au travail en traîneau.

Tetapi anjing baru itu tidak sihat dan kurang terlatih untuk kerja kereta luncur.

Trois des chiens étaient des pointeurs à poil court et un était un Terre-Neuve.

Tiga daripada anjing itu adalah penunjuk berambut pendek, dan satu adalah Newfoundland.

Les deux derniers chiens étaient des bâtards sans race ni objectif clairement définis.

Dua anjing terakhir adalah anjing kambing yang tidak mempunyai baka atau tujuan yang jelas sama sekali.

Ils n'ont pas compris le sentier et ne l'ont pas appris rapidement.

Mereka tidak memahami jejak itu, dan mereka tidak mempelajarinya dengan cepat.

Buck et ses compagnons les regardaient avec mépris et une profonde irritation.

Buck dan rakan-rakannya memerhati mereka dengan cemuhan dan kerengsaan yang mendalam.

Bien que Buck leur ait appris ce qu'il ne fallait pas faire, il ne pouvait pas leur enseigner le devoir.

Walaupun Buck mengajar mereka apa yang tidak boleh dilakukan, dia tidak boleh mengajar tugas.

Ils n'ont pas bien supporté la vie sur les sentiers ni la traction des rênes et des traîneaux.

Mereka tidak pandai menjejaki kehidupan atau tarikan tampuk dan kereta luncur.

Seuls les bâtards essayaient de s'adapter, et même eux manquaient d'esprit combatif.

Hanya kacukan yang cuba menyesuaikan diri, malah mereka tidak mempunyai semangat juang.

Les autres chiens étaient confus, affaiblis et brisés par leur nouvelle vie.

Anjing-anjing lain keliru, lemah, dan rosak dengan kehidupan baru mereka.

Les nouveaux chiens étant désemparés et les anciens épuisés, l'espoir était mince.

Dengan anjing baru yang tidak tahu dan yang lama kehabisan, harapan menjadi tipis.

L'équipe de Buck avait parcouru deux mille cinq cents kilomètres de sentiers difficiles.

Pasukan Buck telah menempuh dua puluh lima ratus batu dari laluan yang keras.

Pourtant, les deux hommes étaient joyeux et fiers de leur grande équipe de chiens.

Namun, kedua-dua lelaki itu ceria dan bangga dengan pasukan anjing besar mereka.

Ils pensaient voyager avec style, avec quatorze chiens attelés.

Mereka menyangka mereka mengembara dengan bergaya, dengan empat belas ekor anjing diikat.

Ils avaient vu des traîneaux partir pour Dawson, et d'autres en arriver.

Mereka telah melihat kereta luncur pergi ke Dawson, dan yang lain tiba darinya.

Mais ils n'en avaient jamais vu un tiré par quatorze chiens.

Tetapi mereka tidak pernah melihat seekor ditarik oleh sebanyak empat belas ekor anjing.

Il y avait une raison pour laquelle de telles équipes étaient rares dans la nature sauvage de l'Arctique.

Terdapat sebab pasukan seperti itu jarang berlaku di padang gurun Artik.

Aucun traîneau ne pouvait transporter suffisamment de nourriture pour nourrir quatorze chiens pendant le voyage.

Tiada kereta luncur boleh membawa makanan yang cukup untuk memberi makan kepada empat belas anjing untuk perjalanan itu.

Mais Charles et Hal ne le savaient pas : ils avaient fait le calcul.

Tetapi Charles dan Hal tidak tahu itu—mereka telah membuat pengiraan.

Ils ont planifié la nourriture : tant par chien, tant de jours, et c'est fait.

Mereka menulis makanan: begitu banyak setiap anjing, begitu banyak hari, selesai.

Mercedes regarda leurs chiffres et hocha la tête comme si cela avait du sens.

Mercedes memandang susuk tubuh mereka dan mengangguk seolah-olah masuk akal.

Tout cela lui semblait très simple, du moins sur le papier.

Semuanya kelihatan sangat mudah baginya, sekurang-kurangnya di atas kertas.

Le lendemain matin, Buck conduisit lentement l'équipe dans la rue enneigée.

Keesokan paginya, Buck mengetuai pasukan perlahan-lahan mendaki jalan bersalji.

Il n'y avait aucune énergie ni aucun esprit en lui ou chez les chiens derrière lui.

Tiada tenaga atau semangat dalam dirinya atau anjing di belakangnya.

Ils étaient épuisés dès le départ, il n'y avait plus de réserve.

Mereka sudah letih sejak awal—tiada simpanan yang tinggal.

Buck avait déjà effectué quatre voyages entre Salt Water et Dawson.

Buck sudah membuat empat perjalanan antara Air Garam dan Dawson.

Maintenant, confronté à nouveau à la même épreuve, il ne ressentait que de l'amertume.

Kini, berhadapan dengan jejak yang sama sekali lagi, dia tidak merasakan apa-apa selain kepahitan.

Son cœur n'y était pas, ni celui des autres chiens.

Hatinya tidak ada di dalamnya, begitu juga hati anjing-anjing lain.

Les nouveaux chiens étaient timides et les huskies manquaient totalement de confiance.

Anjing-anjing baru itu pemalu, dan huskies tidak mempunyai kepercayaan.

Buck sentait qu'il ne pouvait pas compter sur ces deux hommes ou sur leur sœur.

Buck merasakan dia tidak boleh bergantung pada dua lelaki ini atau adik perempuan mereka.

Ils ne savaient rien et ne montraient aucun signe d'apprentissage sur le sentier.

Mereka tidak tahu apa-apa dan tidak menunjukkan tanda-tanda pembelajaran di laluan itu.

Ils étaient désorganisés et manquaient de tout sens de la discipline.

Mereka tidak teratur dan tidak mempunyai disiplin.

Il leur fallait à chaque fois la moitié de la nuit pour monter un campement bâclé.

Mereka mengambil masa setengah malam untuk menubuhkan kem yang tidak kemas setiap kali.

Et ils passèrent la moitié de la matinée suivante à tâtonner à nouveau avec le traîneau.

Dan separuh keesokan harinya mereka menghabiskan masa meraba-raba dengan kereta luncur itu lagi.

À midi, ils s'arrêtaient souvent juste pour réparer la charge inégale.

Menjelang tengah hari, mereka sering berhenti hanya untuk membetulkan beban yang tidak sekata.

Certains jours, ils parcouraient moins de dix milles au total.

Pada beberapa hari, mereka mengembara kurang daripada sepuluh batu secara keseluruhan.

D'autres jours, ils ne parvenaient pas du tout à quitter le camp.

Hari-hari lain, mereka tidak berjaya meninggalkan kem langsung.

Ils n'ont jamais réussi à couvrir la distance alimentaire prévue.

Mereka tidak pernah mendekati jarak makanan yang dirancang.

Comme prévu, ils ont très vite manqué de nourriture pour les chiens.

Seperti yang dijangkakan, mereka kehabisan makanan untuk anjing dengan cepat.

Ils ont aggravé la situation en les suralimentant au début.

Mereka memburukkan keadaan dengan memberi makan berlebihan pada hari-hari awal.

À chaque ration négligée, la famine se rapprochait.

Ini membawa kebuluran lebih dekat dengan setiap catuan cuai.

Les nouveaux chiens n'avaient pas appris à survivre avec très peu.

Anjing-anjing baru itu tidak belajar untuk terus hidup dengan sangat sedikit.

Ils mangeaient avec faim, avec un appétit trop grand pour le sentier.

Mereka makan dengan kelaparan, dengan selera yang terlalu besar untuk laluan itu.

Voyant les chiens s'affaiblir, Hal pensait que la nourriture n'était pas suffisante.

Melihat anjing-anjing itu lemah, Hal percaya makanan itu tidak mencukupi.

Il a doublé les rations, rendant l'erreur encore pire.

Dia menggandakan catuan, menjadikan kesilapan itu lebih teruk.

Mercedes a aggravé le problème avec ses larmes et ses douces supplications.

Mercedes menambah masalah dengan air mata dan rayuan lembut.

Comme elle n'arrivait pas à convaincre Hal, elle nourrissait les chiens en secret.

Apabila dia tidak dapat meyakinkan Hal, dia memberi makan anjing secara rahsia.

Elle a volé des sacs de poissons et les leur a donnés dans son dos.

Dia mencuri dari karung ikan dan memberikannya kepada mereka di belakangnya.

Mais ce dont les chiens avaient réellement besoin, ce n'était pas de plus de nourriture, mais de repos.

Tetapi apa yang benar-benar diperlukan oleh anjing-anjing itu bukanlah lebih banyak makanan—ia adalah rehat.

Ils progressaient mal, mais le lourd traîneau continuait à avancer.

Mereka membuat masa yang sukar, tetapi kereta luncur yang berat masih berlarutan.

Ce poids à lui seul épuisait chaque jour leurs forces restantes.

Berat itu sahaja menghabiskan sisa kekuatan mereka setiap hari.

Puis vint l'étape de la sous-alimentation, les réserves s'épuisant.

Kemudian datang peringkat kurang makan kerana bekalan semakin berkurangan.

Un matin, Hal s'est rendu compte que la moitié de la nourriture pour chien avait déjà disparu.

Hal menyedari pada suatu pagi bahawa separuh makanan anjing sudah hilang.

Ils n'avaient parcouru qu'un quart de la distance totale du sentier.

Mereka hanya menempuh satu perempat daripada jumlah jarak jejak.

On ne pouvait plus acheter de nourriture, quel que soit le prix proposé.

Tiada lagi makanan boleh dibeli, tidak kira berapa harga yang ditawarkan.

Il a réduit les portions des chiens en dessous de la ration quotidienne standard.

Dia mengurangkan bahagian anjing di bawah catuan harian standard.

Dans le même temps, il a exigé des voyages plus longs pour compenser la perte.

Pada masa yang sama, dia menuntut perjalanan yang lebih lama untuk menebus kerugian.

Mercedes et Charles ont soutenu ce plan, mais ont échoué dans son exécution.

Mercedes dan Charles menyokong rancangan ini, tetapi gagal dalam pelaksanaan.

Leur lourd traîneau et leur manque de compétences rendaient la progression presque impossible.

Kereta luncur mereka yang berat dan kekurangan kemahiran membuat kemajuan hampir mustahil.

Il était facile de donner moins de nourriture, mais impossible de forcer plus d'efforts.

Adalah mudah untuk memberi lebih sedikit makanan, tetapi mustahil untuk memaksa lebih banyak usaha.

Ils ne pouvaient pas commencer plus tôt, ni voyager pendant des heures supplémentaires.

Mereka tidak boleh mula awal, dan mereka juga tidak boleh melakukan perjalanan untuk waktu tambahan.

Ils ne savaient pas comment travailler les chiens, ni eux-mêmes d'ailleurs.

Mereka tidak tahu bagaimana untuk bekerja dengan anjing, mahupun diri mereka sendiri, dalam hal ini.

Le premier chien à mourir était Dub, le voleur malchanceux mais travailleur.

Anjing pertama yang mati ialah Dub, pencuri yang malang tetapi rajin.

Bien que souvent puni, Dub avait fait sa part sans se plaindre.

Walaupun sering dihukum, Dub telah menarik berat badannya tanpa aduan.

Son épaule blessée s'est aggravée sans qu'il soit nécessaire de prendre soin de lui et de se reposer.

Bahunya yang cedera bertambah teruk tanpa penjagaan atau memerlukan rehat.

Finalement, Hal a utilisé le revolver pour mettre fin aux souffrances de Dub.

Akhirnya, Hal menggunakan revolver untuk menamatkan penderitaan Dub.

Un dicton courant dit que les chiens normaux meurent à cause des rations de husky.

Pepatah biasa mendakwa bahawa anjing biasa mati dengan makanan serak.

Les six nouveaux compagnons de Buck n'avaient que la moitié de la part de nourriture du husky.

Enam teman baru Buck hanya mempunyai separuh bahagian makanan husky.

Le Terre-Neuve est mort en premier, puis les trois braques à poil court.

Newfoundland mati dahulu, kemudian tiga penunjuk berambut pendek.

Les deux bâtards résistèrent plus longtemps mais finirent par périr comme les autres.

Dua kacukan itu bertahan lebih lama tetapi akhirnya mati seperti yang lain.

À cette époque, toutes les commodités et la douceur du Southland avaient disparu.

Pada masa ini, semua kemudahan dan kelembutan Southland telah hilang.

Les trois personnes avaient perdu les dernières traces de leur éducation civilisée.

Ketiga-tiga orang itu telah menumpahkan jejak terakhir didikan mereka yang beradab.

Dépouillé de glamour et de romantisme, le voyage dans l'Arctique est devenu brutalement réel.

Dilucutkan glamor dan percintaan, perjalanan Artik menjadi nyata dengan kejam.

C'était une réalité trop dure pour leur sens de la virilité et de la féminité.

Ia adalah realiti yang terlalu keras untuk rasa lelaki dan wanita mereka.

Mercedes ne pleurait plus pour les chiens, mais maintenant elle pleurait seulement pour elle-même.

Mercedes tidak lagi menangis untuk anjing, tetapi kini hanya menangis untuk dirinya sendiri.

Elle passait son temps à pleurer et à se disputer avec Hal et Charles.

Dia menghabiskan masanya dengan menangis dan bertengkar dengan Hal dan Charles.

Se disputer était la seule chose qu'ils n'étaient jamais trop fatigués de faire.

Bergaduh adalah satu perkara yang mereka tidak pernah jemu untuk lakukan.

Leur irritabilité provenait de la misère, grandissait avec elle et la surpassait.

Kejengkelan mereka datang dari kesengsaraan, berkembang bersamanya, dan mengatasinya.

La patience du sentier, connue de ceux qui peinent et souffrent avec bienveillance, n'est jamais venue.

Kesabaran jejak, yang diketahui oleh mereka yang bersusah payah dan menderita dengan baik, tidak pernah datang.

Cette patience, qui garde la parole douce malgré la douleur, leur était inconnue.

Kesabaran itu, yang membuat ucapan manis melalui kesakitan, tidak diketahui oleh mereka.

Ils n'avaient aucune trace de patience, aucune force tirée de la souffrance avec grâce.

Mereka tidak mempunyai sedikit pun kesabaran, tidak ada
kekuatan yang diperoleh daripada penderitaan dengan
rahmat.

**Ils étaient raides de douleur : leurs muscles, leurs os et leur
cœur étaient douloureux.**

Mereka kaku dengan kesakitan—sakit pada otot, tulang, dan
jantung mereka.

**À cause de cela, ils devinrent acerbes et prompts à prononcer
des paroles dures.**

Kerana itu, mereka menjadi tajam lidah dan cepat dengan
kata-kata yang kasar.

**Chaque jour commençait et se terminait par des voix en
colère et des plaintes amères.**

Setiap hari bermula dan berakhir dengan suara marah dan
keluhan pahit.

**Charles et Hal se disputaient chaque fois que Mercedes leur
en donnait l'occasion.**

Charles dan Hal bergaduh setiap kali Mercedes memberi
mereka peluang.

**Chaque homme estimait avoir fait plus que sa juste part du
travail.**

Setiap lelaki percaya dia melakukan lebih daripada bahagian
kerjanya yang saksama.

**Aucun des deux n'a jamais manqué une occasion de le dire,
encore et encore.**

Kedua-duanya tidak pernah melepaskan peluang untuk
berkata demikian, lagi dan lagi.

**Parfois, Mercedes se rangeait du côté de Charles, parfois du
côté de Hal.**

Kadang-kadang Mercedes berpihak kepada Charles, kadang-
kadang dengan Hal.

**Cela a conduit à une grande et interminable querelle entre
les trois.**

Ini membawa kepada pertengkaran besar dan tidak
berkesudahan di antara mereka bertiga.

**Une dispute sur la question de savoir qui devait couper le
bois de chauffage est devenue incontrôlable.**

Pertikaian mengenai siapa yang harus memotong kayu api semakin tidak terkawal.

Bientôt, les pères, les mères, les cousins et les parents décédés ont été nommés.

Tidak lama kemudian, bapa, ibu, sepupu, dan saudara mara yang telah meninggal dinamakan.

Les opinions de Hal sur l'art ou les pièces de son oncle sont devenues partie intégrante du combat.

Pandangan Hal tentang seni atau drama bapa saudaranya menjadi sebahagian daripada perjuangan.

Les convictions politiques de Charles sont également entrées dans le débat.

Kepercayaan politik Charles juga memasuki perdebatan.

Pour Mercedes, même les ragots de la sœur de son mari semblaient pertinents.

Bagi Mercedes, gosip kakak suaminya pun nampak relevan.

Elle a exprimé son opinion sur ce sujet et sur de nombreux défauts de la famille de Charles.

Dia menyiarkan pendapat tentang itu dan tentang banyak kelemahan keluarga Charles.

Pendant qu'ils se disputaient, le feu restait éteint et le camp à moitié monté.

Semasa mereka bertengkar, api tetap tidak menyala dan kem separuh padam.

Pendant ce temps, les chiens restaient froids et sans nourriture.

Sementara itu, anjing-anjing itu tetap sejuk dan tanpa sebarang makanan.

Mercedes avait un grief qu'elle considérait comme profondément personnel.

Mercedes menahan rungutan yang dia anggap sangat peribadi.

Elle se sentait maltraitée en tant que femme, privée de ses doux privilèges.

Dia merasa dianiaya sebagai seorang wanita, menafikan keistimewaannya yang lembut.

Elle était jolie et douce, et habituée à la chevalerie toute sa vie.

Dia cantik dan lembut, dan biasa bersopan santun sepanjang hidupnya.

Mais son mari et son frère la traitaient désormais avec impatience.

Tetapi suami dan abangnya kini melayannya dengan tidak sabar.

Elle avait pour habitude d'agir comme si elle était impuissante, et ils commencèrent à se plaindre.

Kebiasaannya adalah bertindak tidak berdaya, dan mereka mula mengeluh.

Offensée par cela, elle leur rendit la vie encore plus difficile.

Tersinggung dengan perkara ini, dia membuat hidup mereka lebih sukar.

Elle a ignoré les chiens et a insisté pour conduire elle-même le traîneau.

Dia tidak mengendahkan anjing-anjing itu dan berkeras untuk menaiki kereta luncur itu sendiri.

Bien que légère en apparence, elle pesait cent vingt livres.

Walaupun kelihatan ringan, beratnya seratus dua puluh paun.

Ce fardeau supplémentaire était trop lourd pour les chiens affamés et faibles.

Beban tambahan itu terlalu berat untuk anjing yang kelaparan dan lemah.

Elle a continué à monter pendant des jours, jusqu'à ce que les chiens s'effondrent sous les rênes.

Namun, dia menunggang selama berhari-hari, sehingga anjing-anjing itu rebah di kekang.

Le traîneau s'arrêta et Charles et Hal la supplièrent de marcher.

Kereta luncur itu berhenti, dan Charles dan Hal merayunya untuk berjalan.

Ils la supplièrent et la supplièrent, mais elle pleura et les traita de cruels.

Mereka merayu dan merayu, tetapi dia menangis dan menyebut mereka kejam.

À une occasion, ils l'ont tirée du traîneau avec force et colère.
Pada satu ketika, mereka menariknya dari kereta luncur
dengan kuat dan marah.

Ils n'ont plus jamais essayé après ce qui s'est passé cette fois-là.
Mereka tidak pernah mencuba lagi selepas apa yang berlaku
pada masa itu.

Elle devint molle comme un enfant gâté et s'assit dans la neige.
Dia menjadi lemas seperti kanak-kanak yang manja dan
duduk di dalam salji.

Ils continuèrent leur chemin, mais elle refusa de se lever ou de les suivre.
Mereka meneruskan, tetapi dia enggan bangkit atau mengikut
di belakang.

Après trois milles, ils s'arrêtèrent, revinrent et la ramenèrent.
Selepas tiga batu, mereka berhenti, kembali, dan
membawanya kembali.

Ils l'ont rechargée sur le traîneau, en utilisant encore une fois la force brute.
Mereka memuatkannya semula ke atas kereta luncur, sekali
lagi menggunakan kekuatan kasar.

Dans leur profonde misère, ils étaient insensibles à la souffrance des chiens.
Dalam kesengsaraan mereka yang mendalam, mereka tidak
berperasaan terhadap penderitaan anjing-anjing itu.

Hal croyait qu'il fallait s'endurcir et il a imposé cette croyance aux autres.
Hal percaya seseorang mesti menjadi keras dan memaksa
kepercayaan itu kepada orang lain.

Il a d'abord essayé de prêcher sa philosophie à sa sœur
Dia mula-mula cuba menyampaikan falsafahnya kepada
kakaknya

et puis, sans succès, il prêcha à son beau-frère.
dan kemudian, tanpa kejayaan, dia berdakwah kepada abang
iparnya.

Il a eu plus de succès avec les chiens, mais seulement parce qu'il leur a fait du mal.

Dia lebih berjaya dengan anjing itu, tetapi hanya kerana dia menyakiti mereka.

Chez Five Fingers, la nourriture pour chiens est complètement épuisée.

Pada Five Fingers, makanan anjing kehabisan makanan sepenuhnya.

Une vieille squaw édentée a vendu quelques kilos de peau de cheval congelée

Seekor kambing tua yang tidak bertaring menjual beberapa paun kulit kuda beku

Hal a échangé son revolver contre la peau de cheval séchée.

Hal menukar pistolnya dengan kulit kuda kering.

La viande provenait de chevaux affamés d'éleveurs de bétail des mois auparavant.

Daging itu berasal dari kuda-kuda lembu yang kelaparan beberapa bulan sebelumnya.

Gelée, la peau était comme du fer galvanisé ; dure et immangeable.

Beku, kulitnya seperti besi tergalvani; keras dan tidak boleh dimakan.

Les chiens devaient mâcher la peau sans fin pour la manger.

Anjing-anjing itu terpaksa mengunyah kulitnya tanpa henti untuk memakannya.

Mais les cordes en cuir et les cheveux courts n'étaient guère une nourriture.

Tetapi rentetan kulit dan rambut pendek hampir tidak berkhasiat.

La majeure partie de la peau était irritante et ne constituait pas véritablement de la nourriture.

Kebanyakan kulit itu menjengkelkan, dan bukan makanan dalam erti kata sebenar.

Et pendant tout ce temps, Buck titubait en tête, comme dans un cauchemar.

Dan melalui semua itu, Buck terhuyung-hayang di hadapan, seperti dalam mimpi ngeri.

Il tirait quand il le pouvait ; quand il ne le pouvait pas, il restait allongé jusqu'à ce qu'un fouet ou un gourdin le relève.

Dia menarik apabila mampu; apabila tidak, dia berbaring sehingga cambuk atau kelab menaikkannya.

Son pelage fin et brillant avait perdu toute sa rigidité et son éclat d'autrefois.

Kotnya yang halus dan berkilat telah hilang segala kekakuan dan kilauan yang pernah ada.

Ses cheveux pendaient, mous, en bataille et coagulés par le sang séché des coups.

Rambutnya dijuntai lemas, terseret, dan bergumpal dengan darah kering akibat pukulan itu.

Ses muscles se sont réduits à l'état de cordes et ses coussinets de chair étaient tous usés.

Otot-ototnya mengecut menjadi tali, dan pelapik dagingnya telah lusuh.

Chaque côte, chaque os apparaissait clairement à travers les plis de la peau ridée.

Setiap rusuk, setiap tulang menunjukkan dengan jelas melalui lipatan kulit yang berkedut.

C'était déchirant, mais le cœur de Buck ne pouvait pas se briser.

Ia menyayat hati, namun hati Buck tidak boleh hancur.

L'homme au pull rouge avait testé cela et l'avait prouvé il y a longtemps.

Lelaki berbaju sejuk merah itu telah mengujinya dan membuktikannya sejak dahulu lagi.

Comme ce fut le cas pour Buck, ce fut le cas pour tous ses coéquipiers restants.

Seperti yang berlaku dengan Buck, begitu juga dengan semua rakan sepasukannya yang tinggal.

Il y en avait sept au total, chacun étant un squelette ambulant de misère.

Terdapat tujuh jumlahnya, masing-masing adalah rangka kesengsaraan yang berjalan.

Ils étaient devenus insensibles au fouet, ne ressentant qu'une douleur lointaine.

Mereka telah menjadi kebas untuk sebatan, hanya merasakan kesakitan yang jauh.

Même la vue et le son leur parvenaient faiblement, comme à travers un épais brouillard.

Malah penglihatan dan bunyi mencapai mereka samar-samar, seperti melalui kabus tebal.

Ils n'étaient pas à moitié vivants : c'étaient des os avec de faibles étincelles à l'intérieur.

Mereka tidak separuh hidup-mereka adalah tulang dengan percikan malap di dalamnya.

Lorsqu'ils s'arrêtèrent, ils s'effondrèrent comme des cadavres, leurs étincelles presque éteintes.

Apabila berhenti, mereka rebah seperti mayat, percikan api mereka hampir hilang.

Et lorsque le fouet ou le gourdin frappaient à nouveau, les étincelles voltigeaient faiblement.

Dan apabila cambuk atau kayu itu melanda lagi, percikan api berkibar lemah.

Puis ils se levèrent, titubèrent en avant et traînèrent leurs membres en avant.

Kemudian mereka bangkit, terhuyung-hayang ke hadapan, dan menyeret anggota badan mereka ke hadapan.

Un jour, le gentil Billee tomba et ne put plus se relever du tout.

Suatu hari Billee yang baik hati jatuh dan tidak dapat bangkit sama sekali.

Hal avait échangé son revolver, alors il a utilisé une hache pour tuer Billee à la place.

Hal telah menukar revolvernya, jadi dia menggunakan kapak untuk membunuh Billee sebaliknya.

Il le frappa à la tête, puis lui coupa le corps et le traîna.

Dia memukul kepalanya, kemudian memotong badannya dan menyeretnya.

Buck vit cela, et les autres aussi ; ils savaient que la mort était proche.

Buck melihat ini, dan begitu juga yang lain; mereka tahu kematian sudah dekat.

Le lendemain, Koona partit, ne laissant que cinq chiens dans l'équipe affamée.

Keesokan harinya Koona pergi, meninggalkan hanya lima ekor anjing dalam pasukan yang kelaparan.

Joe, qui n'était plus méchant, était trop loin pour se rendre compte de quoi que ce soit.

Joe, tidak lagi bermaksud, sudah terlalu jauh untuk menyedarinya sama sekali.

Pike, ne faisant plus semblant d'être blessé, était à peine conscient.

Pike, tidak lagi memalsukan kecederaannya, hampir tidak sedarkan diri.

Solleks, toujours fidèle, se lamentait de ne plus avoir de force à donner.

Solleks, masih setia, meratapi dia tidak mempunyai kekuatan untuk diberikan.

Teek a été le plus battu parce qu'il était plus frais, mais qu'il s'estompait rapidement.

Teek paling banyak dipukul kerana dia lebih segar, tetapi cepat pudar.

Et Buck, toujours en tête, ne maintenait plus l'ordre ni ne le faisait respecter.

Dan Buck, masih mendahului, tidak lagi menjaga perintah atau menguatkuasakannya.

À moitié aveugle à cause de sa faiblesse, Buck suivit la piste au toucher seul.

Separuh buta dengan kelemahan, Buck mengikut jejak dengan berasa sendirian.

C'était un beau temps printanier, mais aucun d'entre eux ne l'a remarqué.

Ia adalah cuaca musim bunga yang indah, tetapi tiada seorang pun daripada mereka menyedarinya.

Chaque jour, le soleil se levait plus tôt et se couchait plus tard qu'avant.

Setiap hari matahari terbit lebih awal dan terbenam lebih lambat daripada sebelumnya.

À trois heures du matin, l'aube était arrivée ; le crépuscule durait jusqu'à neuf heures.

Menjelang tiga pagi, subuh telah tiba; senja berlangsung hingga sembilan.

Les longues journées étaient remplies du plein soleil printanier.

Hari-hari yang panjang dipenuhi dengan sinaran matahari musim bunga yang penuh.

Le silence fantomatique de l'hiver s'était transformé en un murmure chaleureux.

Kesunyian hantu musim sejuk telah berubah menjadi rungutan hangat.

Toute la terre s'éveillait, animée par la joie des êtres vivants.

Seluruh negeri terjaga, hidup dengan kegembiraan makhluk hidup.

Le bruit provenait de ce qui était resté mort et immobile pendant l'hiver.

Bunyi itu datang dari apa yang telah mati dan masih melalui musim sejuk.

Maintenant, ces choses bougeaient à nouveau, secouant le long sommeil de gel.

Sekarang, perkara-perkara itu bergerak lagi, menghilangkan tidur beku yang panjang.

La sève montait à travers les troncs sombres des pins en attente.

Sap naik melalui batang-batang gelap pokok pain yang menunggu.

Les saules et les trembles font apparaître de jeunes bourgeons brillants sur chaque brindille.

Willow dan aspen mengeluarkan tunas muda yang terang pada setiap ranting.

Les arbustes et les vignes se parent d'un vert frais tandis que les bois prennent vie.

Pokok renek dan pokok anggur kelihatan hijau segar apabila hutan itu hidup.

Les grillons chantaient la nuit et les insectes rampaient au soleil.

Cengkerik berkicau pada waktu malam, dan pepijat merayap di bawah sinar matahari siang.

Les perdrix résonnaient et les pics frappaient profondément dans les arbres.

Ayam hutan meledak, dan burung belatuk mengetuk jauh di dalam pokok.

Les écureuils bavardaient, les oiseaux chantaient et les oies klaxonnaient au-dessus des chiens.

Tupai berbual, burung bernyanyi, dan angsa membunyikan hon ke atas anjing.

Les oiseaux sauvages arrivaient en groupes serrés, volant vers le haut depuis le sud.

Unggas liar datang dalam serpihan tajam, terbang dari selatan.

De chaque colline venait la musique des ruisseaux cachés et impétueux.

Dari setiap lereng bukit datang muzik sungai yang tersembunyi dan deras.

Toutes choses ont dégelé et se sont brisées, se sont pliées et ont repris leur mouvement.

Semua benda dicairkan dan terputus, bengkok dan kembali bergerak.

Le Yukon s'efforçait de briser les chaînes de froid de la glace gelée.

Yukon berusaha untuk memutuskan rantaian sejuk ais beku.

La glace fondait en dessous, tandis que le soleil la faisait fondre par le dessus.

Ais mencair di bawah, manakala matahari mencairkannya dari atas.

Des trous d'aération se sont ouverts, des fissures se sont propagées et des morceaux sont tombés dans la rivière.

Lubang udara terbuka, retakan merebak, dan ketulan jatuh ke dalam sungai.

Au milieu de toute cette vie débordante et flamboyante, les voyageurs titubaient.

Di tengah-tengah semua kehidupan yang penuh dan berkobar-kobar ini, para pengembara terhuyung-huyung.

Deux hommes, une femme et une meute de huskies marchaient comme des morts.

Dua lelaki, seorang wanita, dan sekumpulan huskies berjalan seperti orang mati.

Les chiens tombaient, Mercedes pleurait, mais continuait à conduire le traîneau.

Anjing-anjing itu jatuh, Mercedes menangis, tetapi masih menunggang kereta luncur.

Hal jura faiblement et Charles cligna des yeux à travers ses yeux larmoyants.

Hal mengutuk lemah, dan Charles mengedipkan matanya melalui mata yang berair.

Ils tombèrent sur le camp de John Thornton à l'embouchure de la rivière White.

Mereka tersandung ke kem John Thornton dengan mulut White River.

Lorsqu'ils s'arrêtèrent, les chiens s'effondrèrent, comme s'ils étaient tous morts.

Apabila mereka berhenti, anjing-anjing itu jatuh rata, seolah-olah semuanya mati.

Mercedes essuya ses larmes et regarda John Thornton.

Mercedes mengesat air matanya dan memandang ke arah John Thornton.

Charles s'assit sur une bûche, lentement et raidement, souffrant du sentier.

Charles duduk di atas kayu balak, perlahan-lahan dan kaku, sakit akibat denai.

Hal parlait pendant que Thornton sculptait l'extrémité d'un manche de hache.

Hal bercakap sambil Thornton mengukir hujung pemegang kapak.

Il taillait du bois de bouleau et répondait par des réponses brèves et fermes.

Dia memotong kayu birch dan menjawab dengan jawapan ringkas dan tegas.

Lorsqu'on lui a demandé son avis, il a donné des conseils, certain qu'ils ne seraient pas suivis.

Apabila ditanya, dia memberi nasihat, pasti ia tidak akan diikuti.

Hal a expliqué : « Ils nous ont dit que la glace du sentier disparaissait. »

Hal menjelaskan, "Mereka memberitahu kami bahawa ais jejak itu semakin berkurangan."

« Ils ont dit que nous devions rester sur place, mais nous sommes arrivés à White River. »

"Mereka berkata kami harus tinggal di situ-tetapi kami berjaya sampai ke Sungai Putih."

Il a terminé sur un ton moqueur, comme pour crier victoire dans les difficultés.

Dia mengakhirinya dengan nada mencemuh, seolah-olah mahu menang dalam kesusahan.

« Et ils t'ont dit la vérité », répondit doucement John Thornton à Hal.

"Dan mereka memberitahu anda benar," John Thornton menjawab Hal dengan perlahan.

« La glace peut céder à tout moment, elle est prête à tomber. »

"Ais boleh hilang pada bila-bila masa—ia sedia untuk tercicir."

« Seuls un peu de chance et des imbéciles ont pu arriver jusqu'ici en vie. »

"Hanya tuah buta dan orang bodoh yang boleh berjaya sejauh ini."

« Je vous le dis franchement, je ne risquerais pas ma vie pour tout l'or de l'Alaska. »

"Saya beritahu anda terus, saya tidak akan mempertaruhkan nyawa saya untuk semua emas Alaska."

« C'est parce que tu n'es pas un imbécile, je suppose », répondit Hal.

"Itu kerana awak bukan orang bodoh, saya rasa," jawab Hal.

« Tout de même, nous irons à Dawson. » Il déroula son fouet.

"Semua yang sama, kita akan pergi ke Dawson." Dia membuka pecutnya.

« Monte là-haut, Buck ! Salut ! Debout ! Vas-y ! » cria-t-il durement.

"Bangun ke sana, Buck! Hai! Bangun! Teruskan!" dia menjerit kasar.

Thornton continuait à tailler, sachant que les imbéciles n'entendraient pas la raison.

Thornton terus mencebik, mengetahui orang bodoh tidak akan mendengar alasan.

Arrêter un imbécile était futile, et deux ou trois imbéciles ne changeaient rien.

Untuk menghentikan orang bodoh adalah sia-sia — dan dua atau tiga orang tertipu tidak mengubah apa-apa.

Mais l'équipe n'a pas bougé au son de l'ordre de Hal.

Tetapi pasukan itu tidak bergerak apabila mendengar arahan Hal.

Désormais, seuls les coups pouvaient les faire se relever et avancer.

Pada masa ini, hanya pukulan yang boleh membuat mereka bangkit dan menarik ke hadapan.

Le fouet claquait encore et encore sur les chiens affaiblis.

Cambuk itu dipatahkan lagi dan lagi pada anjing-anjing yang lemah itu.

John Thornton serra fermement ses lèvres et regarda en silence.

John Thornton mengetap bibirnya rapat-rapat dan memerhati dalam diam.

Solleks fut le premier à se relever sous le fouet.

Solleks adalah orang pertama yang merangkak berdiri di bawah bulu mata.

Puis Teek le suivit, tremblant. Joe poussa un cri en se relevant.

Kemudian Teek mengikut, terketar-ketar. Joe menjerit sambil tersadung.

Pike a essayé de se relever, a échoué deux fois, puis est finalement resté debout, chancelant.

Pike cuba bangkit, gagal dua kali, kemudian akhirnya berdiri tidak stabil.

Mais Buck resta là où il était tombé, sans bouger du tout cette fois.

Tetapi Buck berbaring di mana dia telah jatuh, tidak bergerak pada semua masa ini.

Le fouet le frappait à plusieurs reprises, mais il ne faisait aucun bruit.

Cambuk itu menetaknya berulang kali, tetapi dia tidak bersuara.

Il n'a pas bronché ni résisté, il est simplement resté immobile et silencieux.

Dia tidak berganjak atau melawan, hanya diam dan diam.

Thornton remua plus d'une fois, comme pour parler, mais ne le fit pas.

Thornton mengacau lebih daripada sekali, seolah-olah bercakap, tetapi tidak.

Ses yeux s'humidifièrent, et le fouet continuait à claquer contre Buck.

Matanya menjadi basah, dan masih cemeti retak terhadap Buck.

Finalement, Thornton commença à marcher lentement, ne sachant pas quoi faire.

Akhirnya, Thornton mula melangkah perlahan, tidak pasti apa yang perlu dilakukan.

C'était la première fois que Buck échouait, et Hal devint furieux.

Ia adalah kali pertama Buck gagal, dan Hal menjadi berang.

Il a jeté le fouet et a pris la lourde massue à la place.

Dia melemparkan cambuk dan sebaliknya mengambil kayu berat itu.

Le gourdin en bois s'abattit violemment, mais Buck ne se releva toujours pas pour bouger.

Kayu kayu itu jatuh dengan kuat, tetapi Buck masih tidak bangkit untuk bergerak.

Comme ses coéquipiers, il était trop faible, mais plus que cela.

Seperti rakan sepasukannya, dia terlalu lemah—tetapi lebih daripada itu.

Buck avait décidé de ne pas bouger, quoi qu'il arrive.

Buck telah memutuskan untuk tidak bergerak, tidak kira apa yang berlaku seterusnya.

Il sentait quelque chose de sombre et de certain planer juste devant lui.

Dia merasakan sesuatu yang gelap dan pasti berlegar di hadapan.

Cette peur l'avait saisi dès qu'il avait atteint la rive du fleuve.

Ketakutan itu telah menyerangnya sebaik sahaja dia sampai ke tebing sungai.

Cette sensation ne l'avait pas quitté depuis qu'il sentait la glace s'amincir sous ses pattes.

Perasaan itu tidak hilang sejak dia merasakan ais nipis di bawah kakinya.

Quelque chose de terrible l'attendait – il le sentait juste au bout du sentier.

Sesuatu yang mengerikan sedang menunggu-dia merasakannya di bawah denai.

Il n'allait pas marcher vers cette terrible chose devant lui.

Dia tidak akan berjalan ke arah perkara yang mengerikan di hadapan

Il n'allait pas obéir à un quelconque ordre qui le conduirait à cette chose.

Dia tidak akan mematuhi mana-mana arahan yang membawanya ke perkara itu.

La douleur des coups ne l'atteignait plus guère, il était trop loin.

Kesakitan akibat pukulan itu hampir tidak menyentuhnya sekarang-dia terlalu jauh pergi.

L'étincelle de vie vacillait faiblement, s'affaiblissant sous chaque coup cruel.

Percikan kehidupan berkelip rendah, malap di bawah setiap serangan kejam.

Ses membres semblaient lointains ; tout son corps semblait appartenir à un autre.

Anggota badannya terasa jauh; seluruh tubuhnya seolah-olah milik orang lain.

Il ressentit un étrange engourdissement alors que la douleur disparaissait complètement.

Dia merasakan kebas yang pelik apabila kesakitan itu hilang sepenuhnya.

De loin, il sentait qu'il était battu, mais il le savait à peine.

Dari jauh, dia merasakan dia dipukul, tetapi hampir tidak tahu.

Il pouvait entendre les coups sourds faiblement, mais ils ne faisaient plus vraiment mal.

Dia dapat mendengar bunyi dentuman itu dengan samar-samar, tetapi ia tidak lagi menyakitkan.

Les coups ont porté, mais son corps ne semblait plus être le sien.

Pukulan itu mendarat, tetapi tubuhnya tidak lagi kelihatan seperti miliknya.

Puis, soudain, sans prévenir, John Thornton poussa un cri sauvage.

Kemudian tiba-tiba, tanpa amaran, John Thornton menjerit liar.

C'était inarticulé, plus le cri d'une bête que celui d'un homme.

Ia tidak jelas, lebih banyak tangisan binatang daripada manusia.

Il sauta sur l'homme avec la massue et renversa Hal en arrière.

Dia melompat ke arah lelaki yang membawa kayu itu dan mengetuk Hal ke belakang.

Hal vola comme s'il avait été frappé par un arbre, atterrissant durement sur le sol.

Hal terbang seolah-olah ditimpa pokok, mendarat dengan kuat di atas tanah.

Mercedes a crié de panique et s'est agrippée au visage.

Mercedes menjerit kuat dengan panik dan mencengkam mukanya.

Charles se contenta de regarder, s'essuya les yeux et resta assis.

Charles hanya memandang, mengesat matanya, dan terus duduk.

Son corps était trop raide à cause de la douleur pour se lever ou aider au combat.

Badannya terlalu kaku dengan kesakitan untuk bangkit atau membantu dalam pertarungan.

Thornton se tenait au-dessus de Buck, tremblant de fureur, incapable de parler.

Thornton berdiri di atas Buck, menggeletar dengan kemarahan, tidak dapat bercakap.

Il tremblait de rage et luttait pour trouver sa voix à travers elle.

Dia bergetar dengan kemarahan dan berjuang untuk mencari suaranya melaluinya.

« Si tu frappes encore ce chien, je te tue », dit-il finalement.

"Jika anda menyerang anjing itu sekali lagi, saya akan membunuh anda," dia akhirnya berkata.

Hal essuya le sang de sa bouche et s'avança à nouveau.

Hal mengesat darah dari mulutnya dan maju semula.

« C'est mon chien », murmura-t-il. « Dégage, ou je te répare. »

"Ia anjing saya," gumamnya. "Pergi, atau saya akan baiki awak."

« Je vais à Dawson, et vous ne m'en empêcherez pas », a-t-il ajouté.

"Saya akan pergi ke Dawson, dan anda tidak menghalang saya," tambahnya.

Thornton se tenait fermement entre Buck et le jeune homme en colère.

Thornton berdiri teguh di antara Buck dan pemuda yang marah itu.

Il n'avait aucune intention de s'écarter ou de laisser passer Hal.

Dia tidak berniat untuk menyepi atau membiarkan Hal
berlalu.

**Hal sortit son couteau de chasse, long et dangereux à la
main.**

Hal mengeluarkan pisau memburunya, panjang dan
berbahaya di tangan.

**Mercedes a crié, puis pleuré, puis ri dans une hystérie
sauvage.**

Mercedes menjerit, kemudian menangis, kemudian ketawa
dalam histeria liar.

**Thornton frappa la main de Hal avec le manche de sa hache,
fort et vite.**

Thornton memukul tangan Hal dengan pemegang kapaknya,
kuat dan laju.

Le couteau s'est détaché de la main de Hal et a volé au sol.

Pisau itu terlepas dari genggaman Hal dan terbang ke tanah.

**Hal essaya de ramasser le couteau, et Thornton frappa à
nouveau ses jointures.**

Hal cuba mengambil pisau, dan Thornton mengetuk buku
jarinya sekali lagi.

Thornton se baissa alors, attrapa le couteau et le tint.

Kemudian Thornton membongkok, meraih pisau, dan
memegangnya.

**D'un coup rapide de manche de hache, il coupa les rênes de
Buck.**

Dengan dua potong cepat pemegang kapak, dia memotong
kekang Buck.

Hal n'avait plus aucune résistance et s'éloigna du chien.

Hal tidak mempunyai pergaduhan lagi dan berundur dari
anjing itu.

**De plus, Mercedes avait désormais besoin de ses deux bras
pour se maintenir debout.**

Selain itu, Mercedes memerlukan kedua-dua lengan sekarang
untuk memastikan dia tegak.

**Buck était trop proche de la mort pour pouvoir à nouveau
tirer un traîneau.**

Buck terlalu hampir mati untuk digunakan untuk menarik kereta luncur lagi.

Quelques minutes plus tard, ils se sont retirés et ont descendu la rivière.

Beberapa minit kemudian, mereka menarik diri, menuju ke sungai.

Buck leva faiblement la tête et les regarda quitter la banque.

Buck mengangkat kepalanya lemah dan melihat mereka meninggalkan bank.

Pike a mené l'équipe, avec Solleks à l'arrière dans la roue.

Pike mengetuai pasukan, dengan Solleks di belakang di tempat roda.

Joe et Teek marchaient entre eux, tous deux boitant d'épuisement.

Joe dan Teek berjalan di antara, kedua-duanya terpincang-pincang kerana keletihan.

Mercedes s'assit sur le traîneau et Hal saisit le long mât.

Mercedes duduk di atas kereta luncur, dan Hal mencengkam tiang gee yang panjang.

Charles trébuchait derrière, ses pas maladroits et incertains.

Charles tersadung di belakang, langkahnya kekok dan tidak menentu.

Thornton s'agenouilla près de Buck et chercha doucement des os cassés.

Thornton berlutut di sisi Buck dan perlahan-lahan meraba tulang yang patah.

Ses mains étaient rudes mais bougeaient avec gentillesse et attention.

Tangannya kasar tetapi digerakkan dengan baik dan berhati-hati.

Le corps de Buck était meurtri mais ne présentait aucune blessure durable.

Badan Buck lebam tetapi tidak menunjukkan kecederaan berpanjangan.

Ce qui restait, c'était une faim terrible et une faiblesse quasi totale.

Apa yang tinggal adalah kelaparan yang teruk dan hampir keseluruhan kelemahan.

Au moment où cela fut clair, le traîneau était déjà loin en aval.

Pada masa ini jelas, kereta luncur telah pergi jauh ke hilir sungai.

L'homme et le chien regardaient le traîneau ramper lentement sur la glace fissurée.

Lelaki dan anjing melihat kereta luncur itu perlahan-lahan merangkak di atas ais yang retak.

Puis, ils virent le traîneau s'enfoncer dans un creux.

Kemudian, mereka melihat kereta luncur itu tenggelam ke dalam lubang.

Le mât s'est envolé, Hal s'y accrochant toujours en vain.

Kutub gee terbang ke atas, dengan Hal masih berpaut padanya dengan sia-sia.

Le cri de Mercedes les atteignit à travers la distance froide.

Jeritan Mercedes mencapai mereka merentasi jarak yang sejuk.

Charles se retourna et recula, mais il était trop tard.

Charles berpaling dan melangkah ke belakang — tetapi dia sudah terlambat.

Une calotte glaciaire entière a cédé et ils sont tous tombés à travers.

Seluruh kepingan ais memberi laluan, dan mereka semua jatuh.

Les chiens, le traîneau et les gens ont disparu dans l'eau noire en contrebas.

Anjing, kereta luncur, dan manusia lenyap ke dalam air hitam di bawah.

Il ne restait qu'un large trou dans la glace là où ils étaient passés.

Hanya lubang besar di dalam ais yang tinggal di tempat mereka lalui.

Le fond du sentier s'était affaissé, comme Thornton l'avait prévenu.

Bahagian bawah laluan telah tercicir — sama seperti yang Thornton amaran.

Thornton et Buck se regardèrent, silencieux pendant un moment.

Thornton dan Buck memandang antara satu sama lain, senyap seketika.

« Pauvre diable », dit doucement Thornton, et Buck lui lécha la main.

"Kamu syaitan yang malang," kata Thornton lembut, dan Buck menjilat tangannya.

Pour l'amour d'un homme
Demi Cinta Seorang Lelaki

John Thornton s'est gelé les pieds dans le froid du mois de décembre précédent.
John Thornton membekukan kakinya dalam kesejukan Disember sebelumnya.

Ses partenaires l'ont mis à l'aise et l'ont laissé se rétablir seul.
Rakan kongsinya membuatkan dia selesa dan meninggalkannya untuk pulih sendirian.

Ils remontèrent la rivière pour rassembler un radeau de billes de bois pour Dawson.
Mereka pergi ke sungai untuk mengumpulkan rakit gergaji kayu untuk Dawson.

Il boitait encore légèrement lorsqu'il a sauvé Buck de la mort.
Dia masih terhincut-hincut sedikit ketika menyelamatkan Buck dari kematian.

Mais avec le temps chaud qui continue, même cette boiterie a disparu.
Tetapi dengan cuaca panas berterusan, walaupun lemas itu hilang.

Allongé au bord de la rivière pendant les longues journées de printemps, Buck se reposait.
Berbaring di tepi sungai semasa musim bunga yang panjang, Buck berehat.

Il regardait l'eau couler et écoutait les oiseaux et les insectes.
Dia melihat air yang mengalir dan mendengar burung dan serangga.

Lentement, Buck reprit ses forces sous le soleil et le ciel.
Perlahan-lahan, Buck mendapatkan semula kekuatannya di bawah matahari dan langit.

Un repos merveilleux après avoir parcouru trois mille kilomètres.
Rehat terasa indah selepas menempuh jarak tiga ribu batu.

Buck est devenu paresseux à mesure que ses blessures guérissaient et que son corps se remplissait.

Buck menjadi malas kerana lukanya sembuh dan badannya dipenuhi.

Ses muscles se raffermirent et la chair revint recouvrir ses os.

Otot-ototnya menjadi tegang, dan daging kembali menutupi tulangnya.

Ils se reposaient tous : Buck, Thornton, Skeet et Nig.

Mereka semua sedang berehat — Buck, Thornton, Skeet, dan Nig.

Ils attendaient le radeau qui allait les transporter jusqu'à Dawson.

Mereka menunggu rakit yang akan membawa mereka turun ke Dawson.

Skeet était un petit setter irlandais qui s'est lié d'amitié avec Buck.

Skeet ialah seorang setter Ireland kecil yang berkawan dengan Buck.

Buck était trop faible et malade pour lui résister lors de leur première rencontre.

Buck terlalu lemah dan sakit untuk menentangnya pada pertemuan pertama mereka.

Skeet avait le trait de guérisseur que certains chiens possèdent naturellement.

Skeet mempunyai sifat penyembuh yang dimiliki oleh sesetengah anjing secara semula jadi.

Comme une mère chatte, elle lécha et nettoya les blessures à vif de Buck.

Seperti ibu kucing, dia menjilat dan membersihkan luka mentah Buck.

Chaque matin, après le petit-déjeuner, elle répétait son travail minutieux.

Setiap pagi selepas sarapan, dia mengulangi kerja berhati-hatinya.

Buck s'attendait à son aide autant qu'à celle de Thornton.

Buck datang mengharapkan bantuannya sama seperti yang dia lakukan Thornton.

Nig était également amical, mais moins ouvert et moins affectueux.

Nig juga peramah, tetapi kurang terbuka dan kurang penyayang.

Nig était un gros chien noir, à la fois chien de Saint-Hubert et chien de chasse.

Nig ialah seekor anjing hitam besar, sebahagian anjing berdarah dan sebahagian anjing hutan.

Il avait des yeux rieurs et une infinie bonne nature dans son esprit.

Dia mempunyai mata ketawa dan sifat baik yang tidak berkesudahan dalam semangatnya.

À la surprise de Buck, aucun des deux chiens n'a montré de jalousie envers lui.

Yang mengejutkan Buck, tidak ada anjing yang menunjukkan rasa cemburu kepadanya.

Skeet et Nig ont tous deux partagé la gentillesse de John Thornton.

Kedua-dua Skeet dan Nig berkongsi kebaikan John Thornton.

À mesure que Buck devenait plus fort, ils l'ont attiré dans des jeux de chiens stupides.

Apabila Buck semakin kuat, mereka memikatnya ke dalam permainan anjing yang bodoh.

Thornton jouait souvent avec eux aussi, incapable de résister à leur joie.

Thornton sering bermain dengan mereka juga, tidak dapat menahan kegembiraan mereka.

De cette manière ludique, Buck est passé de la maladie à une nouvelle vie.

Dengan cara yang suka bermain ini, Buck berpindah dari sakit ke kehidupan baru.

L'amour – un amour véritable, brûlant et passionné – était enfin à lui.

Cinta—cinta sejati, membara, dan penuh ghairah— akhirnya menjadi miliknya.

Il n'avait jamais connu ce genre d'amour dans le domaine de Miller.

Dia tidak pernah mengenali cinta seperti ini di estet Miller.

Avec les fils du juge, il avait partagé le travail et l'aventure.

Dengan anak lelaki Hakim, dia telah berkongsi kerja dan pengembaraan.

Chez les petits-fils, il vit une fierté raide et vantarde.

Dengan cucu-cucunya, dia melihat kebanggaan yang kaku dan bermegah-megah.

Il entretenait avec le juge Miller lui-même une amitié respectueuse.

Dengan Hakim Miller sendiri, dia mempunyai persahabatan yang dihormati.

Mais l'amour qui était feu, folie et adoration est venu avec Thornton.

Tetapi cinta yang merupakan api, kegilaan, dan penyembahan datang bersama Thornton.

Cet homme avait sauvé la vie de Buck, et cela seul signifiait beaucoup.

Lelaki ini telah menyelamatkan nyawa Buck, dan itu sahaja bermakna.

Mais plus que cela, John Thornton était le type de maître idéal.

Tetapi lebih daripada itu, John Thornton adalah jenis tuan yang ideal.

D'autres hommes s'occupaient de chiens par devoir ou par nécessité professionnelle.

Lelaki lain menjaga anjing di luar tugas atau keperluan perniagaan.

John Thornton prenait soin de ses chiens comme s'ils étaient ses enfants.

John Thornton menjaga anjingnya seolah-olah mereka adalah anak-anaknya.

Il prenait soin d'eux parce qu'il les aimait et qu'il ne pouvait tout simplement pas s'en empêcher.

Dia mengambil berat terhadap mereka kerana dia mengasihi mereka dan tidak dapat menahannya.

John Thornton a vu encore plus loin que la plupart des hommes n'ont jamais réussi à voir.

John Thornton melihat lebih jauh daripada yang pernah dilihat oleh kebanyakan lelaki.

Il n'oubliait jamais de les saluer gentiment ou de leur adresser un mot d'encouragement.

Dia tidak pernah lupa untuk menyapa mereka dengan baik atau mengucapkan kata-kata yang bersorak.

Il adorait s'asseoir avec les chiens pour de longues conversations, ou « gazeuses », comme il disait.

Dia suka duduk dengan anjing-anjing itu untuk bercakap panjang, atau "bergas," seperti yang dia katakan.

Il aimait saisir brutalement la tête de Buck entre ses mains fortes.

Dia suka memegang kepala Buck dengan kasar di antara tangannya yang kuat.

Puis il posa sa tête contre celle de Buck et le secoua doucement.

Kemudian dia merehatkan kepalanya sendiri terhadap Buck dan menggoncangnya perlahan-lahan.

Pendant tout ce temps, il traitait Buck de noms grossiers qui signifiaient de l'amour pour Buck.

Sepanjang masa, dia memanggil Buck nama kasar yang bermaksud cinta kepada Buck.

Pour Buck, cette étreinte brutale et ces mots ont apporté une joie profonde.

Kepada Buck, pelukan kasar dan kata-kata itu membawa kegembiraan yang mendalam.

Son cœur semblait se déchaîner de bonheur à chaque mouvement.

Hatinya seakan-akan bergoncang-goncang gembira dengan setiap pergerakannya.

Lorsqu'il se releva ensuite, sa bouche semblait rire.

Apabila dia melompat selepas itu, mulutnya kelihatan seperti ketawa.

Ses yeux brillaient et sa gorge tremblait d'une joie inexprimée.

Matanya bersinar terang dan tekaknya menggeletar kegembiraan yang tidak terucap.

Son sourire resta figé dans cet état d'émotion et d'affection rayonnante.

Senyumannya terhenti dalam keadaan terharu dan kasih sayang yang bercahaya itu.

Thornton s'exclama alors pensivement : « Mon Dieu ! Il peut presque parler ! »

Kemudian Thornton berseru termenung, "Tuhan! dia hampir boleh bercakap!"

Buck avait une étrange façon d'exprimer son amour qui causait presque de la douleur.

Buck mempunyai cara pelik untuk menyatakan cinta yang hampir menyebabkan kesakitan.

Il serrait souvent très fort la main de Thornton entre ses dents.

Dia sering mencengkam tangan Thornton di giginya dengan sangat kuat.

La morsure allait laisser des marques profondes qui resteraient un certain temps après.

Gigitan itu akan meninggalkan kesan mendalam yang tinggal beberapa lama selepas itu.

Buck croyait que ces serments étaient de l'amour, et Thornton savait la même chose.

Buck percaya sumpah itu adalah cinta, dan Thornton tahu perkara yang sama.

Le plus souvent, l'amour de Buck se manifestait par une adoration silencieuse, presque silencieuse.

Selalunya, cinta Buck ditunjukkan dalam pemujaan yang tenang dan hampir senyap.

Bien qu'il soit ravi lorsqu'on le touche ou qu'on lui parle, il ne cherche pas à attirer l'attention.

Walaupun teruja apabila disentuh atau bercakap, dia tidak mencari perhatian.

Skeet a poussé son nez sous la main de Thornton jusqu'à ce qu'il la caresse.

Skeet mencuit hidungnya di bawah tangan Thornton sehingga dia membelainya.

Nig s'approcha tranquillement et posa sa grosse tête sur le genou de Thornton.

Nig berjalan dengan senyap dan menyandarkan kepalanya yang besar pada lutut Thornton.

Buck, au contraire, se contentait d'aimer à distance respectueuse.

Buck, sebaliknya, berpuas hati untuk mencintai dari jarak yang terhormat.

Il resta allongé pendant des heures aux pieds de Thornton, alerte et observant attentivement.

Dia berbohong selama berjam-jam di kaki Thornton, berjaga-jaga dan memerhati dengan teliti.

Buck étudiait chaque détail du visage de son maître et le moindre mouvement.

Buck mengkaji setiap perincian wajah tuannya dan gerakan yang sedikit.

Ou bien il était allongé plus loin, étudiant la silhouette de l'homme en silence.

Atau berbohong lebih jauh, mengkaji bentuk lelaki itu dalam diam.

Buck observait chaque petit mouvement, chaque changement de posture ou de geste.

Buck memerhati setiap pergerakan kecil, setiap perubahan postur atau gerak isyarat.

Ce lien était si puissant qu'il attirait souvent le regard de Thornton.

Begitu kuat hubungan ini yang sering menarik pandangan Thornton.

Il rencontra les yeux de Buck sans un mot, l'amour brillant clairement à travers.

Dia bertemu mata Buck tanpa kata-kata, cinta bersinar jelas melalui.

Pendant longtemps après avoir été sauvé, Buck n'a jamais laissé Thornton hors de vue.

Untuk masa yang lama selepas diselamatkan, Buck tidak pernah membiarkan Thornton hilang dari pandangan.

Chaque fois que Thornton quittait la tente, Buck le suivait de près à l'extérieur.

Setiap kali Thornton meninggalkan khemah, Buck mengikutinya rapat di luar.

Tous les maîtres sévères du Northland avaient fait que Buck avait peur de faire confiance.

Semua tuan yang keras di Northland telah membuat Buck takut untuk mempercayai.

Il craignait qu'aucun homme ne puisse rester son maître plus d'un court instant.

Dia takut tiada seorang pun boleh kekal sebagai tuannya untuk masa yang singkat.

Il craignait que John Thornton ne disparaisse comme Perrault et François.

Dia takut John Thornton akan lenyap seperti Perrault dan François.

Même la nuit, la peur de le perdre hantait le sommeil agité de Buck.

Malah pada waktu malam, ketakutan kehilangannya menghantui tidur Buck yang tidak lena.

Quand Buck se réveilla, il se glissa dehors dans le froid et se dirigea vers la tente.

Apabila Buck bangun, dia merangkak ke dalam kesejukan, dan pergi ke khemah.

Il écoutait attentivement le doux bruit de la respiration à l'intérieur.

Dia mendengar dengan teliti bunyi nafas yang lembut di dalam.

Malgré l'amour profond de Buck pour John Thornton, la nature sauvage est restée vivante.

Walaupun cinta Buck yang mendalam untuk John Thornton, liar tetap hidup.

Cet instinct primitif, éveillé dans le Nord, n'a pas disparu.

Naluri primitif itu, terbangun di Utara, tidak hilang.

L'amour a apporté la dévotion, la loyauté et le lien chaleureux du coin du feu.

Cinta membawa pengabdian, kesetiaan, dan ikatan mesra pihak api.

Mais Buck a également conservé son instinct sauvage, vif et toujours en alerte.

Tetapi Buck juga mengekalkan naluri liarnya, tajam dan sentiasa berwaspada.

Il n'était pas seulement un animal de compagnie apprivoisé venu des terres douces de la civilisation.

Dia bukan sekadar haiwan peliharaan yang dijinakkan dari tanah lembut tamadun.

Buck était un être sauvage qui était venu s'asseoir près du feu de Thornton.

Buck adalah makhluk liar yang datang untuk duduk di tepi api Thornton.

Il ressemblait à un chien du Southland, mais la sauvagerie vivait en lui.

Dia kelihatan seperti anjing Southland, tetapi keliaran hidup dalam dirinya.

Son amour pour Thornton était trop grand pour permettre de voler cet homme.

Cintanya kepada Thornton terlalu besar untuk membenarkan kecurian daripada lelaki itu.

Mais dans n'importe quel autre camp, il volerait avec audace et sans relâche.

Tetapi di mana-mana kem lain, dia akan mencuri dengan berani dan tanpa jeda.

Il était si habile à voler que personne ne pouvait l'attraper ou l'accuser.

Dia sangat bijak dalam mencuri sehinggakan tiada siapa yang dapat menangkap atau menuduhnya.

Son visage et son corps étaient couverts de cicatrices dues à de nombreux combats passés.

Muka dan badannya dipenuhi parut akibat banyak pergaduhan yang lalu.

Buck se battait toujours avec acharnement, mais maintenant il se battait avec plus de ruse.

Buck masih bertarung dengan hebat, tetapi kini dia bertarung dengan lebih licik.

Skeet et Nig étaient trop doux pour se battre, et ils appartenaient à Thornton.

Skeet dan Nig terlalu lembut untuk melawan, dan mereka adalah milik Thornton.

Mais tout chien étranger, aussi fort ou courageux soit-il, cédait.

Tetapi mana-mana anjing aneh, tidak kira betapa kuat atau berani, memberi laluan.

Sinon, le chien se retrouvait à lutter contre Buck, à se battre pour sa vie.

Jika tidak, anjing itu mendapati dirinya bertarung dengan Buck; berjuang untuk hidupnya.

Buck n'a eu aucune pitié une fois qu'il a choisi de se battre contre un autre chien.

Buck tidak mempunyai belas kasihan apabila dia memilih untuk melawan anjing lain.

Il avait bien appris la loi du gourdin et des crocs dans le Nord.

Dia telah mempelajari dengan baik undang-undang kelab dan taring di Northland.

Il n'a jamais abandonné un avantage et n'a jamais reculé devant la bataille.

Dia tidak pernah melepaskan kelebihan dan tidak pernah berundur dari pertempuran.

Il avait étudié les Spitz et les chiens les plus féroces de la poste et de la police.

Dia telah mempelajari Spitz dan anjing surat dan polis yang paling garang.

Il savait clairement qu'il n'y avait pas de juste milieu dans un combat sauvage.

Dia tahu dengan jelas bahawa tiada jalan tengah dalam pertempuran liar.

Il doit gouverner ou être gouverné ; faire preuve de miséricorde signifie faire preuve de faiblesse.

Dia mesti memerintah atau diperintah; menunjukkan belas kasihan bermakna menunjukkan kelemahan.

La miséricorde était inconnue dans le monde brut et brutal de la survie.

Mercy tidak diketahui dalam dunia kelangsungan hidup yang mentah dan kejam.

Faire preuve de miséricorde était perçu comme de la peur, et la peur menait rapidement à la mort.

Untuk menunjukkan belas kasihan dilihat sebagai ketakutan, dan ketakutan membawa kepada kematian dengan cepat.

L'ancienne loi était simple : tuer ou être tué, manger ou être mangé.

Undang-undang lama adalah mudah: bunuh atau dibunuh, makan atau dimakan.

Cette loi venait des profondeurs du temps, et Buck la suivait pleinement.

Undang-undang itu datang dari kedalaman masa, dan Buck mengikutinya sepenuhnya.

Buck était plus vieux que son âge et que le nombre de respirations qu'il prenait.

Buck lebih tua daripada usianya dan bilangan nafas yang diambilnya.

Il a clairement relié le passé ancien au moment présent.

Dia menghubungkan masa lampau dengan masa kini dengan jelas.

Les rythmes profonds des âges le traversaient comme les marées.

Irama dalam zaman berzaman bergerak melaluinya seperti air pasang.

Le temps pulsait dans son sang aussi sûrement que les saisons faisaient bouger la terre.

Waktu berdenyut dalam darahnya sepasti musim menggerakkan bumi.

Il était assis près du feu de Thornton, la poitrine forte et les crocs blancs.

Dia duduk di tepi api Thornton, berdada kuat dan bertaring putih.

Sa longue fourrure ondulait, mais derrière lui, les esprits des chiens sauvages observaient.

Bulunya yang panjang melambai, tetapi di belakangnya roh anjing liar memerhati.

Des demi-loups et des loups à part entière s'agitaient dans son cœur et dans ses sens.

Serigala separuh dan serigala penuh bergolak dalam hati dan derianya.

Ils goûtèrent sa viande et burent la même eau que lui.

Mereka merasai dagingnya dan minum air yang sama seperti yang dia lakukan.

Ils reniflaient le vent à ses côtés et écoutaient la forêt.

Mereka menghidu angin di sampingnya dan mendengar hutan.

Ils murmuraient la signification des sons sauvages dans l'obscurité.

Mereka membisikkan maksud bunyi liar dalam kegelapan.

Ils façonnaient ses humeurs et guidaient chacune de ses réactions silencieuses.

Mereka membentuk perasaannya dan membimbing setiap reaksi diamnya.

Ils se sont couchés avec lui pendant son sommeil et sont devenus une partie de ses rêves profonds.

Mereka berbaring dengannya semasa dia tidur dan menjadi sebahagian daripada mimpinya yang mendalam.

Ils rêvaient avec lui, au-delà de lui, et constituaient son esprit même.

Mereka bermimpi dengan dia, di luar dia, dan membentuk rohnya.

Les esprits de la nature appelèrent si fort que Buck se sentit attiré.

Roh-roh liar memanggil dengan kuat sehingga Buck berasa ditarik.

Chaque jour, l'humanité et ses revendications s'affaiblissaient dans le cœur de Buck.

Setiap hari, manusia dan tuntutannya semakin lemah dalam hati Buck.

Au plus profond de la forêt, un appel étrange et palpitant allait s'élever.

Jauh di dalam hutan, panggilan aneh dan mendebarkan akan meningkat.

Chaque fois qu'il entendait l'appel, Buck ressentait une envie à laquelle il ne pouvait résister.

Setiap kali dia mendengar panggilan itu, Buck merasakan dorongan yang tidak dapat dia tahan.

Il allait se détourner du feu et des sentiers battus des humains.

Dia akan berpaling dari api dan dari jalan manusia yang dipukul.

Il allait s'enfoncer dans la forêt, avançant sans savoir pourquoi.

Dia akan terjun ke dalam hutan, pergi ke hadapan tanpa mengetahui sebabnya.

Il ne remettait pas en question cette attraction, car l'appel était profond et puissant.

Dia tidak mempersoalkan tarikan ini, kerana panggilan itu mendalam dan kuat.

Souvent, il atteignait l'ombre verte et la terre douce et intacte

Selalunya, dia mencapai teduhan hijau dan bumi lembut yang tidak disentuh

Mais ensuite, son amour profond pour John Thornton l'a ramené vers le feu.

Tetapi kemudian cinta yang kuat untuk John Thornton menariknya kembali ke api.

Seul John Thornton tenait véritablement le cœur sauvage de Buck entre ses mains.

Hanya John Thornton yang benar-benar memegang hati liar Buck dalam genggamannya.

Le reste de l'humanité n'avait aucune valeur ni signification durable pour Buck.

Selebihnya manusia tidak mempunyai nilai atau makna yang berkekalan kepada Buck.

Les étrangers pourraient le féliciter ou caresser sa fourrure avec des mains amicales.

Orang asing mungkin memujinya atau membelai bulunya dengan tangan yang mesra.

Buck resta impassible et s'éloigna à cause de trop d'affection.

Buck tetap tidak berganjak dan pergi dari terlalu sayang.

Hans et Pete sont arrivés avec le radeau qu'ils attendaient depuis longtemps

Hans dan Pete tiba dengan rakit yang telah lama ditunggu-tunggu

Buck les a ignorés jusqu'à ce qu'il apprenne qu'ils étaient proches de Thornton.

Buck tidak mengendahkan mereka sehingga dia mengetahui bahawa mereka rapat dengan Thornton.

Après cela, il les a tolérés, mais ne leur a jamais montré toute sa chaleur.

Selepas itu, dia bertolak ansur dengan mereka, tetapi tidak pernah menunjukkan kemesraan sepenuhnya.

Il prenait de la nourriture ou des marques de gentillesse de leur part comme s'il leur rendait service.

Dia mengambil makanan atau kebaikan daripada mereka seolah-olah memberi mereka kebaikan.

Ils étaient comme Thornton : simples, honnêtes et clairs dans leurs pensées.

Mereka seperti Thornton—sederhana, jujur dan jelas dalam pemikiran.

Tous ensemble, ils se rendirent à la scierie de Dawson et au grand tourbillon

Semua bersama-sama mereka pergi ke kilang gergaji Dawson dan pusaran besar

Au cours de leur voyage, ils ont appris à comprendre profondément la nature de Buck.

Dalam perjalanan mereka belajar untuk memahami sifat Buck secara mendalam.

Ils n'ont pas essayé de se rapprocher comme Skeet et Nig l'avaient fait.

Mereka tidak cuba untuk menjadi rapat seperti yang dilakukan Skeet dan Nig.

Mais l'amour de Buck pour John Thornton n'a fait que s'approfondir avec le temps.

Tetapi cinta Buck untuk John Thornton semakin mendalam dari semasa ke semasa.

Seul Thornton pouvait placer un sac sur le dos de Buck en été.

Hanya Thornton boleh meletakkan satu pek di belakang Buck pada musim panas.

Quoi que Thornton ordonne, Buck était prêt à l'exécuter pleinement.

Apa sahaja yang diperintahkan oleh Thornton, Buck sanggup lakukan sepenuhnya.

Un jour, après avoir quitté Dawson pour les sources du Tanana,

Suatu hari, selepas mereka meninggalkan Dawson menuju ke hulu Tanana,

le groupe était assis sur une falaise qui descendait d'un mètre jusqu'au substrat rocheux nu.

kumpulan itu duduk di atas tebing yang jatuh tiga kaki ke batuan dasar kosong.

John Thornton était assis près du bord et Buck se reposait à côté de lui.

John Thornton duduk berhampiran tepi, dan Buck berehat di sebelahnya.

Thornton eut une pensée soudaine et attira l'attention des hommes.

Thornton tiba-tiba terfikir dan menarik perhatian lelaki itu.

Il désigna le gouffre et donna un seul ordre à Buck.

Dia menunjuk ke seberang jurang dan memberi Buck satu arahan.

« Saute, Buck ! » dit-il en balançant son bras au-dessus de la chute.

"Lompat, Buck!" katanya sambil menghayunkan tangannya ke atas titisan itu.

En un instant, il dut attraper Buck, qui sautait pour obéir.

Dalam seketika, dia terpaksa menangkap Buck, yang melompat untuk mematuhi.

Hans et Pete se sont précipités en avant et ont ramené les deux hommes en sécurité.

Hans dan Pete meluru ke hadapan dan menarik kedua-duanya kembali ke tempat selamat.

Une fois que tout fut terminé et qu'ils eurent repris leur souffle, Pete prit la parole.

Selepas semuanya berakhir, dan mereka telah menarik nafas, Pete bersuara.

« L'amour est étrange », dit-il, secoué par la dévotion féroce du chien.

"Cinta itu luar biasa.' katanya, digegarkan oleh ketaatan anjing itu.

Thornton secoua la tête et répondit avec un sérieux calme.

Thornton menggelengkan kepalanya dan menjawab dengan kesungguhan yang tenang.

« Non, l'amour est splendide », dit-il, « mais aussi terrible. »

"Tidak, cinta itu indah," katanya, "tetapi juga mengerikan."

« Parfois, je dois l'admettre, ce genre d'amour me fait peur. »

"Kadang-kadang, saya mesti mengakui, cinta seperti ini membuatkan saya takut."

Pete hocha la tête et dit : « Je détesterais être l'homme qui te touche. »

Pete mengangguk dan berkata, "Saya tidak suka menjadi lelaki yang menyentuh awak."

Il regarda Buck pendant qu'il parlait, sérieux et plein de respect.

Dia memandang Buck sambil bercakap, serius dan penuh hormat.

« Py Jingo ! » s'empressa de dire Hans. « Moi non plus, non monsieur. »

"Py Jingo!" kata Hans pantas. "Saya juga, tidak tuan."

Avant la fin de l'année, les craintes de Pete se sont réalisées à Circle City.

Sebelum tahun berakhir, ketakutan Pete menjadi kenyataan di Circle City.

Un homme cruel nommé Black Burton a provoqué une bagarre dans le bar.

Seorang lelaki kejam bernama Black Burton bergaduh di bar.

Il était en colère et malveillant, s'en prenant à un nouveau tendre.

Dia marah dan berniat jahat, menyelar kaki lembut yang baru.

John Thornton est intervenu, calme et de bonne humeur comme toujours.

John Thornton melangkah masuk, tenang dan baik hati seperti biasa.

Buck était allongé dans un coin, la tête baissée, observant Thornton de près.

Buck berbaring di sudut, menunduk, memerhati Thornton dengan teliti.

Burton frappa soudainement, son coup envoyant Thornton tourner.

Burton tiba-tiba menyerang, tumbukannya menyebabkan Thornton berputar.

Seule la barre du bar l'a empêché de s'écraser violemment au sol.

Hanya rel palang yang menghalangnya daripada terhempas kuat ke tanah.

Les observateurs ont entendu un son qui n'était ni un aboiement ni un cri.

Para pemerhati mendengar bunyi yang tidak menyalak atau menjerit

un rugissement profond sortit de Buck alors qu'il se lançait vers l'homme.

raungan dalam datang dari Buck semasa dia melancarkan ke arah lelaki itu.

Burton a levé le bras et a sauvé sa vie de justesse.

Burton mengangkat tangannya dan hampir tidak menyelamatkan nyawanya sendiri.

Buck l'a percuté, le faisant tomber à plat sur le sol.

Buck merempuhnya, menghempaskannya ke lantai.

Buck mordit profondément le bras de l'homme, puis se jeta à la gorge.

Buck menggigit jauh ke dalam lengan lelaki itu, kemudian menerkam ke kerongkong.

Burton n'a pu bloquer que partiellement et son cou a été déchiré.

Burton hanya boleh menghalang sebahagian, dan lehernya terkoyak.

Des hommes se sont précipités, les bâtons levés, et ont chassé Buck de l'homme ensanglanté.

Lelaki bergegas masuk, kayu dibangkitkan, dan menghalau Buck dari lelaki yang berdarah itu.

Un chirurgien est intervenu rapidement pour arrêter l'écoulement du sang.

Seorang pakar bedah bertindak pantas untuk menghentikan darah daripada mengalir keluar.

Buck marchait de long en large et grognait, essayant d'attaquer encore et encore.

Buck mundar-mandir dan menggeram, cuba menyerang lagi dan lagi.

Seuls les coups de massue l'ont empêché d'atteindre Burton.

Hanya kayu berayun yang menghalangnya daripada sampai ke Burton.

Une réunion de mineurs a été convoquée et tenue sur place.

Satu mesyuarat pelombong telah dipanggil dan diadakan di sana di tempat kejadian.

Ils ont convenu que Buck avait été provoqué et ont voté pour le libérer.

Mereka bersetuju Buck telah diprovokasi dan mengundi untuk membebaskannya.

Mais le nom féroce de Buck résonnait désormais dans tous les camps d'Alaska.

Tetapi nama sengit Buck kini bergema di setiap kem di Alaska.

Plus tard cet automne-là, Buck sauva à nouveau Thornton d'une nouvelle manière.

Kemudian pada musim luruh itu, Buck menyelamatkan Thornton sekali lagi dengan cara yang baharu.

Les trois hommes guidaient un long bateau sur des rapides impétueux.

Ketiga-tiga lelaki itu memandu bot panjang menyusuri jeram yang bergelora.

Thornton dirigeait le bateau et donnait des indications pour se rendre sur le rivage.

Thornton mengendalikan bot, memanggil arah ke garis pantai.

Hans et Pete couraient sur terre, tenant une corde d'arbre en arbre.

Hans dan Pete berlari di darat, memegang tali dari pokok ke pokok.

Buck suivait le rythme sur la rive, surveillant toujours son maître.

Buck terus berjalan di bank, sentiasa memerhati tuannya.

À un endroit désagréable, des rochers surplombaient les eaux vives.

Di satu tempat yang jahat, batu-batu menjorok keluar di bawah air deras.

Hans lâcha la corde et Thornton dirigea le bateau vers le large.

Hans melepaskan tali, dan Thornton mengemudi bot itu lebar-lebar.

Hans sprinta pour rattraper le bateau en passant devant les rochers dangereux.

Hans pecut untuk menangkap bot itu semula melepasi batu-batu berbahaya.

Le bateau a franchi le rebord mais a heurté une partie plus forte du courant.

Bot itu membersihkan tebing tetapi melanggar bahagian arus yang lebih kuat.

Hans a attrapé la corde trop vite et a déséquilibré le bateau.

Hans mengambil tali terlalu cepat dan menarik bot itu hilang keseimbangan.

Le bateau s'est retourné et a heurté la berge, cul en l'air.

Bot itu terbalik dan terhempas ke dalam tebing, dari bawah ke atas.

Thornton a été jeté dehors et emporté dans la partie la plus sauvage de l'eau.

Thornton tercampak keluar dan dihanyutkan ke bahagian paling liar air.

Aucun nageur n'aurait pu survivre dans ces eaux mortelles et tumultueuses.

Tiada perenang boleh terselamat di perairan yang boleh membawa maut itu.

Buck sauta instantanément et poursuivit son maître sur la rivière.

Buck melompat masuk serta-merta dan mengejar tuannya ke dalam sungai.

Après trois cents mètres, il atteignit enfin Thornton.

Selepas tiga ratus ela, dia tiba di Thornton akhirnya.

Thornton attrapa la queue de Buck, et Buck se tourna vers le rivage.

Thornton meraih ekor Buck, dan Buck berpaling ke pantai.

Il nageait de toutes ses forces, luttant contre la force de l'eau.

Dia berenang dengan kekuatan penuh, melawan seretan liar air.

Ils se déplaçaient en aval plus vite qu'ils ne pouvaient atteindre le rivage.

Mereka bergerak ke hilir lebih cepat daripada yang mereka boleh sampai ke pantai.

Plus loin, la rivière rugissait plus fort alors qu'elle tombait dans des rapides mortels.

Di hadapan, sungai menderu lebih kuat apabila ia jatuh ke dalam jeram maut.

Les rochers fendaient l'eau comme les dents d'un énorme peigne.

Batu-batu dihiris melalui air seperti gigi sikat besar.

L'attraction de l'eau près de la chute était sauvage et inévitable.

Tarikan air berhampiran titisan adalah ganas dan tidak dapat dielakkan.

Thornton savait qu'ils ne pourraient jamais atteindre le rivage à temps.

Thornton tahu mereka tidak boleh sampai ke pantai tepat
pada masanya.

Il a gratté un rocher, s'est écrasé sur un deuxième,
Dia mengikis satu batu, menghancurkan satu saat,

**Et puis il s'est écrasé contre un troisième rocher, l'attrapant à
deux mains.**
Dan kemudian dia terhempas ke batu ketiga, meraihnya
dengan kedua-dua tangannya.

**Il lâcha Buck et cria par-dessus le rugissement : « Vas-y,
Buck ! Vas-y ! »**
Dia melepaskan Buck dan menjerit di atas raungan itu, "Pergi,
Buck! Pergi!"

Buck n'a pas pu rester à flot et a été emporté par le courant.
Buck tidak dapat bertahan dan dihanyutkan oleh arus.

**Il s'est battu avec acharnement, s'efforçant de se retourner,
mais n'a fait aucun progrès.**
Dia berjuang keras, bergelut untuk berpaling, tetapi tidak
membuat kemajuan sama sekali.

**Puis il entendit Thornton répéter l'ordre par-dessus le
rugissement de la rivière.**
Kemudian dia mendengar Thornton mengulangi arahan atas
deruan sungai.

**Buck sortit de l'eau et leva la tête comme pour un dernier
regard.**
Buck bangkit dari air, mengangkat kepalanya seolah-olah
untuk melihat terakhir.

**puis il se retourna et obéit, nageant vers la rive avec
résolution.**
kemudian berpaling dan menurut, berenang ke arah bank
dengan tekad.

Pete et Hans l'ont tiré à terre au dernier moment possible.
Pete dan Hans menariknya ke darat pada saat terakhir yang
mungkin.

**Ils savaient que Thornton ne pourrait s'accrocher au rocher
que quelques minutes de plus.**
Mereka tahu Thornton boleh berpaut pada batu itu untuk
beberapa minit sahaja lagi.

Ils coururent sur la berge jusqu'à un endroit bien au-dessus de l'endroit où il était suspendu.

Mereka berlari ke atas bank ke tempat yang jauh di atas tempat dia tergantung.

Ils ont soigneusement attaché la ligne du bateau au cou et aux épaules de Buck.

Mereka mengikat tali bot pada leher dan bahu Buck dengan berhati-hati.

La corde était serrée mais suffisamment lâche pour permettre la respiration et le mouvement.

Tali itu selesa tetapi cukup longgar untuk bernafas dan bergerak.

Puis ils le jetèrent à nouveau dans la rivière tumultueuse et mortelle.

Kemudian mereka melancarkannya ke dalam sungai yang deras dan mematikan itu lagi.

Buck nageait avec audace mais manquait son angle face à la force du courant.

Buck berenang dengan berani tetapi terlepas sudutnya ke arah arus sungai.

Il a vu trop tard qu'il allait dépasser Thornton.

Dia melihat terlalu lewat bahawa dia akan hanyut melepasi Thornton.

Hans tira fort sur la corde, comme si Buck était un bateau en train de chavirer.

Hans menyentak tali dengan kuat, seolah-olah Buck adalah bot yang terbalik.

Le courant l'a entraîné vers le fond et il a disparu sous la surface.

Arus itu menariknya ke bawah, dan dia hilang di bawah permukaan.

Son corps a heurté la berge avant que Hans et Pete ne le sortent.

Badannya mencecah bank sebelum Hans dan Pete menariknya keluar.

Il était à moitié noyé et ils l'ont chassé de l'eau.

Dia separuh lemas, dan mereka menumbuk air daripadanya.

Buck se leva, tituba et s'effondra à nouveau sur le sol.

Buck berdiri, terhuyung-hayang, dan rebah semula ke tanah.

Puis ils entendirent la voix de Thornton faiblement portée par le vent.

Kemudian mereka mendengar suara Thornton yang sayup-sayup dibawa oleh angin.

Même si les mots n'étaient pas clairs, ils savaient qu'il était proche de la mort.

Walaupun kata-kata itu tidak jelas, mereka tahu dia hampir mati.

Le son de la voix de Thornton frappa Buck comme une décharge électrique.

Bunyi suara Thornton memukul Buck seperti tersentak elektrik.

Il sauta et courut sur la berge, retournant au point de lancement.

Dia melompat dan berlari ke atas bank, kembali ke tempat pelancaran.

Ils attachèrent à nouveau la corde à Buck, et il entra à nouveau dans le ruisseau.

Sekali lagi mereka mengikat tali kepada Buck, dan sekali lagi dia memasuki sungai.

Cette fois, il nagea directement et fermement dans l'eau tumultueuse.

Kali ini, dia berenang terus dan kuat ke dalam air yang deras.

Hans laissa sortir la corde régulièrement tandis que Pete l'empêchait de s'emmêler.

Hans melepaskan tali itu dengan mantap manakala Pete menahannya daripada tersangkut.

Buck a nagé avec acharnement jusqu'à ce qu'il soit aligné juste au-dessus de Thornton.

Buck berenang dengan kuat sehingga dia berbaris tepat di atas Thornton.

Puis il s'est retourné et a foncé comme un train à toute vitesse.

Kemudian dia berpusing dan meluncur ke bawah seperti kereta api dalam kelajuan penuh.

Thornton le vit arriver, se redressa et entoura son cou de ses bras.

Thornton melihat dia datang, berpegangan tangan, dan mengunci lengan di lehernya.

Hans a attaché la corde fermement autour d'un arbre alors qu'ils étaient tous les deux entraînés sous l'eau.

Hans mengikat tali dengan pantas di sekeliling pokok apabila kedua-duanya ditarik ke bawah.

Ils ont dégringolé sous l'eau, s'écrasant contre des rochers et des débris de la rivière.

Mereka jatuh di bawah air, menghempap batu dan serpihan sungai.

Un instant, Buck était au sommet, l'instant d'après, Thornton se levait en haletant.

Satu saat Buck berada di atas, Thornton seterusnya naik tercungap-cungap.

Battus et étouffés, ils se dirigèrent vers la rive et la sécurité.

Dipukul dan tercekik, mereka membelok ke tebing dan selamat.

Thornton a repris connaissance, allongé sur un tronc d'arbre.

Thornton sedar semula, terbaring di sebatang kayu hanyut.

Hans et Pete ont travaillé dur pour lui redonner souffle et vie.

Hans dan Pete bekerja keras untuk mengembalikan nafas dan kehidupan.

Sa première pensée fut pour Buck, qui gisait immobile et mou.

Fikiran pertamanya adalah untuk Buck, yang berbaring tidak bergerak dan lemas.

Nig hurla sur le corps de Buck et Skeet lui lécha doucement le visage.

Nig melolong atas badan Buck, dan Skeet menjilat mukanya perlahan-lahan.

Thornton, endolori et meurtri, examina Buck avec des mains prudentes.

Thornton, sakit dan lebam, memeriksa Buck dengan tangan yang berhati-hati.

Il a trouvé trois côtes cassées, mais aucune blessure mortelle chez le chien.

Dia mendapati tiga rusuk patah, tetapi tiada luka maut pada anjing itu.

« C'est réglé », dit Thornton. « On campe ici. » Et c'est ce qu'ils firent.

"Itu menyelesaikannya," kata Thornton. "Kami berkhemah di sini." Dan mereka melakukannya.

Ils sont restés jusqu'à ce que les côtes de Buck soient guéries et qu'il puisse à nouveau marcher.

Mereka tinggal sehingga tulang rusuk Buck sembuh dan dia boleh berjalan semula.

Cet hiver-là, Buck accomplit un exploit qui augmenta encore sa renommée.

Musim sejuk itu, Buck melakukan prestasi yang meningkatkan kemasyhurannya.

C'était moins héroïque que de sauver Thornton, mais tout aussi impressionnant.

Ia kurang heroik daripada menyelamatkan Thornton, tetapi sama mengagumkannya.

À Dawson, les partenaires avaient besoin de provisions pour un long voyage.

Di Dawson, rakan kongsi memerlukan bekalan untuk perjalanan yang jauh.

Ils voulaient voyager vers l'Est, dans des terres sauvages et intactes.

Mereka mahu mengembara ke Timur, ke tanah belantara yang tidak disentuh.

L'acte de Buck dans l'Eldorado Saloon a rendu ce voyage possible.

Perbuatan Buck di Eldorado Saloon membolehkan perjalanan itu.

Tout a commencé avec des hommes qui se vantaient de leurs chiens en buvant un verre.

Ia bermula dengan lelaki bercakap besar tentang anjing mereka kerana minuman.

La renommée de Buck a fait de lui la cible de défis et de doutes.

Kemasyhuran Buck menjadikannya sasaran cabaran dan keraguan.

Thornton, fier et calme, resta ferme dans la défense du nom de Buck.

Thornton, bangga dan tenang, berdiri teguh dalam mempertahankan nama Buck.

Un homme a déclaré que son chien pouvait facilement tirer deux cents kilos.

Seorang lelaki berkata anjingnya boleh menarik lima ratus paun dengan mudah.

Un autre a dit six cents, et un troisième s'est vanté d'en avoir sept cents.

Seorang lagi berkata enam ratus, dan yang ketiga membual tujuh ratus.

« Pfft ! » dit John Thornton, « Buck peut tirer un traîneau de mille livres. »

"Pfft!" kata John Thornton, "Buck boleh menarik kereta luncur seribu paun."

Matthewson, un roi de Bonanza, s'est penché en avant et l'a défié.

Matthewson, seorang Raja Bonanza, mencondongkan badan ke hadapan dan mencabarnya.

« Tu penses qu'il peut mettre autant de poids en mouvement ? »

"Anda fikir dia boleh menggerakkan beban sebanyak itu?"

« Et tu penses qu'il peut tirer le poids sur une centaine de mètres ? »

"Dan anda fikir dia boleh menarik berat seratus ela penuh?"

Thornton répondit froidement : « Oui. Buck est assez doué pour le faire. »

Thornton menjawab dengan tenang, "Ya. Buck cukup anjing untuk melakukannya."

« Il mettra mille livres en mouvement et le tirera sur une centaine de mètres. »

"Dia akan menggerakkan seribu paun, dan menariknya seratus ela."

Matthewson sourit lentement et s'assura que tous les hommes entendaient ses paroles.

Matthewson tersenyum perlahan dan memastikan semua lelaki mendengar kata-katanya.

« J'ai mille dollars qui disent qu'il ne peut pas. Le voilà. »

"Saya ada seribu dolar yang mengatakan dia tidak boleh. Itu dia."

Il a claqué un sac de poussière d'or de la taille d'une saucisse sur le bar.

Dia menghempas guni debu emas sebesar sosej pada palang.

Personne ne dit un mot. Le silence devint pesant et tendu autour d'eux.

Tiada siapa berkata sepatah pun. Kesunyian menjadi berat dan tegang di sekeliling mereka.

Le bluff de Thornton – s'il en était un – avait été pris au sérieux.

Tebing Thornton—jika ianya satu—telah dipandang serius.

Il sentit la chaleur monter sur son visage tandis que le sang affluait sur ses joues.

Terasa panas di mukanya apabila darah menyerbu ke pipi.

Sa langue avait pris le pas sur sa raison à ce moment-là.

Lidahnya sudah mendahului alasannya ketika itu.

Il ne savait vraiment pas si Buck pouvait déplacer mille livres.

Dia benar-benar tidak tahu sama ada Buck boleh bergerak seribu pound.

Une demi-tonne ! Rien que sa taille lui pesait le cœur.

Setengah tan! Saiznya sahaja membuatkan hatinya terasa berat.

Il avait foi en la force de Buck et le pensait capable.

Dia percaya pada kekuatan Buck dan fikir dia mampu.

Mais il n'avait jamais été confronté à ce genre de défi, pas comme celui-ci.

Tetapi dia tidak pernah menghadapi cabaran seperti ini, tidak seperti ini.

Une douzaine d'hommes l'observaient tranquillement, attendant de voir ce qu'il allait faire.

Sedozen lelaki memerhatinya dengan senyap, menunggu untuk melihat apa yang akan dia lakukan.

Il n'avait pas d'argent, ni Hans ni Pete.

Dia tidak mempunyai wang—begitu juga Hans atau Pete.

« J'ai un traîneau dehors », dit Matthewson froidement et directement.

"Saya ada kereta luncur di luar," kata Matthewson dengan dingin dan terus terang.

« Il est chargé de vingt sacs de cinquante livres chacun, tous de farine.

"Ia dimuatkan dengan dua puluh guni, lima puluh paun setiap satu, semuanya tepung.

« Alors ne laissez pas un traîneau manquant devenir votre excuse maintenant », a-t-il ajouté.

Jadi jangan biarkan kereta luncur yang hilang menjadi alasan anda sekarang," tambahnya.

Thornton resta silencieux. Il ne savait pas quels mots lui dire.

Thornton terdiam. Dia tidak tahu perkataan apa yang hendak diberikan.

Il regarda les visages autour de lui sans les voir clairement.

Dia memandang sekeliling wajah-wajah itu tanpa melihat dengan jelas.

Il ressemblait à un homme figé dans ses pensées, essayant de redémarrer.

Dia kelihatan seperti lelaki beku dalam pemikiran, cuba untuk memulakan semula.

Puis il a vu Jim O'Brien, un ami de l'époque Mastodon.

Kemudian dia melihat Jim O'Brien, seorang kawan dari zaman Mastodon.

Ce visage familier lui a donné un courage qu'il ne savait pas avoir.

Wajah yang dikenalinya itu memberinya keberanian yang tidak diketahuinya.

Il se tourna et demanda à voix basse : « Peux-tu me prêter mille ? »

Dia berpaling dan bertanya dengan suara rendah, "Bolehkah kamu meminjamkan saya seribu?"

« Bien sûr », dit O'Brien, laissant déjà tomber un lourd sac près de l'or.

"Sudah tentu," kata O'Brien, menjatuhkan guni berat di tepi emas.

« Mais honnêtement, John, je ne crois pas que la bête puisse faire ça. »

"Tetapi sebenarnya, John, saya tidak percaya binatang itu boleh melakukan ini."

Tout le monde dans le Saloon Eldorado s'est précipité dehors pour voir l'événement.

Semua orang di Saloon Eldorado bergegas keluar untuk melihat acara itu.

Ils ont laissé les tables et les boissons, et même les jeux ont été interrompus.

Mereka meninggalkan meja dan minuman, malah permainan dijeda.

Les croupiers et les joueurs sont venus assister à la fin de ce pari audacieux.

Peniaga dan penjudi datang untuk menyaksikan penamatan taruhan yang berani.

Des centaines de personnes se sont rassemblées autour du traîneau dans la rue glacée.

Beratus-ratus berkumpul di sekeliling kereta luncur di jalan terbuka yang berais.

Le traîneau de Matthewson était chargé d'une charge complète de sacs de farine.

Kereta luncur Matthewson berdiri dengan muatan penuh guni tepung.

Le traîneau était resté immobile pendant des heures à des températures négatives.

Kereta luncur itu telah duduk selama berjam-jam dalam suhu tolak.

Les patins du traîneau étaient gelés et collés à la neige tassée.

Pelari kereta luncur itu dibekukan rapat dengan salji yang penuh sesak.

Les hommes ont offert une cote de deux contre un que Buck ne pourrait pas déplacer le traîneau.

Lelaki menawarkan kemungkinan dua lawan satu bahawa Buck tidak dapat menggerakkan kereta luncur.

Une dispute a éclaté sur ce que signifiait réellement « sortir ».

Pertikaian tercetus tentang maksud "pecah" sebenarnya.

O'Brien a déclaré que Thornton devrait desserrer la base gelée du traîneau.

O'Brien berkata Thornton harus melonggarkan asas beku kereta luncur itu.

Buck pourrait alors « sortir » d'un départ solide et immobile.

Buck kemudiannya boleh "keluar" dari permulaan yang kukuh dan tidak bergerak.

Matthewson a soutenu que le chien devait également libérer les coureurs.

Matthewson berhujah anjing itu mesti membebaskan pelari juga.

Les hommes qui avaient entendu le pari étaient d'accord avec le point de vue de Matthewson.

Lelaki yang mendengar pertaruhan itu bersetuju dengan pandangan Matthewson.

Avec cette décision, les chances sont passées à trois contre un contre Buck.

Dengan keputusan itu peluang melonjak kepada tiga lawan satu menentang Buck.

Personne ne s'est manifesté pour prendre en compte les chances croissantes de trois contre un.

Tiada siapa yang melangkah ke hadapan untuk mengambil peluang tiga lawan satu yang semakin meningkat.

Pas un seul homme ne croyait que Buck pouvait accomplir un tel exploit.

Tiada seorang pun yang percaya Buck boleh melakukan prestasi hebat itu.

Thornton s'était précipité dans le pari, lourd de doutes.

Thornton telah bergegas ke dalam pertaruhan, penuh dengan keraguan.

Il regarda alors le traîneau et l'attelage de dix chiens à côté.

Sekarang dia melihat kereta luncur dan pasukan sepuluh anjing di sebelahnya.

En voyant la réalité de la tâche, elle semblait encore plus impossible.

Melihat realiti tugas itu menjadikannya kelihatan lebih mustahil.

Matthewson était plein de fierté et de confiance à ce moment-là.

Matthewson penuh dengan kebanggaan dan keyakinan pada saat itu.

« Trois contre un ! » cria-t-il. « Je parie mille de plus, Thornton !

"Tiga lawan satu!" dia menjerit. "Saya akan bertaruh seribu lagi, Thornton!

« Que dites-vous ? » ajouta-t-il, assez fort pour que tout le monde l'entende.

Apa kata awak?" tambahnya, cukup kuat untuk didengari semua orang.

Le visage de Thornton exprimait ses doutes, mais son esprit s'était élevé.

Wajah Thornton menunjukkan keraguannya, tetapi semangatnya telah meningkat.

Cet esprit combatif ignorait les probabilités et ne craignait rien du tout.

Semangat juang itu tidak menghiraukan kemungkinan dan tidak takut sama sekali.

Il a appelé Hans et Pete pour apporter tout leur argent sur la table.

Dia memanggil Hans dan Pete untuk membawa semua wang tunai mereka ke meja.

Il ne leur restait plus grand-chose : seulement deux cents dollars au total.

Mereka mempunyai sedikit baki—hanya dua ratus dolar digabungkan.

Cette petite somme représentait toute leur fortune pendant les temps difficiles.

Jumlah kecil ini adalah jumlah kekayaan mereka semasa masa sukar.

Pourtant, ils ont misé toute leur fortune contre le pari de Matthewson.

Namun, mereka meletakkan semua kekayaan terhadap pertaruhan Matthewson.

L'attelage de dix chiens a été dételé et éloigné du traîneau.

Pasukan sepuluh anjing itu tidak diikat dan bergerak menjauhi kereta luncur.

Buck a été placé dans les rênes, portant son harnais familier.

Buck diletakkan di dalam tampuk, memakai abah-abah yang dikenalinya.

Il avait capté l'énergie de la foule et ressenti la tension.

Dia telah menangkap tenaga orang ramai dan merasakan ketegangan itu.

D'une manière ou d'une autre, il savait qu'il devait faire quelque chose pour John Thornton.

Entah bagaimana, dia tahu dia perlu melakukan sesuatu untuk John Thornton.

Les gens murmuraient avec admiration devant la fière silhouette du chien.

Orang ramai merungut kagum dengan figura yang dibanggakan anjing itu.

Il était mince et fort, sans une seule once de chair supplémentaire.

Dia kurus dan kuat, tanpa satu auns daging tambahan.

Son poids total de cent cinquante livres n'était que puissance et endurance.

Berat penuhnya seratus lima puluh paun adalah semua kekuatan dan ketahanan.

Le pelage de Buck brillait comme de la soie, épais de santé et de force.

Kot Buck berkilauan seperti sutera, tebal dengan kesihatan dan kekuatan.

La fourrure le long de son cou et de ses épaules semblait se soulever et se hérisser.

Bulu di leher dan bahunya kelihatan terangkat dan berbulu.

Sa crinière bougeait légèrement, chaque cheveu vivant de sa grande énergie.

surainya bergerak sedikit, setiap rambut hidup dengan tenaganya yang hebat.

Sa large poitrine et ses jambes fortes correspondaient à sa silhouette lourde et robuste.

Dadanya yang luas dan kaki yang kuat sepadan dengan kerangkanya yang berat dan keras.

Des muscles ondulaient sous son manteau, tendus et fermes comme du fer lié.

Otot-otot beralun di bawah kotnya, ketat dan tegap seperti besi yang diikat.

Les hommes le touchaient et juraient qu'il était bâti comme une machine en acier.

Lelaki menyentuhnya dan bersumpah dia dibina seperti mesin keluli.

Les chances ont légèrement baissé à deux contre un contre le grand chien.

Kemungkinan menurun sedikit kepada dua lawan satu menentang anjing hebat itu.

Un homme des bancs de Skookum s'avança en bégayant.

Seorang lelaki dari Bangku Skookum menolak ke hadapan, tergagap-gagap.

« Bien, monsieur ! J'offre huit cents pour lui – avant l'examen, monsieur ! »

"Bagus, tuan! Saya menawarkan lapan ratus untuknya — sebelum ujian, tuan!"

« Huit cents, tel qu'il est en ce moment ! » insista l'homme.

"Lapan ratus, seperti yang dia berdiri sekarang!" lelaki itu berkeras.

Thornton s'avança, sourit et secoua calmement la tête.
Thornton melangkah ke hadapan, tersenyum, dan menggelengkan kepalanya dengan tenang.

Matthewson est rapidement intervenu avec une voix d'avertissement et un froncement de sourcils.
Matthewson pantas melangkah masuk dengan suara amaran dan berkerut dahi.

« Éloignez-vous de lui », dit-il. « Laissez-lui de l'espace. »
"Anda mesti menjauhinya," katanya. "Beri dia ruang."

La foule se tut ; seuls les joueurs continuaient à miser deux contre un.
Orang ramai menjadi senyap; hanya penjudi yang masih menawarkan dua lawan satu.

Tout le monde admirait la carrure de Buck, mais la charge semblait trop lourde.
Semua orang mengagumi binaan Buck, tetapi bebannya kelihatan terlalu hebat.

Vingt sacs de farine, pesant chacun cinquante livres, semblaient beaucoup trop.
Dua puluh guni tepung—setiap satu berat lima puluh paun—nampak terlalu banyak.

Personne n'était prêt à ouvrir sa bourse et à risquer son argent.
Tiada siapa yang sanggup membuka kantung mereka dan mempertaruhkan wang mereka.

Thornton s'agenouilla à côté de Buck et prit sa tête à deux mains.
Thornton berlutut di sebelah Buck dan memegang kepalanya dengan kedua-dua tangannya.

Il pressa sa joue contre celle de Buck et lui parla à l'oreille.
Dia menekan pipinya terhadap Buck dan bercakap ke telinganya.

Il n'y avait plus de secousses enjouées ni d'insultes affectueuses murmurées.
Tiada goncangan main-main atau bisikan penghinaan kasih sayang sekarang.

Il murmura simplement doucement : « Autant que tu m'aimes, Buck. »

Dia hanya merungut perlahan, "Seperti mana awak mencintai saya, Buck."

Buck émit un gémissement silencieux, son impatience à peine contenue.

Buck merengek perlahan, keghairahannya hampir tidak tertahan.

Les spectateurs observaient avec curiosité la tension qui emplissait l'air.

Penonton memerhati dengan rasa ingin tahu apabila ketegangan memenuhi udara.

Le moment semblait presque irréel, comme quelque chose qui dépassait la raison.

Saat itu terasa hampir tidak nyata, seperti sesuatu di luar akal.

Lorsque Thornton se leva, Buck prit doucement sa main dans ses mâchoires.

Apabila Thornton berdiri, Buck perlahan-lahan memegang tangannya di rahangnya.

Il appuya avec ses dents, puis relâcha lentement et doucement.

Dia menekan dengan giginya, kemudian melepaskannya perlahan-lahan dan lembut.

C'était une réponse silencieuse d'amour, non prononcée, mais comprise.

Ia adalah jawapan cinta senyap, tidak diucapkan, tetapi difahami.

Thornton s'éloigna du chien et donna le signal.

Thornton berundur dengan baik dari anjing itu dan memberi isyarat.

« Maintenant, Buck », dit-il, et Buck répondit avec un calme concentré.

"Sekarang, Buck," katanya, dan Buck menjawab dengan tenang fokus.

Buck a resserré les traces, puis les a desserrées de quelques centimètres.

Buck mengetatkan kesan itu, kemudian melonggarkannya beberapa inci.

C'était la méthode qu'il avait apprise ; sa façon de briser le traîneau.

Inilah kaedah yang dipelajarinya; caranya untuk memecahkan kereta luncur.

« Tiens ! » cria Thornton, sa voix aiguë dans le silence pesant.

"Gee!" Thornton merjerit, suaranya tajam dalam kesunyian yang berat.

Buck se tourna vers la droite et se jeta de tout son poids.

Buck menoleh ke kanan dan menerjang dengan seluruh berat badannya.

Le mou disparut et toute la masse de Buck heurta les lignes serrées.

Kendur itu hilang, dan jisim penuh Buck mencecah kesan yang ketat.

Le traîneau tremblait et les patins émettaient un bruit de crépitement.

Kereta luncur itu bergetar, dan para pelari mengeluarkan bunyi berderak yang segar.

« Haw ! » ordonna Thornton, changeant à nouveau la direction de Buck.

"Hah!" Thornton mengarahkan, beralih arah Buck sekali lagi.

Buck répéta le mouvement, cette fois en tirant brusquement vers la gauche.

Buck mengulangi langkah itu, kali ini menarik tajam ke kiri.

Le traîneau craquait plus fort, les patins claquaient et se déplaçaient.

Kereta luncur itu retak lebih kuat, pelari-pelari bergetar dan beralih.

La lourde charge glissait légèrement latéralement sur la neige gelée.

Beban berat itu tergelincir sedikit ke tepi merentasi salji beku.

Le traîneau s'était libéré de l'emprise du sentier glacé !

Kereta luncur itu telah terlepas daripada cengkaman laluan berais!

Les hommes retenaient leur souffle, ignorant qu'ils ne respiraient même pas.

Lelaki menahan nafas, tidak sedar mereka tidak bernafas.

« Maintenant, TIREZ ! » cria Thornton à travers le silence glacial.

"Sekarang, TARIK!" Thornton menjerit merentasi kesunyian yang membeku.

L'ordre de Thornton résonna fort, comme le claquement d'un fouet.

Perintah Thornton berbunyi tajam, seperti celah cemeti.

Buck se jeta en avant avec un mouvement violent et saccadé.

Buck melemparkan dirinya ke hadapan dengan lunge yang ganas dan menggelegar.

Tout son corps se tendit et se contracta sous l'énorme tension.

Seluruh kerangkanya tegang dan bergelimpangan untuk tekanan yang besar.

Des muscles ondulaient sous sa fourrure comme des serpents prenant vie.

Otot-otot beralun di bawah bulunya seperti ular yang hidup.

Sa large poitrine était basse, la tête tendue vers l'avant en direction du traîneau.

Dada besarnya rendah, kepala dihulurkan ke hadapan ke arah kereta luncur.

Ses pattes bougeaient comme l'éclair, ses griffes tranchant le sol gelé.

Cakarnya bergerak seperti kilat, cakar menghiris tanah beku.

Des rainures ont été creusées profondément alors qu'il luttait pour chaque centimètre de traction.

Alur dipotong dalam ketika dia bertarung untuk setiap inci cengkaman.

Le traîneau se balança, trembla et commença un mouvement lent et agité.

Kereta luncur itu bergoyang, menggeletar, dan memulakan gerakan perlahan dan tidak selesa.

Un pied a glissé et un homme dans la foule a gémi à haute voix.

Satu kaki tergelincir, dan seorang lelaki di antara orang ramai mengerang kuat.

Puis le traîneau s'élança en avant dans un mouvement saccadé et brusque.

Kemudian kereta luncur itu meluncur ke hadapan dengan gerakan kasar yang menyentak.

Cela ne s'est pas arrêté à nouveau - un demi-pouce... un pouce... deux pouces de plus.

Ia tidak berhenti lag —setengah inci...satu inci...dua inci lagi.

Les secousses devinrent plus faibles à mesure que le traîneau commençait à prendre de la vitesse.

Jeritan menjadi lebih kecil apabila kereta luncur mula mengumpul laju.

Bientôt, Buck tirait avec une puissance douce et régulière.

Tidak lama kemudian Buck telah menarik dengan licin, sekata, kuasa rolling

Les hommes haletèrent et finirent par se rappeler de respirer à nouveau.

Lelaki tercungap-cungap dan akhirnya teringat untuk bernafas semula.

Ils n'avaient pas remarqué que leur souffle s'était arrêté de stupeur.

Mereka tidak perasan nafas mereka terhenti kerana kagum.

Thornton courait derrière, lançant des ordres courts et joyeux.

Thornton berlari ke belakang, memanggil arahan pendek dan ceria.

Devant nous se trouvait une pile de bois de chauffage qui marquait la distance.

Di hadapan adalah timbunan kayu api yang menandakan jarak.

Alors que Buck s'approchait du tas, les acclamations devenaient de plus en plus fortes.

Apabila Buck menghampiri timbunan itu, sorakan semakin kuat dan kuat.

Les acclamations se sont transformées en rugissement lorsque Buck a dépassé le point d'arrivée.

Sorak sorakan menjadi gemuruh apabila Buck melepasi titik akhir.

Les hommes ont sauté et crié, même Matthewson a esquissé un sourire.

Lelaki melompat dan menjerit, malah Matthewson tersengih.

Les chapeaux volaient dans les airs, les mitaines étaient lancées sans réfléchir ni viser.

Topi terbang ke udara, sarung tangan dibaling tanpa berfikir atau tujuan.

Les hommes se sont attrapés et se sont serré la main sans savoir à qui.

Lelaki berpegangan tangan dan berjabat tangan tanpa mengetahui siapa.

Toute la foule bourdonnait d'une célébration folle et joyeuse.

Seluruh orang ramai berdengung dalam perayaan yang liar dan meriah.

Thornton tomba à genoux à côté de Buck, les mains tremblantes.

Thornton jatuh berlutut di sebelah Buck dengan tangan yang menggeletar.

Il pressa sa tête contre celle de Buck et le secoua doucement d'avant en arrière.

Dia menekan kepalanya ke Buck dan menggoncangnya perlahan-lahan ke belakang dan sebagainya.

Ceux qui s'approchaient l'entendaient maudire le chien avec un amour silencieux.

Mereka yang mendekati mendengar dia mengutuk anjing itu dengan cinta yang tenang.

Il a insulté Buck pendant un long moment, doucement, chaleureusement, avec émotion.

Dia menyumpah Buck untuk masa yang lama-lembut, mesra, dengan emosi.

« Bien, monsieur ! Bien, monsieur ! » s'écria précipitamment le roi du Banc Skookum.

"Baik, tuan! Baik, tuan!" jerit raja Bangku Skookum dengan tergesa-gesa.

« Je vous donne mille, non, douze cents, pour ce chien, monsieur ! »

"Saya akan beri seribu—tidak, dua belas ratus—untuk anjing itu, tuan!"

Thornton se leva lentement, les yeux brillants d'émotion.

Thornton bangun perlahan-lahan, matanya bersinar dengan emosi.

Les larmes coulaient ouvertement sur ses joues sans aucune honte.

Air matanya mengalir secara terbuka di pipinya tanpa rasa malu.

« Monsieur », dit-il au roi du banc Skookum, ferme et posé.

"Tuan," katanya kepada raja Bangku Skookum, mantap dan tegas

« Non, monsieur. Allez au diable, monsieur. C'est ma réponse définitive. »

"Tidak, tuan. Anda boleh pergi ke neraka, tuan. Itu jawapan terakhir saya."

Buck attrapa doucement la main de Thornton dans ses mâchoires puissantes.

Buck menggenggam tangan Thornton dengan lembut di rahangnya yang kuat

Thornton le secoua de manière enjouée, leur lien étant plus profond que jamais.

Thornton menggoncangnya secara main-main, ikatan mereka dalam seperti biasa.

La foule, émue par l'instant, recula en silence.

Orang ramai, tergerak seketika, berundur ke belakang dalam diam.

Dès lors, personne n'osa interrompre cette affection si sacrée.

Sejak itu, tiada siapa yang berani mengganggu kasih sayang yang suci itu.

Le son de l'appel
Bunyi Panggilan

Buck avait gagné seize cents dollars en cinq minutes.
Buck telah memperoleh enam belas ratus dolar dalam masa lima minit.

Cet argent a permis à John Thornton de payer une partie de ses dettes.
Wang itu membolehkan John Thornton membayar beberapa hutangnya.

Avec le reste de l'argent, il se dirigea vers l'Est avec ses partenaires.
Dengan wang yang selebihnya dia menuju ke Timur bersama rakan kongsinya.

Ils cherchaient une mine perdue légendaire, aussi vieille que le pays lui-même.
Mereka mencari lombong yang hilang, setua negara itu sendiri.

Beaucoup d'hommes avaient cherché la mine, mais peu l'avaient trouvée.
Ramai lelaki telah mencari lombong itu, tetapi hanya sedikit yang pernah menemuinya.

Plus d'un homme avait disparu au cours de cette quête dangereuse.
Lebih daripada beberapa lelaki telah hilang semasa pencarian berbahaya.

Cette mine perdue était enveloppée à la fois de mystère et d'une vieille tragédie.
Lombong yang hilang ini dibalut dengan misteri dan tragedi lama.

Personne ne savait qui avait été le premier homme à découvrir la mine.
Tiada siapa yang tahu siapa lelaki pertama yang menemui lombong itu.

Les histoires les plus anciennes ne mentionnent personne par son nom.
Cerita tertua tidak menyebut nama sesiapa.

Il y avait toujours eu là une vieille cabane délabrée.
Sentiasa ada kabin kuno yang bobrok di sana.
Des hommes mourants avaient juré qu'il y avait une mine à côté de cette vieille cabane.
Lelaki yang hampir mati telah bersumpah ada lombong di sebelah kabin lama itu.
Ils ont prouvé leurs histoires avec de l'or comme on n'en trouve nulle part ailleurs.
Mereka membuktikan kisah mereka dengan emas seperti tiada di tempat lain.
Aucune âme vivante n'avait jamais pillé le trésor de cet endroit.
Tiada jiwa yang hidup pernah menjarah harta dari tempat itu.
Les morts étaient morts, et les morts ne racontent pas d'histoires.
Orang mati telah mati dan orang mati tidak menceritakan kisah.
Thornton et ses amis se dirigèrent donc vers l'Est.
Jadi Thornton dan rakan-rakannya menuju ke Timur.
Pete et Hans se sont joints à eux, amenant Buck et six chiens forts.
Pete dan Hans menyertai, membawa Buck dan enam anjing yang kuat.
Ils se sont lancés sur un chemin inconnu là où d'autres avaient échoué.
Mereka memulakan laluan yang tidak diketahui di mana orang lain telah gagal.
Ils ont parcouru soixante-dix milles en traîneau sur le fleuve Yukon gelé.
Mereka meluncur tujuh puluh batu ke atas Sungai Yukon yang beku.
Ils tournèrent à gauche et suivirent le sentier jusqu'au Stewart.
Mereka membelok ke kiri dan mengikut jejak ke Stewart.
Ils passèrent le Mayo et le McQuestion, poursuivant leur route.
Mereka melepasi Mayo dan McQuestion, menekan lebih jauh.

Le Stewart s'est rétréci en un ruisseau, traversant des pics déchiquetés.

Stewart menyusut ke dalam sungai, menjalar puncak bergerigi.

Ces pics acérés marquaient l'épine dorsale même du continent.

Puncak tajam ini menandakan tulang belakang benua itu.

John Thornton exigeait peu des hommes ou de la nature sauvage.

John Thornton menuntut sedikit daripada manusia atau tanah liar.

Il ne craignait rien dans la nature et affrontait la nature sauvage avec aisance.

Dia tidak takut apa-apa dalam alam semula jadi dan menghadapi alam liar dengan mudah.

Avec seulement du sel et un fusil, il pouvait voyager où il le souhaitait.

Dengan hanya garam dan senapang, dia boleh pergi ke mana-mana yang dia mahu.

Comme les indigènes, il chassait de la nourriture pendant ses voyages.

Seperti orang asli, dia memburu makanan semasa dia mengembara.

S'il n'attrapait rien, il continuait, confiant en la chance qui l'attendait.

Jika dia tidak menangkap apa-apa, dia terus berjalan, mempercayai nasib di hadapan.

Au cours de ce long voyage, la viande était la principale nourriture qu'ils mangeaient.

Dalam perjalanan yang jauh ini, daging menjadi makanan utama mereka.

Le traîneau contenait des outils et des munitions, mais aucun horaire strict.

Kereta luncur itu menyimpan alatan dan peluru, tetapi tiada jadual waktu yang ketat.

Buck adorait cette errance, la chasse et la pêche sans fin.

Buck suka mengembara ini; pemburuan dan memancing yang tidak berkesudahan.

Pendant des semaines, ils ont voyagé jour après jour.

Selama berminggu-minggu mereka mengembara hari demi hari.

D'autres fois, ils établissaient des camps et restaient immobiles pendant des semaines.

Pada masa lain mereka membuat perkhemahan dan diam selama berminggu-minggu.

Les chiens se reposaient pendant que les hommes creusaient dans la terre gelée.

Anjing-anjing itu berehat sementara lelaki itu menggali tanah beku.

Ils chauffaient des poêles sur des feux et cherchaient de l'or caché.

Mereka memanaskan kuali di atas api dan mencari emas tersembunyi.

Certains jours, ils souffraient de faim, et d'autres jours, ils faisaient des festins.

Beberapa hari mereka kelaparan, dan beberapa hari mereka mengadakan pesta.

Leurs repas dépendaient du gibier et de la chance de la chasse.

Makanan mereka bergantung kepada permainan dan nasib memburu.

Quand l'été arrivait, les hommes et les chiens chargeaient des charges sur leur dos.

Apabila musim panas tiba, lelaki dan anjing membungkus beban di belakang mereka.

Ils ont fait du rafting sur des lacs bleus cachés dans des forêts de montagne.

Mereka berakit melintasi tasik biru yang tersembunyi di dalam hutan gunung.

Ils naviguaient sur des bateaux minces sur des rivières qu'aucun homme n'avait jamais cartographiées.

Mereka melayari bot tipis di sungai yang tidak pernah dipetakan oleh manusia.

Ces bateaux ont été construits à partir d'arbres sciés dans la nature.

Bot-bot itu dibina daripada pokok yang mereka gergaji di alam liar.

Les mois passèrent et ils sillonnèrent des terres sauvages et inconnues.

Bulan berlalu, dan mereka berpusing melalui tanah liar yang tidak diketahui.

Il n'y avait pas d'hommes là-bas, mais de vieilles traces suggéraient qu'il y en avait eu.

Tiada lelaki di sana, namun kesan lama membayangkan bahawa lelaki telah berada.

Si la Cabane Perdue était réelle, alors d'autres étaient déjà passés par là.

Jika Lost Cabin adalah benar, maka yang lain pernah datang ke arah ini.

Ils traversaient des cols élevés dans des blizzards, même pendant l'été.

Mereka melintasi laluan tinggi dalam badai salji, walaupun semasa musim panas.

Ils frissonnaient sous le soleil de minuit sur les pentes nues des montagnes.

Mereka menggigil di bawah matahari tengah malam di lereng gunung yang kosong.

Entre la limite des arbres et les champs de neige, ils montaient lentement.

Di antara garisan pokok dan padang salji, mereka memanjat perlahan-lahan.

Dans les vallées chaudes, ils écrasaient des nuages de moucherons et de mouches.

Di lembah yang hangat, mereka memukul awan agas dan lalat.

Ils cueillaient des baies sucrées près des glaciers en pleine floraison estivale.

Mereka memetik buah beri manis berhampiran glasier pada musim panas penuh mekar.

Les fleurs qu'ils ont trouvées étaient aussi belles que celles du Southland.

Bunga-bunga yang mereka temui sangat cantik seperti yang terdapat di Southland.

Cet automne-là, ils atteignirent une région solitaire remplie de lacs silencieux.

Musim luruh itu mereka sampai ke kawasan sunyi yang penuh dengan tasik yang sunyi.

La terre était triste et vide, autrefois pleine d'oiseaux et de bêtes.

Tanah itu sedih dan kosong, pernah hidup dengan burung dan binatang.

Il n'y avait plus de vie, seulement le vent et la glace qui se formait dans les flaques.

Kini tiada kehidupan, hanya angin dan ais yang terbentuk di dalam kolam.

Les vagues s'écrasaient sur les rivages déserts avec un son doux et lugubre.

Ombak menyambar pantai kosong dengan bunyi yang lembut dan memilukan.

Un autre hiver arriva et ils suivirent à nouveau de vieux sentiers lointains.

Musim sejuk yang lain datang, dan mereka mengikuti jejak lama yang samar lagi.

C'étaient les traces d'hommes qui les avaient cherchés bien avant eux.

Ini adalah jejak lelaki yang telah mencari jauh sebelum mereka.

Un jour, ils trouvèrent un chemin creusé profondément dans la forêt sombre.

Sebaik sahaja mereka menemui jalan yang dipotong jauh ke dalam hutan yang gelap.

C'était un vieux sentier, et ils sentaient que la cabane perdue était proche.

Ia adalah laluan lama, dan mereka merasakan kabin yang hilang itu sudah dekat.

Mais le sentier ne menait nulle part et s'enfonçait dans les bois épais.

Tetapi laluan itu tidak menghala ke mana-mana dan memudar ke dalam hutan tebal.

Personne ne savait qui avait fait ce sentier et pourquoi.

Siapa yang membuat jejak, dan mengapa mereka membuatnya, tiada siapa yang tahu.

Plus tard, ils ont trouvé l'épave d'un lodge caché parmi les arbres.

Kemudian, mereka menjumpai bangkai sebuah pondok yang tersembunyi di antara pokok.

Des couvertures pourries gisaient éparpillées là où quelqu'un avait dormi.

Selimut reput terletak berselerak di tempat seseorang pernah tidur.

John Thornton a trouvé un fusil à silex à long canon enterré à l'intérieur.

John Thornton menemui sebatang batu api berlaras panjang yang tertanam di dalamnya.

Il savait qu'il s'agissait d'un fusil de la Baie d'Hudson depuis les premiers jours de son commerce.

Dia tahu ini adalah pistol Hudson Bay dari awal perdagangan.

À cette époque, ces armes étaient échangées contre des piles de peaux de castor.

Pada masa itu senjata api seperti itu dijual beli untuk timbunan kulit memerang.

C'était tout : il ne restait aucune trace de l'homme qui avait construit le lodge.

Itu sahaja—tiada petunjuk yang tinggal tentang lelaki yang membina rumah persinggahan itu.

Le printemps est revenu et ils n'ont trouvé aucun signe de la Cabane Perdue.

Musim bunga datang lagi, dan mereka tidak menemui sebarang tanda Kabin Hilang.

Au lieu de cela, ils trouvèrent une large vallée avec un ruisseau peu profond.

Sebaliknya mereka menemui sebuah lembah yang luas dengan sungai yang cetek.

L'or recouvrait le fond des casseroles comme du beurre jaune et lisse.

Emas terletak di bahagian bawah kuali seperti mentega kuning licin.

Ils s'arrêtèrent là et ne cherchèrent plus la cabane.

Mereka berhenti di situ dan tidak mencari lebih jauh lagi ke kabin.

Chaque jour, ils travaillaient et trouvaient des milliers de pièces d'or en poudre

Setiap hari mereka bekerja dan mendapati beribu-ribu dalam debu emas.

Ils ont emballé l'or dans des sacs de peau d'élan, de cinquante livres chacun.

Mereka membungkus emas itu ke dalam beg kulit moose-hide, lima puluh paun setiap satu.

Les sacs étaient empilés comme du bois de chauffage à l'extérieur de leur petite loge.

Beg-beg itu disusun seperti kayu api di luar pondok kecil mereka.

Ils travaillaient comme des géants et les jours passaient comme des réves rapides.

Mereka bekerja seperti gergasi, dan hari-hari berlalu seperti mimpi yang cepat.

Ils ont amassé des trésors au fil des jours sans fin.

Mereka mengumpul harta ketika hari-hari yang tidak berkesudahan berlalu dengan pantas.

Les chiens n'avaient pas grand-chose à faire, à part transporter de la viande de temps en temps.

Tidak banyak yang boleh dilakukan oleh anjing kecuali mengangkut daging dari semasa ke semasa.

Thornton chassait et tuait le gibier, et Buck restait allongé près du feu.

Thornton memburu dan membunuh permainan itu, dan Buck berbaring di tepi api.

Il a passé de longues heures en silence, perdu dans ses pensées et ses souvenirs.

Dia menghabiskan masa yang lama dalam diam, hilang dalam pemikiran dan ingatan.

L'image de l'homme poilu revenait de plus en plus souvent à l'esprit de Buck.

Imej lelaki berbulu itu lebih kerap muncul di fikiran Buck.

Maintenant que le travail se faisait rare, Buck rêvait en clignant des yeux devant le feu.

Sekarang kerja itu sukar didapati, Buck bermimpi sambil mengedipkan mata melihat api.

Dans ces rêves, Buck errait avec l'homme dans un autre monde.

Dalam mimpi itu, Buck mengembara bersama lelaki itu di dunia lain.

La peur semblait être le sentiment le plus fort dans ce monde lointain.

Ketakutan seolah-olah perasaan yang paling kuat di dunia yang jauh itu.

Buck vit l'homme poilu dormir avec la tête baissée.

Buck melihat lelaki berbulu itu tidur dengan kepala tertunduk rendah.

Ses mains étaient jointes et son sommeil était agité et interrompu.

Tangannya digenggam, dan tidurnya tidak lena dan patah.

Il se réveillait en sursaut et regardait avec crainte dans le noir.

Dia biasa bangun dengan mula dan merenung ketakutan ke dalam kegelapan.

Ensuite, il jetait plus de bois sur le feu pour garder la flamme vive.

Kemudian dia akan melemparkan lebih banyak kayu ke atas api untuk memastikan nyalaan tetap terang.

Parfois, ils marchaient le long d'une plage au bord d'une mer grise et infinie.

Kadang-kadang mereka berjalan di sepanjang pantai di tepi laut kelabu yang tidak berkesudahan.

L'homme poilu ramassait des coquillages et les mangeait en marchant.

Lelaki berbulu itu memetik kerang dan memakannya sambil berjalan.

Ses yeux cherchaient toujours des dangers cachés dans l'ombre.

Matanya sentiasa mencari bahaya tersembunyi dalam bayang-bayang.

Ses jambes étaient toujours prêtes à sprinter au premier signe de menace.

Kakinya sentiasa bersedia untuk pecut pada tanda pertama ancaman.

Ils rampaient à travers la forêt, silencieux et méfiants, côte à côte.

Mereka merayap melalui hutan, senyap dan berhati-hati, bersebelahan.

Buck le suivit sur ses talons, et tous deux restèrent vigilants.

Buck mengikuti pada tumitnya, dan kedua-dua mereka kekal berjaga-jaga.

Leurs oreilles frémissaient et bougeaient, leurs nez reniflaient l'air.

Telinga mereka berkedut dan bergerak, hidung mereka menghidu udara.

L'homme pouvait entendre et sentir la forêt aussi intensément que Buck.

Lelaki itu dapat mendengar dan menghidu hutan setajam Buck.

L'homme poilu se balançait à travers les arbres avec une vitesse soudaine.

Lelaki berbulu itu menghayun melalui pokok dengan laju secara tiba-tiba.

Il sautait de branche en branche, sans jamais lâcher prise.

Dia melompat dari dahan ke dahan, tidak pernah terlepas genggamannya.

Il se déplaçait aussi vite au-dessus du sol que sur celui-ci.

Dia bergerak sepantas di atas tanah seperti yang dia lakukan di atasnya.

Buck se souvenait des longues nuits passées sous les arbres, à veiller.

Buck teringat malam-malam yang panjang di bawah pokok, berjaga-jaga.

L'homme dormait perché dans les branches, s'accrochant fermement.

Lelaki itu tidur bertengger di dahan, berpaut erat.

Cette vision de l'homme poilu était étroitement liée à l'appel des profondeurs.

Penglihatan lelaki berbulu ini diikat rapat dengan panggilan yang dalam.

L'appel résonnait toujours à travers la forêt avec une force obsédante.

Panggilan itu masih kedengaran melalui hutan dengan kekuatan yang menghantui.

L'appel remplit Buck de désir et d'un sentiment de joie incessant.

Panggilan itu memenuhi Buck dengan kerinduan dan rasa gembira yang tidak tenang.

Il ressentait d'étranges pulsions et des frémissements qu'il ne pouvait nommer.

Dia merasakan desakan dan kacau pelik yang tidak dapat dia namakan.

Parfois, il suivait l'appel au plus profond des bois tranquilles.

Kadang-kadang dia mengikut panggilan itu jauh ke dalam hutan yang sunyi.

Il cherchait l'appel, aboyant doucement ou fort au fur et à mesure.

Dia mencari panggilan itu, menyalak lembut atau tajam semasa dia pergi.

Il renifla la mousse et la terre noire où poussaient les herbes.

Dia menghidu lumut dan tanah hitam tempat rumput tumbuh.

Il renifla de plaisir aux riches odeurs de la terre profonde.

Dia mendengus gembira melihat bau harum dari bumi yang dalam.

Il s'est accroupi pendant des heures derrière des troncs couverts de champignons.

Dia merengkok berjam-jam di belakang batang yang diliputi kulat.

Il resta immobile, écoutant les yeux écarquillés chaque petit bruit.

Dia diam, mendengar dengan mata terbeliak setiap bunyi kecil.

Il espérait peut-être surprendre la chose qui avait lancé l'appel.

Dia mungkin berharap untuk mengejutkan perkara yang membuat panggilan itu.

Il ne savait pas pourquoi il agissait de cette façon, il le faisait simplement.

Dia tidak tahu mengapa dia bertindak begini — dia begitu sahaja.

Les pulsions venaient du plus profond de moi, au-delà de la pensée ou de la raison.

Desakan datang dari dalam, di luar pemikiran atau akal.

Des envies irrésistibles s'emparèrent de Buck sans avertissement ni raison.

Desakan yang tidak dapat ditahan menguasai Buck tanpa amaran atau alasan.

Parfois, il somnolait paresseusement dans le camp sous la chaleur de midi.

Ada kalanya dia tertidur dengan malas di kem di bawah panas tengah hari.

Soudain, sa tête se releva et ses oreilles se dressèrent en alerte.

Tiba-tiba, kepalanya diangkat dan telinganya berjaga-jaga.

Puis il se leva d'un bond et se précipita dans la nature sans s'arrêter.

Kemudian dia melompat dan berlari ke dalam hutan tanpa jeda.

Il a couru pendant des heures à travers les sentiers forestiers et les espaces ouverts.

Dia berlari berjam-jam melalui laluan hutan dan kawasan lapang.

Il aimait suivre les lits des ruisseaux asséchés et espionner les oiseaux dans les arbres.

Dia suka mengikut anak sungai kering dan mengintip burung di pokok.

Il pouvait rester caché toute la journée, à regarder les perdrix se pavaner.

Dia boleh berbaring bersembunyi sepanjang hari, memerhati ayam hutan yang berkeliaran.

Ils tambourinaient et marchaient, inconscients de la présence de Buck.

Mereka bergendang dan berarak, tanpa menyedari kehadiran Buck.

Mais ce qu'il aimait le plus, c'était courir au crépuscule en été.

Tetapi apa yang paling dia suka adalah berlari pada waktu senja pada musim panas.

La faible lumière et les bruits endormis de la forêt le remplissaient de joie.

Cahaya malap dan bunyi hutan yang mengantuk memenuhi dia dengan kegembiraan.

Il lisait les panneaux forestiers aussi clairement qu'un homme lit un livre.

Dia membaca papan tanda hutan dengan jelas seperti seorang lelaki membaca buku.

Et il cherchait toujours la chose étrange qui l'appelait.

Dan dia sentiasa mencari perkara aneh yang memanggilnya.

Cet appel ne s'est jamais arrêté : il l'atteignait qu'il soit éveillé ou endormi.

Panggilan itu tidak pernah berhenti—ia sampai kepadanya semasa bangun atau tidur.

Une nuit, il se réveilla en sursaut, les yeux perçants et les oreilles hautes.

Pada suatu malam, dia bangun dengan terkejut, matanya tajam dan telinga tinggi.

Ses narines se contractaient tandis que sa crinière se dressait en vagues.

Lubang hidungnya berkedut apabila surainya berdiri berbulu di ombak.

Du plus profond de la forêt, le son résonna à nouveau, le vieil appel.

Dari dalam hutan terdengar lagi bunyi, panggilan lama.

Cette fois, le son résonnait clairement, un hurlement long, obsédant et familier.

Kali ini bunyi itu berbunyi dengan jelas, lolongan yang panjang, menghantui dan biasa.

C'était comme le cri d un husky, mais d'un ton étrange et sauvage.

Ia seperti tangisan serak, tetapi nadanya aneh dan liar.

Buck reconnut immédiatement le son – il avait entendu exactement le même son depuis longtemps.

Buck tahu bunyi itu sekali gus-dia telah mendengar bunyi yang tepat sejak dahulu lagi.

Il sauta à travers le camp et disparut rapidement dans les bois.

Dia melompat melalui kem dan lenyap dengan pantas ke dalam hutan.

Alors qu'il s'approchait du bruit, il ralentit et se déplaça avec précaution.

Semasa dia menghampiri bunyi itu, dia perlahan dan bergerak dengan berhati-hati.

Bientôt, il atteignit une clairière entre d'épais pins.

Tidak lama kemudian dia mencapai kawasan lapang di antara pokok pain tebal.

Là, debout sur ses pattes arrière, était assis un loup des bois grand et maigre.

Di sana, tegak di atas badannya, duduk seekor serigala kayu yang tinggi dan kurus.

Le nez du loup pointait vers le ciel, résonnant toujours de l'appel.

Hidung serigala itu menghala ke langit, masih bergema panggilan itu.

Buck n'avait émis aucun son, mais le loup s'arrêta et écouta.

Buck tidak mengeluarkan bunyi, namun serigala itu berhenti dan mendengar.

Sentant quelque chose, le loup se tendit, scrutant l'obscurité.

Merasakan sesuatu, serigala itu tegang, mencari kegelapan.

Buck apparut en rampant, le corps bas, les pieds immobiles sur le sol.

Buck merayap ke dalam pandangan, badan rendah, kaki tenang di atas tanah.

Sa queue était droite, son corps enroulé sous la tension.

Ekornya lurus, badannya dililit ketat dengan ketegangan.

Il a montré à la fois une menace et une sorte d'amitié brutale.

Dia menunjukkan kedua-dua ancaman dan sejenis persahabatan yang kasar.

C'était le salut prudent partagé par les bêtes sauvages.

Itu adalah ucapan berhati-hati yang dikongsi oleh binatang liar.

Mais le loup se retourna et s'enfuit dès qu'il vit Buck.

Tetapi serigala itu berpaling dan melarikan diri sebaik sahaja ia melihat Buck.

Buck se lança à sa poursuite, sautant sauvagement, désireux de le rattraper.

Buck mengejar, melompat liar, tidak sabar-sabar untuk memintasnya.

Il suivit le loup dans un ruisseau asséché bloqué par un embâcle.

Dia mengikut serigala itu ke dalam anak sungai kering yang terhalang oleh jem kayu.

Acculé, le loup se retourna et tint bon.

Tersentak, serigala itu berpusing dan berdiri di atas tanah.

Le loup grognait et claquait comme un chien husky pris au piège dans un combat.

Serigala itu menggeram dan membentak seperti anjing serak yang terperangkap dalam pergaduhan.

Les dents du loup claquaient rapidement, son corps se hérissant d'une fureur sauvage.

Gigi serigala itu bercegup laju, badannya berbulu-bulu dengan amarah liar.

Buck n'attaqua pas mais encercla le loup avec une gentillesse prudente.

Buck tidak menyerang tetapi mengelilingi serigala dengan keramahan yang berhati-hati.

Il a essayé de bloquer sa fuite par des mouvements lents et inoffensifs.

Dia cuba menghalang pelariannya dengan pergerakan perlahan dan tidak berbahaya.

Le loup était méfiant et effrayé : Buck le dépassait trois fois.

Serigala itu berhati-hati dan takut-Buck melebihi beratnya tiga kali ganda.

La tête du loup atteignait à peine l'épaule massive de Buck.

Kepala serigala itu hampir tidak sampai ke bahu Buck yang besar.

À l'affût d'une brèche, le loup s'est enfui et la poursuite a repris.

Melihat celah, serigala itu berlari dan pengejaran bermula semula.

Plusieurs fois, Buck l'a coincé et la danse s'est répétée.

Beberapa kali Buck menyudutnya, dan tarian itu berulang.

Le loup était maigre et faible, sinon Buck n'aurait pas pu l'attraper.

Serigala itu kurus dan lemah, atau Buck tidak dapat menangkapnya.

Chaque fois que Buck s'approchait, le loup se retournait et lui faisait face avec peur.

Setiap kali Buck mendekat, serigala itu berpusing dan menghadapinya dalam ketakutan.

Puis, à la première occasion, il s'est précipité dans les bois une fois de plus.

Kemudian pada peluang pertama, dia berlari ke dalam hutan sekali lagi.

Mais Buck n'a pas abandonné et finalement le loup a fini par lui faire confiance.

Tetapi Buck tidak berputus asa, dan akhirnya serigala itu mempercayainya.

Il renifla le nez de Buck, et les deux devinrent joueurs et alertes.

Dia menghidu hidung Buck, dan kedua-duanya menjadi suka bermain dan berjaga-jaga.

Ils jouaient comme des animaux sauvages, féroces mais timides dans leur joie.

Mereka bermain seperti binatang liar, garang lagi malu dalam kegembiraan mereka.

Au bout d'un moment, le loup s'éloigna au trot avec un calme déterminé.

Selepas beberapa ketika, serigala itu berlari dengan tujuan yang tenang.

Il a clairement montré à Buck qu'il voulait être suivi.

Dia jelas menunjukkan Buck bahawa dia bermaksud untuk diikuti.

Ils couraient côte à côte dans l'obscurité du crépuscule.

Mereka berlari beriringan melalui kesuraman senja.

Ils suivirent le lit du ruisseau jusqu'à la gorge rocheuse.

Mereka mengikuti dasar anak sungai sehingga ke dalam gaung berbatu.

Ils traversèrent une ligne de partage des eaux froide où le ruisseau avait pris sa source.

Mereka menyeberangi jurang sejuk di mana aliran itu bermula.

Sur la pente la plus éloignée, ils trouvèrent une vaste forêt et de nombreux ruisseaux.

Di lereng yang jauh mereka menemui hutan yang luas dan banyak sungai.

À travers ce vaste territoire, ils ont couru pendant des heures sans s'arrêter.

Melalui tanah yang luas ini, mereka berlari berjam-jam tanpa henti.

Le soleil se leva plus haut, l'air devint chaud, mais ils continuèrent à courir.

Matahari naik lebih tinggi, udara menjadi hangat, tetapi mereka terus berjalan.

Buck était rempli de joie : il savait qu'il répondait à son appel.

Buck dipenuhi dengan kegembiraan-dia tahu dia menjawab panggilannya.

Il courut à côté de son frère de la forêt, plus près de la source de l'appel.

Dia berlari di sebelah abang hutannya, lebih dekat dengan sumber panggilan.

De vieux sentiments sont revenus, puissants et difficiles à ignorer.

Perasaan lama kembali, kuat dan sukar untuk diabaikan.

C'étaient les vérités derrière les souvenirs de ses rêves.

Ini adalah kebenaran di sebalik kenangan dari mimpinya.

Il avait déjà fait tout cela auparavant, dans un monde lointain et obscur.

Dia telah melakukan semua ini sebelum ini di dunia yang jauh dan gelap.

Il recommença alors, courant librement avec le ciel ouvert au-dessus.

Sekarang dia melakukan ini lagi, berlari liar dengan langit terbuka di atas.

Ils s'arrêtèrent près d'un ruisseau pour boire l'eau froide qui coulait.

Mereka berhenti di sebatang sungai untuk minum air yang mengalir sejuk.

Alors qu'il buvait, Buck se souvint soudain de John Thornton.

Semasa dia minum, Buck tiba-tiba teringat John Thornton.

Il s'assit en silence, déchiré par l'attrait de la loyauté et de l'appel.

Dia duduk dalam diam, terkoyak oleh tarikan kesetiaan dan panggilan.

Le loup continua à trotter, mais revint pour pousser Buck à avancer.

Serigala itu berlari, tetapi kembali untuk mendesak Buck ke hadapan.

Il renifla son nez et essaya de le cajoler avec des gestes doux.

Dia menghidu hidungnya dan cuba memujuknya dengan isyarat lembut.

Mais Buck se retourna et reprit le chemin par lequel il était venu.

Tetapi Buck berpaling dan mula kembali cara dia datang.

Le loup courut à côté de lui pendant un long moment, gémissant doucement.

Serigala itu berlari di sebelahnya untuk masa yang lama, merengek perlahan.

Puis il s'assit, leva le nez et poussa un long hurlement.

Kemudian dia duduk, mengangkat hidungnya, dan melolong panjang.

C'était un cri lugubre, qui s'adoucit à mesure que Buck s'éloignait.

Ia adalah tangisan yang menyedihkan, melembutkan apabila Buck berlalu pergi.

Buck écouta le son du cri s'estomper lentement dans le silence de la forêt.

Buck mendengar apabila bunyi tangisan itu perlahan-lahan memudar ke dalam kesunyian hutan.

John Thornton était en train de dîner lorsque Buck a fait irruption dans le camp.

John Thornton sedang makan malam apabila Buck menyerbu ke dalam kem.

Buck sauta sauvagement sur lui, le léchant, le mordant et le faisant culbuter.

Buck melompat kepadanya liar, menjilat, menggigit, dan jatuh dia.

Il l'a renversé, s'est hissé dessus et l'a embrassé sur le visage.

Dia mengetuknya, berebut ke atas, dan mencium mukanya.

Thornton appelait cela avec affection « jouer le fou du commun ».

Thornton memanggil ini "bermain tom-fool umum" dengan kasih sayang.

Pendant tout ce temps, il maudissait doucement Buck et le secouait d'avant en arrière.

Sepanjang masa, dia mengutuk Buck perlahan-lahan dan menggoncangnya ke sana ke mari.

Pendant deux jours et deux nuits entières, Buck n'a pas quitté le camp une seule fois.

Selama dua hari dan malam penuh, Buck tidak pernah meninggalkan kem itu sekali.

Il est resté proche de Thornton et ne l'a jamais quitté des yeux.

Dia terus dekat dengan Thornton dan tidak pernah melepaskannya dari pandangannya.

Il le suivait pendant qu'il travaillait et le regardait pendant qu'il mangeait.

Dia mengikutinya semasa dia bekerja dan memerhatikannya semasa dia makan.

Il voyait Thornton dans ses couvertures la nuit et dehors chaque matin.

Dia melihat Thornton masuk ke dalam selimutnya pada waktu malam dan keluar setiap pagi.

Mais bientôt l'appel de la forêt revint, plus fort que jamais.

Tetapi tidak lama kemudian panggilan hutan kembali, lebih kuat daripada sebelumnya.

Buck devint à nouveau agité, agité par les pensées du loup sauvage.

Buck menjadi resah semula, dikacau oleh pemikiran serigala liar.

Il se souvenait de la terre ouverte et de la course côte à côte.

Dia teringat tanah lapang dan berlari beriringan.

Il commença à errer à nouveau dans la forêt, seul et alerte.

Dia mula mengembara ke dalam hutan sekali lagi, bersendirian dan berjaga-jaga.

Mais le frère sauvage ne revint pas et le hurlement ne fut pas entendu.

Tetapi saudara liar itu tidak kembali, dan lolongan tidak kedengaran.

Buck a commencé à dormir dehors, restant absent pendant des jours.
Buck mula tidur di luar, menjauhkan diri selama beberapa hari pada satu masa.
Une fois, il traversa la haute ligne de partage des eaux où le ruisseau commençait.
Sebaik sahaja dia melintasi jurang yang tinggi di mana anak sungai itu bermula.
Il entra dans le pays des bois sombres et des larges ruisseaux.
Dia memasuki negeri kayu yang gelap dan sungai yang mengalir luas.
Pendant une semaine, il a erré, à la recherche de signes de son frère sauvage.
Seminggu dia berkeliaran, mencari tanda-tanda abang liar itu.
Il tuait sa propre viande et voyageait à grands pas, sans relâche.
Dia membunuh dagingnya sendiri dan mengembara dengan langkah yang panjang tanpa jemu.
Il pêchait le saumon dans une large rivière qui se jetait dans la mer.
Dia memancing ikan salmon di sungai yang luas yang sampai ke laut.
Là, il combattit et tua un ours noir rendu fou par les insectes.
Di sana, dia melawan dan membunuh seekor beruang hitam yang gila oleh pepijat.
L'ours était en train de pêcher et courait aveuglément à travers les arbres.
Beruang itu telah memancing dan berlari membuta tuli melalui pokok.
La bataille fut féroce, réveillant le profond esprit combatif de Buck.
Pertempuran itu sengit, membangkitkan semangat juang Buck yang mendalam.
Deux jours plus tard, Buck est revenu et a trouvé des carcajous près de sa proie.

Dua hari kemudian, Buck kembali untuk mencari serigala semasa membunuhnya.

Une douzaine d'entre eux se disputaient la viande avec une fureur bruyante.

Sedozen daripada mereka bergaduh mengenai daging dalam kemarahan yang bising.

Buck chargea et les dispersa comme des feuilles dans le vent.

Buck menyerbu dan menghamburkan mereka seperti daun ditiup angin.

Deux loups restèrent derrière, silencieux, sans vie et immobiles pour toujours.

Dua serigala kekal di belakang—senyap, tidak bermaya, dan tidak bergerak selama-lamanya.

La soif de sang était plus forte que jamais.

Kehausan untuk darah semakin kuat dari sebelumnya.

Buck était un chasseur, un tueur, se nourrissant de créatures vivantes.

Buck adalah seorang pemburu, pembunuh, memberi makan kepada makhluk hidup.

Il a survécu seul, en s'appuyant sur sa force et ses sens aiguisés.

Dia bertahan sendirian, bergantung pada kekuatan dan deria yang tajam.

Il prospérait dans la nature, où seuls les plus résistants pouvaient vivre.

Dia hidup subur di alam liar, di mana hanya yang paling sukar boleh hidup.

De là, une grande fierté s'éleva et remplit tout l'être de Buck.

Dari sini, rasa bangga yang besar timbul dan memenuhi seluruh diri Buck.

Sa fierté se reflétait dans chacun de ses pas, dans le mouvement de chacun de ses muscles.

Kebanggaannya ditunjukkan dalam setiap langkahnya, dalam riak setiap otot.

Sa fierté était aussi claire qu'un discours, visible dans la façon dont il se comportait.

Kebanggaannya jelas seperti ucapan, dilihat dari cara dia membawa dirinya.

Même son épais pelage semblait plus majestueux et brillait davantage.

Malah kot tebalnya kelihatan lebih megah dan berkilauan lebih terang.

Buck aurait pu être confondu avec un loup géant.

Buck boleh disalah anggap sebagai serigala kayu gergasi.

À l'exception du brun sur son museau et des taches au-dessus de ses yeux.

Kecuali coklat pada muncungnya dan bintik-bintik di atas matanya.

Et la traînée de fourrure blanche qui courait au milieu de sa poitrine.

Dan jalur bulu putih yang mengalir di tengah dadanya.

Il était encore plus grand que le plus grand loup de cette race féroce.

Dia lebih besar daripada serigala terbesar dari baka garang itu.

Son père, un Saint-Bernard, lui a donné de la taille et une ossature lourde.

Bapanya, seorang St. Bernard, memberinya saiz dan rangka berat.

Sa mère, une bergère, a façonné cette masse en forme de loup.

Ibunya, seorang gembala, membentuk pukal itu menjadi bentuk seperti serigala.

Il avait le long museau d'un loup, bien que plus lourd et plus large.

Dia mempunyai muncung panjang seperti serigala, walaupun lebih berat dan lebih luas.

Sa tête était celle d'un loup, mais construite à une échelle massive et majestueuse.

Kepalanya adalah kepala serigala, tetapi dibina pada skala yang besar dan megah.

La ruse de Buck était la ruse du loup et de la nature.

Kelicikan Buck adalah kelicikan serigala dan liar.

Son intelligence lui vient à la fois du berger allemand et du Saint-Bernard.

Kepintarannya datang dari Gembala Jerman dan St. Bernard.

Tout cela, ajouté à une expérience difficile, faisait de lui une créature redoutable.

Semua ini, ditambah dengan pengalaman yang keras, menjadikannya makhluk yang menakutkan.

Il était aussi redoutable que n'importe quelle bête qui parcourait les régions sauvages du nord.

Dia hebat seperti mana-mana binatang yang berkeliaran di alam liar utara.

Ne se nourrissant que de viande, Buck a atteint le sommet de sa force.

Hidup hanya dengan daging, Buck mencapai kemuncak kekuatannya.

Il débordait de puissance et de force masculine dans chaque fibre de son être.

Dia dilimpahi dengan kuasa dan kekuatan lelaki dalam setiap serabutnya.

Lorsque Thornton lui caressait le dos, ses poils brillaient d'énergie.

Apabila Thornton mengusap belakangnya, bulu-bulu itu tercetus dengan tenaga.

Chaque cheveu crépitait, chargé du contact du magnétisme vivant.

Setiap rambut merekah, dicas dengan sentuhan kemagnetan hidup.

Son corps et son cerveau étaient réglés sur le ton le plus fin possible.

Badan dan otaknya ditala pada nada yang terbaik.

Chaque nerf, chaque fibre et chaque muscle fonctionnaient en parfaite harmonie.

Setiap saraf, serat dan otot berfungsi dalam harmoni yang sempurna.

À tout son ou toute vue nécessitant une action, il répondait instantanément.

Untuk sebarang bunyi atau penglihatan yang memerlukan tindakan, dia bertindak balas serta-merta.

Si un husky sautait pour attaquer, Buck pouvait sauter deux fois plus vite.

Jika seekor husky melompat untuk menyerang, Buck boleh melompat dua kali lebih pantas.

Il a réagi plus vite que les autres ne pouvaient le voir ou l'entendre.

Dia bertindak balas lebih cepat daripada yang orang lain boleh lihat atau dengar.

La perception, la décision et l'action se sont produites en un seul instant fluide.

Persepsi, keputusan dan tindakan semuanya datang dalam satu saat yang cair.

En vérité, ces actes étaient distincts, mais trop rapides pour être remarqués.

Sebenarnya, perbuatan ini adalah berasingan, tetapi terlalu cepat untuk diperhatikan.

Les intervalles entre ces actes étaient si brefs qu'ils semblaient n'en faire qu'un.

Begitu singkat jurang antara perbuatan ini, mereka seolah-olah satu.

Ses muscles et son être étaient comme des ressorts étroitement enroulés.

Otot-otot dan makhluknya seperti mata air yang bergulung rapat.

Son corps débordait de vie, sauvage et joyeux dans sa puissance.

Tubuhnya melonjak dengan kehidupan, liar dan gembira dalam kuasanya.

Parfois, il avait l'impression que la force allait jaillir de lui entièrement.

Ada kalanya dia merasakan seperti kuasa itu akan meletup keluar dari dirinya sepenuhnya.

« Il n'y a jamais eu un tel chien », a déclaré Thornton un jour tranquille.

"Tidak pernah ada anjing seperti itu," kata Thornton pada suatu hari yang tenang.

Les partenaires regardaient Buck sortir fièrement du camp.

Rakan kongsi memerhati Buck melangkah dengan bangga dari kem.

« Lorsqu'il a été créé, il a changé ce que pouvait être un chien », a déclaré Pete.

"Apabila dia dibuat, dia mengubah apa yang boleh menjadi anjing," kata Pete.

« Par Jésus ! Je le pense moi-même », acquiesça rapidement Hans.

"Demi Yesus! Saya sendiri fikir begitu," Hans segera bersetuju.

Ils l'ont vu s'éloigner, mais pas le changement qui s'est produit après.

Mereka melihat dia berarak, tetapi bukan perubahan yang berlaku selepas itu.

Dès qu'il est entré dans les bois, Buck s'est complètement transformé.

Sebaik sahaja dia memasuki hutan, Buck berubah sepenuhnya.

Il ne marchait plus, mais se déplaçait comme un fantôme sauvage parmi les arbres.

Dia tidak lagi berarak, tetapi bergerak seperti hantu liar di antara pokok.

Il devint silencieux, les pieds comme un chat, une lueur traversant les ombres.

Dia menjadi senyap, berkaki kucing, kelipan melalui bayang-bayang.

Il utilisait la couverture avec habileté, rampant sur le ventre comme un serpent.

Dia menggunakan penutup dengan kemahiran, merangkak di perutnya seperti ular.

Et comme un serpent, il pouvait bondir en avant et frapper en silence.

Dan seperti ular, dia boleh melompat ke hadapan dan menyerang dalam diam.

Il pourrait voler un lagopède directement dans son nid caché.

Dia boleh mencuri ptarmigan terus dari sarangnya yang tersembunyi.

Il a tué des lapins endormis sans un seul bruit.

Dia membunuh arnab yang sedang tidur tanpa satu suara pun.

Il pouvait attraper des tamias en plein vol alors qu'ils fuyaient trop lentement.

Dia boleh menangkap chipmunks di udara kerana mereka melarikan diri terlalu perlahan.

Même les poissons dans les bassins ne pouvaient échapper à ses attaques soudaines.

Malah ikan di dalam kolam tidak dapat melarikan diri dari serangannya yang tiba-tiba.

Même les castors astucieux qui réparaient les barrages n'étaient pas à l'abri de lui.

Malah memerang yang pandai membaiki empangan tidak selamat daripadanya.

Il tuait pour se nourrir, pas pour le plaisir, mais il préférait tuer ses propres victimes.

Dia membunuh untuk makanan, bukan untuk berseronok-tetapi paling suka membunuhnya sendiri.

Pourtant, un humour sournois traversait certaines de ses chasses silencieuses.

Namun, jenaka licik mengalir melalui beberapa pemburuan senyapnya.

Il s'est approché des écureuils, mais les a laissés s'échapper.

Dia merayap dekat dengan tupai, hanya untuk membiarkan mereka melarikan diri.

Ils allaient fuir vers les arbres, bavardant dans une rage effrayée.

Mereka akan melarikan diri ke pokok-pokok, berbual-bual dalam kemarahan yang menakutkan.

À l'arrivée de l'automne, les orignaux ont commencé à apparaître en plus grand nombre.

Apabila musim gugur tiba, moose mula muncul dalam jumlah yang lebih besar.

Ils se sont déplacés lentement vers les basses vallées pour affronter l'hiver.

Mereka bergerak perlahan-lahan ke lembah rendah untuk memenuhi musim sejuk.

Buck avait déjà abattu un jeune veau errant.

Buck telah membawa turun seekor anak lembu yang masih muda dan liar.

Mais il aspirait à affronter des proies plus grandes et plus dangereuses.

Tetapi dia ingin menghadapi mangsa yang lebih besar dan lebih berbahaya.

Un jour, à la ligne de partage des eaux, à la tête du ruisseau, il trouva sa chance.

Pada suatu hari di jurang, di kepala anak sungai, dia mendapat peluang.

Un troupeau de vingt orignaux avait traversé des terres boisées.

Sekumpulan dua puluh rusa utara telah menyeberang dari kawasan hutan.

Parmi eux se trouvait un puissant taureau, le chef du groupe.

Di antara mereka ada seekor lembu jantan yang gagah perkasa; ketua kumpulan itu.

Le taureau mesurait plus de six pieds de haut et avait l'air féroce et sauvage.

Lembu jantan itu berdiri lebih daripada enam kaki tinggi dan kelihatan garang dan liar.

Il lança ses larges bois, quatorze pointes se ramifiant vers l'extérieur.

Dia melemparkan tanduk lebarnya, empat belas mata bercabang ke luar.

Les extrémités de ces bois s'étendaient sur sept pieds de large.

Hujung tanduk itu terbentang tujuh kaki.

Ses petits yeux brûlaient de rage lorsqu'il aperçut Buck à proximité.

Mata kecilnya terbakar dengan kemarahan apabila dia melihat Buck berhampiran.

Il poussa un rugissement furieux, tremblant de fureur et de douleur.

Dia mengeluarkan raungan marah, menggeletar dengan kemarahan dan kesakitan.

Une pointe de flèche sortait près de son flanc, empennée et pointue.

Hujung anak panah tersangkut dekat rusuknya, berbulu dan tajam.

Cette blessure a contribué à expliquer son humeur sauvage et amère.

Luka ini membantu menjelaskan perasaannya yang biadab dan pahit.

Buck, guidé par un ancien instinct de chasseur, a fait son mouvement.

Buck, dipandu oleh naluri memburu kuno, membuat langkahnya.

Son objectif était de séparer le taureau du reste du troupeau.

Dia bertujuan untuk memisahkan lembu jantan daripada kumpulan yang lain.

Ce n'était pas une tâche facile : il fallait de la rapidité et une ruse féroce.

Ini bukanlah tugas yang mudah—ia memerlukan kepantasan dan kelicikan yang sengit.

Il aboyait et dansait près du taureau, juste hors de portée.

Dia menyalak dan menari berhampiran lembu jantan itu, hanya di luar jangkauan.

L'élan s'est précipité avec d'énormes sabots et des bois mortels.

Moose itu menerjang dengan kuku yang besar dan tanduk yang mematikan.

Un seul coup aurait pu mettre fin à la vie de Buck en un clin d'œil.

Satu pukulan boleh menamatkan nyawa Buck dalam sekejap.

Incapable de laisser la menace derrière lui, le taureau devint fou.

Tidak dapat meninggalkan ancaman itu, lembu jantan itu menjadi marah.

Il chargea avec fureur, mais Buck s'échappa toujours.

Dia menuduh dengan marah, tetapi Buck sentiasa terlepas.

Buck simula une faiblesse, l'attirant plus loin du troupeau.

Buck memalsukan kelemahan, memikatnya lebih jauh dari kumpulan itu.

Mais les jeunes taureaux allaient charger pour protéger le leader.

Tetapi lembu jantan muda akan menyerang balik untuk melindungi pemimpin.

Ils ont forcé Buck à battre en retraite et le taureau à rejoindre le groupe.

Mereka memaksa Buck untuk berundur dan lembu jantan untuk menyertai semula kumpulan itu.

Il y a une patience dans la nature, profonde et imparable.

Terdapat kesabaran di alam liar, mendalam dan tidak dapat dihalang.

Une araignée attend immobile dans sa toile pendant d'innombrables heures.

Labah-labah menunggu tanpa bergerak dalam sarangnya selama berjam-jam.

Un serpent s'enroule sans tressaillement et attend que son heure soit venue.

Seekor ular melingkar tanpa berkedut, dan menunggu sehingga tiba masanya.

Une panthère se tient en embuscade, jusqu'à ce que le moment arrive.

Seekor harimau kumbang berada dalam serangan hendap, sehingga saatnya tiba.

C'est la patience des prédateurs qui chassent pour survivre.

Inilah kesabaran pemangsa yang memburu untuk terus hidup.

Cette même patience brûlait à l'intérieur de Buck alors qu'il restait proche.

Kesabaran yang sama membara di dalam diri Buck apabila dia berada dekat.

Il resta près du troupeau, ralentissant sa marche et suscitant la peur.

Dia tinggal berhampiran kawanan itu, memperlahankan perarakannya dan menimbulkan ketakutan.

Il taquinait les jeunes taureaux et harcelait les vaches mères.

Dia mengusik lembu jantan muda dan mengganggu ibu lembu.

Il a plongé le taureau blessé dans une rage encore plus profonde et impuissante.

Dia menghalau lembu jantan yang cedera itu ke dalam kemarahan yang lebih mendalam dan tidak berdaya.

Pendant une demi-journée, le combat s'est prolongé sans aucun répit.

Selama setengah hari, pergaduhan itu berlarutan tanpa rehat langsung.

Buck attaquait sous tous les angles, rapide et féroce comme le vent.

Buck menyerang dari setiap sudut, pantas dan ganas seperti angin.

Il a empêché le taureau de se reposer ou de se cacher avec son troupeau.

Dia menahan lembu jantan itu daripada berehat atau bersembunyi bersama kawanannya.

Le cerf a épuisé la volonté de l'élan plus vite que son corps.

Buck melemahkan wasiat moose lebih cepat daripada badannya.

La journée passa et le soleil se coucha bas dans le ciel du nord-ouest.

Hari berlalu dan matahari terbenam rendah di langit barat laut.

Les jeunes taureaux revinrent plus lentement pour aider leur chef.

Lembu jantan muda kembali dengan lebih perlahan untuk membantu ketua mereka.

Les nuits d'automne étaient revenues et l'obscurité durait désormais six heures.

Malam musim luruh telah kembali, dan kegelapan kini berlangsung selama enam jam.

L'hiver les poussait vers des vallées plus sûres et plus chaudes.

Musim sejuk mendorong mereka menuruni bukit ke lembah yang lebih selamat dan lebih hangat.

Mais ils ne pouvaient toujours pas échapper au chasseur qui les retenait.

Tetapi mereka tetap tidak dapat melarikan diri dari pemburu yang menahan mereka.

Une seule vie était en jeu : pas celle du troupeau, mais celle de leur chef.

Hanya satu nyawa yang dipertaruhkan—bukan kawanan, hanya ketua mereka.

Cela rendait la menace lointaine et non leur préoccupation urgente.

Itu menjadikan ancaman itu jauh dan bukan kebimbangan mendesak mereka.

Au fil du temps, ils ont accepté ce prix et ont laissé Buck prendre le vieux taureau.

Pada masanya, mereka menerima kos ini dan membiarkan Buck mengambil lembu jantan tua.

Alors que le crépuscule s'installait, le vieux taureau se tenait debout, la tête baissée.

Apabila senja tiba, lembu jantan tua itu berdiri dengan kepala menunduk.

Il regarda le troupeau qu'il avait conduit disparaître dans la lumière déclinante.

Dia melihat kawanan yang dipimpinnya lenyap ke dalam cahaya yang semakin pudar.

Il y avait des vaches qu'il avait connues, des veaux qu'il avait autrefois engendrés.

Ada lembu yang dikenalinya, anak lembu yang pernah dianakkannya.

Il y avait des taureaux plus jeunes qu'il avait combattus et dominés au cours des saisons précédentes.

Terdapat lembu jantan muda yang telah dia lawan dan memerintah pada musim lalu.

Il ne pouvait pas les suivre, car Buck était à nouveau accroupi devant lui.

Dia tidak boleh mengikuti mereka-kerana sebelum dia crouched Buck lagi.

La terreur impitoyable aux crocs bloquait tous les chemins qu'il pouvait emprunter.

Keganasan bertaring tanpa belas kasihan menghalang setiap laluan yang mungkin dia ambil.

Le taureau pesait plus de trois cents livres de puissance dense.

Lembu jantan itu mempunyai berat lebih daripada tiga ratus berat kuasa padat.

Il avait vécu longtemps et s'était battu avec acharnement dans un monde de luttes.

Dia telah hidup lama dan berjuang keras dalam dunia perjuangan.

Mais maintenant, à la fin, la mort venait d'une bête bien en dessous de lui.

Namun kini, pada akhirnya, kematian datang dari seekor binatang yang jauh di bawahnya.

La tête de Buck n'atteignait même pas les énormes genoux noueux du taureau.

Kepala Buck tidak pun naik ke lutut lembu jantan besar buku jari.

À partir de ce moment, Buck resta avec le taureau nuit et jour.

Sejak saat itu, Buck tinggal bersama lembu jantan itu siang dan malam.

Il ne lui a jamais laissé de repos, ne lui a jamais permis de brouter ou de boire.

Dia tidak pernah memberinya rehat, tidak pernah membenarkannya meragut atau minum.

Le taureau a essayé de manger de jeunes pousses de bouleau et des feuilles de saule.

Lembu jantan cuba memakan pucuk birch muda dan daun willow.

Mais Buck le repoussa, toujours alerte et toujours attaquant.

Tetapi Buck menghalaunya, sentiasa berjaga-jaga dan sentiasa menyerang.

Même dans les ruisseaux qui ruisselaient, Buck bloquait toute tentative assoiffée.

Walaupun di sungai yang mengalir, Buck menyekat setiap percubaan yang dahaga.

Parfois, par désespoir, le taureau s'enfuyait à toute vitesse.

Kadang-kadang, dalam keadaan terdesak, lembu jantan itu melarikan diri dengan laju.

Buck le laissa courir, galopant calmement juste derrière, jamais très loin.

Buck membiarkan dia berlari, melompat dengan tenang di belakang, tidak pernah jauh.

Lorsque l'élan s'arrêta, Buck s'allongea, mais resta prêt.

Apabila moose berhenti seketika, Buck baring, tetapi tetap bersedia.

Si le taureau essayait de manger ou de boire, Buck frappait avec une fureur totale.

Jika lembu jantan cuba makan atau minum, Buck menyerang dengan penuh kemarahan.

La grosse tête du taureau s'affaissait sous ses vastes bois.

Kepala lembu jantan yang besar itu jatuh ke bawah di bawah tanduknya yang besar.

Son rythme ralentit, le trot devint lourd, une marche trébuchante.

Langkahnya perlahan, lariannya menjadi berat; berjalan tersandung.

Il restait souvent immobile, les oreilles tombantes et le nez au sol.

Dia sering berdiri diam dengan telinga dan hidung terkulai ke tanah.

Pendant ces moments-là, Buck prenait le temps de boire et de se reposer.

Pada saat-saat itu, Buck mengambil masa untuk minum dan berehat.

La langue tirée, les yeux fixés, Buck sentait que la terre était en train de changer.

Lidah keluar, mata terpejam, Buck merasakan tanah itu berubah.

Il sentit quelque chose de nouveau se déplacer dans la forêt et dans le ciel.

Dia merasakan sesuatu yang baru bergerak melalui hutan dan langit.

Avec le retour des orignaux, d'autres créatures sauvages ont fait de même.

Apabila moose kembali, begitu juga dengan makhluk liar yang lain.

La terre semblait vivante, avec une présence invisible mais fortement connue.

Tanah itu terasa hidup dengan kehadiran, tidak kelihatan tetapi sangat dikenali.

Ce n'était ni par l'ouïe, ni par la vue, ni par l'odorat que Buck le savait.

Ia bukan dengan bunyi, penglihatan, mahupun dengan bau yang Buck tahu ini.

Un sentiment plus profond lui disait que de nouvelles forces étaient en mouvement.

Rasa yang lebih mendalam memberitahunya bahawa pasukan baru sedang bergerak.

Une vie étrange s'agitait dans les bois et le long des ruisseaux.

Kehidupan aneh bergelora di hutan dan di sepanjang sungai.

Il a décidé d'explorer cet esprit, une fois la chasse terminée.

Dia memutuskan untuk meneroka semangat ini, selepas pemburuan selesai.

Le quatrième jour, Buck a finalement abattu l'élan.

Pada hari keempat, Buck akhirnya menurunkan moose itu.

Il est resté près de la proie pendant une journée et une nuit entières, se nourrissant et se reposant.

Dia tinggal di dekat pembunuhan itu selama sehari dan malam penuh, memberi makan dan berehat.

Il mangea, puis dormit, puis mangea à nouveau, jusqu'à ce qu'il soit fort et rassasié.

Dia makan, kemudian tidur, kemudian makan lagi, sehingga dia kuat dan kenyang.

Lorsqu'il fut prêt, il retourna vers le camp et Thornton.

Apabila dia sudah bersedia, dia berpatah balik ke arah kem dan Thornton.

D'un pas régulier, il commença le long voyage de retour vers la maison.

Dengan langkah yang mantap, dia memulakan perjalanan pulang yang panjang.

Il courait d'un pas infatigable, heure après heure, sans jamais s'égarer.

Dia berlari dalam lompat tanpa jemu, jam demi jam, tidak pernah sesat.

À travers des terres inconnues, il se déplaçait droit comme l'aiguille d'une boussole.

Melalui tanah yang tidak diketahui, dia bergerak lurus seperti jarum kompas.

Son sens de l'orientation faisait paraître l'homme et la carte faibles en comparaison.

Rasa arahnya menjadikan manusia dan peta kelihatan lemah jika dibandingkan.

Tandis que Buck courait, il sentait plus fortement l'agitation dans la terre sauvage.

Semasa Buck berlari, dia berasa lebih kuat kacau di tanah liar.

C'était un nouveau genre de vie, différent de celui des mois calmes de l'été.

Ia adalah jenis kehidupan baru, tidak seperti bulan-bulan musim panas yang tenang.

Ce sentiment n'était plus un message subtil ou distant.

Perasaan ini tidak lagi datang sebagai mesej yang halus atau jauh.

Maintenant, les oiseaux parlaient de cette vie et les écureuils en bavardaient.

Sekarang burung bercakap tentang kehidupan ini, dan tupai bercakap tentangnya.

Même la brise murmurait des avertissements à travers les arbres silencieux.

Malah angin bertiup berbisik di celah-celah pokok yang sunyi.

Il s'arrêta à plusieurs reprises et respira l'air frais du matin.

Beberapa kali dia berhenti dan menghidu udara pagi yang segar.

Il y lut un message qui le fit bondir plus vite en avant.

Dia membaca mesej di situ yang membuatkan dia melompat ke hadapan dengan lebih pantas.

Un lourd sentiment de danger l'envahit, comme si quelque chose s'était mal passé.

Perasaan bahaya yang berat memenuhinya, seolah-olah ada sesuatu yang tidak kena.

Il craignait qu'une catastrophe ne se produise – ou ne soit déjà arrivée.

Dia takut malapetaka akan datang—atau sudah datang.

Il franchit la dernière crête et entra dans la vallée en contrebas.

Dia menyeberangi rabung terakhir dan memasuki lembah di bawah.

Il se déplaçait plus lentement, alerte et prudent à chaque pas.

Dia bergerak lebih perlahan, berjaga-jaga dan berhati-hati dengan setiap langkah.

À trois milles de là, il trouva une piste fraîche qui le fit se raidir.

Tiga batu keluar dia menemui jejak baru yang membuatnya kaku.

Les cheveux le long de son cou ondulaient et se hérissaient d'alarme.

Rambut di lehernya beralun dan berbulu kerana cemas.

Le sentier menait directement au camp où Thornton attendait.

Laluan itu terus menuju ke kem tempat Thornton menunggu.

Buck se déplaçait désormais plus rapidement, sa foulée à la fois silencieuse et rapide.

Buck bergerak lebih pantas sekarang, langkahnya senyap dan pantas.

Ses nerfs se sont resserrés lorsqu'il a lu des signes que d'autres allaient manquer.

Sarafnya menjadi tegang apabila dia membaca tanda-tanda orang lain akan terlepas.

Chaque détail du sentier racontait une histoire, sauf le dernier morceau.

Setiap butiran dalam denai menceritakan kisah—kecuali bahagian akhir.

Son nez lui parlait de la vie qui s'était déroulée ici.

Hidungnya memberitahunya tentang kehidupan yang telah berlalu dengan cara ini.

L'odeur lui donnait une image changeante alors qu'il le suivait de près.

Bau itu memberinya gambaran yang berubah-ubah sambil mengekori dari belakang.

Mais la forêt elle-même était devenue silencieuse, anormalement immobile.

Tetapi hutan itu sendiri telah menjadi sunyi; masih tidak wajar.

Les oiseaux avaient disparu, les écureuils étaient cachés, silencieux et immobiles.

Burung telah hilang, tupai tersembunyi, diam dan diam.

Il n'a vu qu'un seul écureuil gris, allongé sur un arbre mort.

Dia melihat hanya seekor tupai kelabu, rata di atas pokok mati.

L'écureuil se fondait dans la masse, raide et immobile comme une partie de la forêt.

Tupai bercampur, kaku dan tidak bergerak seperti sebahagian daripada hutan.

Buck se déplaçait comme une ombre, silencieux et sûr à travers les arbres.

Buck bergerak seperti bayang-bayang, senyap dan pasti melalui pepohonan.

Son nez se souleva sur le côté comme s'il était tiré par une main invisible.

Hidungnya tersentak ke tepi seperti ditarik oleh tangan ghaib.

Il se retourna et suivit la nouvelle odeur jusqu'au plus profond d'un fourré.

Dia berpaling dan mengikuti bau baru itu jauh ke dalam belukar.

Là, il trouva Nig, étendu mort, transpercé par une flèche.

Di sana dia mendapati Nig, terbaring mati, tertusuk anak panah.

La flèche traversa son corps, laissant encore apparaître ses plumes.

Batang itu melepasi badannya, bulu masih kelihatan.

Nig s'était traîné jusqu'ici, mais il était mort avant d'avoir pu obtenir de l'aide.

Nig telah mengheret dirinya ke sana, tetapi meninggal dunia sebelum mendapatkan bantuan.

Une centaine de mètres plus loin, Buck trouva un autre chien de traîneau.

Seratus ela lebih jauh, Buck menemui seekor lagi anjing kereta luncur.

C'était un chien que Thornton avait racheté à Dawson City.

Ia adalah seekor anjing yang dibeli semula oleh Thornton di Bandar Dawson.

Le chien était en proie à une lutte à mort, se débattant violemment sur le sentier.

Anjing itu dalam perjuangan maut, meronta-ronta di atas denai.

Buck le contourna sans s'arrêter, les yeux fixés devant lui.

Buck mengelilinginya, tidak berhenti, mata memandang ke hadapan.

Du côté du camp venait un chant lointain et rythmé.

Dari arah perkhemahan terdengar nyanyian berirama yang jauh.

Les voix s'élevaient et retombaient sur un ton étrange, inquiétant et chantant.

Suara-suara naik dan turun dalam nada nyanyian yang pelik, ngeri dan menyeramkan.

Buck rampa jusqu'au bord de la clairière en silence.

Buck merangkak ke hadapan ke tepi kawasan lapang dalam senyap.

Là, il vit Hans étendu face contre terre, percé de nombreuses flèches.

Di sana dia melihat Hans terbaring menghadap ke bawah, tertusuk dengan banyak anak panah.

Son corps ressemblait à celui d'un porc-épic, hérissé de plumes.

Badannya kelihatan seperti landak, berbulu dengan batang berbulu.

Au même moment, Buck regarda vers le pavillon en ruine.

Pada masa yang sama, Buck memandang ke arah pondok yang musnah.

Cette vue lui fit dresser les cheveux sur la nuque et les épaules.

Pemandangan itu membuatkan rambutnya naik kaku di leher dan bahunya.

Une tempête de rage sauvage parcourut tout le corps de Buck.

Ribut kemarahan liar melanda seluruh tubuh Buck.

Il grogna à haute voix, même s'il ne savait pas qu'il l'avait fait.

Dia menggeram kuat, walaupun dia tidak tahu bahawa dia telah.

Le son était brut, rempli d'une fureur terrifiante et sauvage.

Bunyi itu mentah, dipenuhi dengan kemarahan yang menakutkan dan ganas.

Pour la dernière fois de sa vie, Buck a perdu la raison au profit de l'émotion.

Untuk kali terakhir dalam hidupnya, Buck kehilangan sebab untuk emosi.

C'est l'amour pour John Thornton qui a brisé son contrôle minutieux.

Ia adalah cinta untuk John Thornton yang mematahkan kawalan berhati-hatinya.

Les Yeehats dansaient autour de la hutte en épicéa détruite.

Yeehats sedang menari di sekitar pondok cemara yang rosak.

Puis un rugissement retentit et une bête inconnue chargea vers eux.

Kemudian terdengar raungan—dan seekor binatang yang tidak dikenali menyerang mereka.

C'était Buck ; une fureur en mouvement ; une tempête vivante de vengeance.

Ia adalah Buck; kemarahan dalam gerakan; ribut dendam yang hidup.

Il se jeta au milieu d'eux, fou du besoin de tuer.

Dia melemparkan dirinya ke tengah-tengah mereka, gila dengan keperluan untuk membunuh.

Il sauta sur le premier homme, le chef Yeehat, et frappa juste.

Dia melompat ke arah lelaki pertama, ketua Yeehat, dan benar.

Sa gorge fut déchirée et du sang jaillit à flots.

Kerongkongnya tercabut, dan darah memancut dalam aliran.

Buck ne s'arrêta pas, mais déchira la gorge de l'homme suivant d'un seul bond.

Buck tidak berhenti, tetapi mengoyakkan kerongkong lelaki seterusnya dengan satu lompatan.

Il était inarrêtable : il déchirait, taillait, ne s'arrêtait jamais pour se reposer.

Dia tidak dapat dihalang—mencabik, menetak, tidak pernah berhenti untuk berehat.

Il s'élança et bondit si vite que leurs flèches ne purent l'atteindre.

Dia melesat dan melompat begitu pantas anak panah mereka tidak dapat menyentuhnya.

Les Yeehats étaient pris dans leur propre panique et confusion.

Yeehats terperangkap dalam panik dan kekeliruan mereka sendiri.

Leurs flèches manquèrent Buck et se frappèrent l'une l'autre à la place.

Anak panah mereka terlepas Buck dan menyerang satu sama lain sebaliknya.

Un jeune homme a lancé une lance sur Buck et a touché un autre homme.

Seorang pemuda merejam lembing ke arah Buck dan terkena lelaki lain.

La lance lui transperça la poitrine, la pointe lui transperçant le dos.

Lembing itu menembusi dadanya, mata itu menumbuk belakangnya.

La terreur s'empara des Yeehats et ils se mirent en retraite.

Keganasan melanda Yeehats, dan mereka berundur sepenuhnya.

Ils crièrent à l'Esprit Maléfique et s'enfuirent dans les ombres de la forêt.

Mereka menjerit tentang Roh Jahat dan melarikan diri ke dalam bayang-bayang hutan.

Vraiment, Buck était comme un démon alors qu'il poursuivait les Yeehats.

Sungguh, Buck seperti syaitan ketika dia mengejar Yeehats.

Il les poursuivit à travers la forêt, les faisant tomber comme des cerfs.

Dia merobek mereka melalui hutan, menjatuhkan mereka seperti rusa.

Ce fut un jour de destin et de terreur pour les Yeehats effrayés.

Ia menjadi hari nasib dan ketakutan bagi Yeehats yang ketakutan.

Ils se dispersèrent à travers le pays, fuyant au loin dans toutes les directions.

Mereka bertebaran di seluruh negeri, melarikan diri jauh ke setiap arah.

Une semaine entière s'est écoulée avant que les derniers survivants ne se retrouvent dans une vallée.

Seminggu penuh berlalu sebelum mangsa terakhir yang terselamat bertemu di sebuah lembah.

Ce n'est qu'alors qu'ils ont compté leurs pertes et parlé de ce qui s'était passé.

Selepas itu barulah mereka mengira kerugian mereka dan bercakap tentang apa yang berlaku.

Buck, après s'être lassé de la chasse, retourna au camp en ruine.

Buck, selepas penat mengejar, kembali ke kem yang hancur.

Il a trouvé Pete, toujours dans ses couvertures, tué lors de la première attaque.

Dia mendapati Pete, masih dalam selimutnya, terbunuh dalam serangan pertama.

Les signes du dernier combat de Thornton étaient marqués dans la terre à proximité.

Tanda-tanda perjuangan terakhir Thornton ditandakan di tanah berhampiran.

Buck a suivi chaque trace, reniflant chaque marque jusqu'à un point final.

Buck mengikuti setiap jejak, menghidu setiap tanda ke titik akhir.

Au bord d'un bassin profond, il trouva le fidèle Skeet, allongé immobile.

Di tepi kolam yang dalam, dia mendapati Skeet yang setia, terbaring diam.

La tête et les pattes avant de Skeet étaient dans l'eau, immobiles dans la mort.

Kepala dan kaki depan Skeet berada di dalam air, tidak bergerak dalam kematian.

La piscine était boueuse et contaminée par les eaux de ruissellement provenant des écluses.

Kolam itu berlumpur dan dicemari dengan air larian dari kotak air.

Sa surface nuageuse cachait ce qui se trouvait en dessous, mais Buck connaissait la vérité.

Permukaannya yang mendung menyembunyikan apa yang ada di bawahnya, tetapi Buck tahu kebenarannya.

Il a suivi l'odeur de Thornton dans la piscine, mais l'odeur ne menait nulle part ailleurs.

Dia menjejaki bau Thornton ke dalam kolam—tetapi bau itu tidak membawa ke mana-mana lagi.

Aucune odeur ne menait à l'extérieur, seulement le silence des eaux profondes.

Tiada bau yang keluar—hanya kesunyian air dalam.

Toute la journée, Buck resta près de la piscine, arpentant le camp avec chagrin.

Sepanjang hari Buck tinggal berhampiran kolam renang, mundar-mandir kem dalam kesedihan.

Il errait sans cesse ou restait assis, immobile, perdu dans ses pensées.

Dia mengembara gelisah atau duduk diam, hilang dalam pemikiran yang berat

Il connaissait la mort, la fin de la vie, la disparition de tout mouvement.

Dia tahu kematian; pengakhiran hidup; lenyapnya semua gerakan.

Il comprit que John Thornton était parti et ne reviendrait jamais.

Dia faham bahawa John Thornton telah tiada, tidak akan kembali.

La perte a laissé en lui un vide qui palpitait comme la faim.

Kehilangan itu meninggalkan ruang kosong dalam dirinya yang berdebar-debar seperti kelaparan.

Mais c'était une faim que la nourriture ne pouvait apaiser, peu importe la quantité qu'il mangeait.

Tetapi ini adalah makanan kelaparan yang tidak dapat diredakan, tidak kira berapa banyak yang dia makan.

Parfois, alors qu'il regardait les Yeehats morts, la douleur s'estompait.

Ada kalanya, ketika dia melihat Yeehats yang telah mati, rasa sakitnya hilang.

Et puis une étrange fierté monta en lui, féroce et complète.

Dan kemudian kebanggaan aneh timbul dalam dirinya, garang dan lengkap.

Il avait tué l'homme, le gibier le plus élevé et le plus dangereux de tous.

Dia telah membunuh manusia, permainan yang paling tinggi dan paling berbahaya

Il avait tué au mépris de l'ancienne loi du gourdin et des crocs.

Dia telah membunuh kerana melanggar undang-undang kuno kelab dan taring.

Buck renifla leurs corps sans vie, curieux et pensif.

Buck menghidu badan mereka yang tidak bermaya, ingin tahu dan berfikir.

Ils étaient morts si facilement, bien plus facilement qu'un husky dans un combat.

Mereka telah mati dengan mudah—lebih mudah daripada seekor husky dalam pergaduhan.

Sans leurs armes, ils n'avaient aucune véritable force ni menace.

Tanpa senjata mereka, mereka tidak mempunyai kekuatan atau ancaman sebenar.

Buck n'aurait plus jamais peur d'eux, à moins qu'ils ne soient armés.

Buck tidak akan takut kepada mereka lagi, melainkan mereka bersenjata.

Ce n'est que lorsqu'ils portaient des gourdins, des lances ou des flèches qu'il se méfiait.

Hanya apabila mereka membawa kayu, lembing, atau anak panah dia akan berhati-hati.

La nuit tomba et une pleine lune se leva au-dessus de la cime des arbres.

Malam tiba, dan bulan purnama naik tinggi di atas puncak pokok.

La pâle lumière de la lune baignait la terre d'une douce lueur fantomatique, comme le jour.

Cahaya pucat bulan membasahi bumi dalam cahaya yang lembut seperti siang.

Alors que la nuit s'approfondissait, Buck pleurait toujours au bord de la piscine silencieuse.

Apabila malam semakin mendalam, Buck masih berkabung di tepi kolam yang sunyi.

Puis il prit conscience d'un autre mouvement dans la forêt.

Kemudian dia menyedari kacau yang berbeza di dalam hutan.

L'agitation ne venait pas des Yeehats, mais de quelque chose de plus ancien et de plus profond.

Kacau itu bukan dari Yeehats, tetapi dari sesuatu yang lebih tua dan lebih dalam.

Il se leva, les oreilles dressées, le nez testant la brise avec précaution.

Dia berdiri, telinga diangkat, hidung menguji angin dengan berhati-hati.

De loin, un cri faible et aigu perça le silence.

Dari jauh terdengar jeritan samar dan tajam yang menembusi kesunyian.

Puis un chœur de cris similaires suivit de près le premier.

Kemudian paduan suara tangisan yang serupa mengikuti dekat di belakang yang pertama.

Le bruit se rapprochait, devenant plus fort à chaque instant qui passait.

Bunyi itu semakin dekat, semakin kuat setiap saat.

Buck connaissait ce cri : il venait de cet autre monde dans sa mémoire.

Buck tahu seruan ini — ia datang dari dunia lain dalam ingatannya.

Il se dirigea vers le centre de l'espace ouvert et écouta attentivement.

Dia berjalan ke tengah-tengah kawasan lapang dan mendengar dengan teliti.

L'appel retentit, multiple et plus puissant que jamais.

Panggilan itu berbunyi, ramai-ramai dan lebih berkuasa daripada sebelumnya.

Et maintenant, plus que jamais, Buck était prêt à répondre à son appel.

Dan kini, lebih daripada sebelumnya, Buck bersedia untuk menjawab panggilannya.

John Thornton était mort et il ne lui restait plus aucun lien avec l'homme.

John Thornton telah mati, dan tiada ikatan dengan manusia kekal dalam dirinya.

L'homme et toutes ses prétentions avaient disparu : il était enfin libre.

Manusia dan semua tuntutan manusia telah hilang—akhirnya dia bebas.

La meute de loups chassait de la viande comme les Yeehats l'avaient fait autrefois.

Kumpulan serigala itu mengejar daging seperti yang dilakukan oleh Yeehats suatu ketika dahulu.

Ils avaient suivi les orignaux depuis les terres boisées.

Mereka telah mengikuti rusa jantan turun dari tanah berkayu.

Maintenant, sauvages et affamés de proies, ils traversèrent sa vallée.

Sekarang, liar dan lapar akan mangsa, mereka menyeberang ke lembahnya.

Ils arrivèrent dans la clairière éclairée par la lune, coulant comme de l'eau argentée.

Mereka datang ke dalam terang bulan, mengalir seperti air perak.

Buck se tenait immobile au centre, les attendant.

Buck berdiri diam di tengah, tidak bergerak dan menunggu mereka.

Sa présence calme et imposante a stupéfié la meute et l'a plongée dans un bref silence.

Kehadirannya yang tenang dan besar membuatkan kumpulan itu terdiam seketika.

Alors le loup le plus audacieux sauta droit sur lui sans hésitation.

Kemudian serigala yang paling berani melompat terus ke arahnya tanpa teragak-agak.

Buck frappa vite et brisa le cou du loup d'un seul coup.

Buck menyerang dengan pantas dan mematahkan leher serigala itu dalam satu pukulan.

Il resta immobile à nouveau tandis que le loup mourant se tordait derrière lui.

Dia berdiri tidak bergerak lagi apabila serigala yang hampir mati itu berpusing di belakangnya.

Trois autres loups ont attaqué rapidement, l'un après l'autre.

Tiga lagi serigala menyerang dengan pantas, satu demi satu.

Chacun d'eux s'est retiré en sang, la gorge ou les épaules tranchées.

Masing-masing berundur pendarahan, tekak atau bahu mereka dikelar.

Cela a suffi à déclencher une charge sauvage de toute la meute.

Itu sudah cukup untuk mencetuskan seluruh pek menjadi caj liar.

Ils se précipitèrent ensemble, trop impatients et trop nombreux pour bien frapper.

Mereka bergegas masuk bersama-sama, terlalu bersemangat dan sesak untuk menyerang dengan baik.

La vitesse et l'habileté de Buck lui ont permis de rester en tête de l'attaque.

Kepantasan dan kemahiran Buck membolehkannya terus mendahului serangan.

Il tournait sur ses pattes arrière, claquant et frappant dans toutes les directions.

Dia berpusing pada kaki belakangnya, menyentap dan menyerang ke semua arah.

Pour les loups, cela donnait l'impression que sa défense ne s'était jamais ouverte ou n'avait jamais faibli.

Bagi serigala, ini seolah-olah pertahanannya tidak pernah terbuka atau goyah.

Il s'est retourné et a frappé si vite qu'ils ne pouvaient pas passer derrière lui.

Dia berpaling dan menetak dengan pantas sehingga mereka tidak dapat berada di belakangnya.

Néanmoins, leur nombre l'obligea à céder du terrain et à reculer.

Namun begitu, bilangan mereka memaksa dia untuk berputus asa dan berundur.

Il passa devant la piscine et descendit dans le lit rocheux du ruisseau.

Dia bergerak melepasi kolam dan turun ke katil anak sungai yang berbatu.

Là, il se heurta à un talus abrupt de gravier et de terre.

Di sana dia bertemu dengan tebing kerikil dan tanah yang curam.

Il s'est retrouvé coincé dans un coin coupé lors des fouilles des mineurs.

Dia tersungkur di sudut semasa penggalian lama pelombong.

Désormais protégé sur trois côtés, Buck ne faisait face qu'au loup de devant.

Kini, dilindungi di tiga sisi, Buck hanya berhadapan dengan serigala hadapan.

Là, il se tenait à distance, prêt pour la prochaine vague d'assaut.

Di sana, dia berdiri di teluk, bersedia untuk gelombang serangan seterusnya.

Buck a tenu bon si farouchement que les loups ont reculé.

Buck berpegang teguh pada pendiriannya sehingga serigala berundur.

Au bout d'une demi-heure, ils étaient épuisés et visiblement vaincus.

Selepas setengah jam, mereka letih dan kelihatan kalah.

Leurs langues pendaient, leurs crocs blancs brillaient au clair de lune.

Lidah mereka kelu, taring putih mereka berkilauan di bawah cahaya bulan.

Certains loups se sont couchés, la tête levée, les oreilles dressées vers Buck.

Beberapa serigala berbaring, kepala terangkat, telinga dicucuk ke arah Buck.

D'autres restaient immobiles, vigilants et observant chacun de ses mouvements.

Yang lain berdiri diam, berjaga-jaga dan memerhati setiap gerak-gerinya.

Quelques-uns se sont dirigés vers la piscine et ont bu de l'eau froide.

Beberapa orang merayau ke kolam dan menjilat air sejuk.

Puis un loup gris, long et maigre, s'avança doucement.

Kemudian seekor serigala kelabu yang panjang dan kurus merayap ke hadapan dengan cara yang lembut.

Buck le reconnut : c'était le frère sauvage de tout à l'heure.

Buck mengenalinya-ia adalah abang liar sebelum ini.

Le loup gris gémit doucement, et Buck répondit par un gémissement.

Serigala kelabu merengek perlahan, dan Buck membalas dengan rengek.

Ils se touchèrent le nez, tranquillement et sans menace ni peur.

Mereka menyentuh hidung, secara senyap dan tanpa ancaman atau ketakutan.

Ensuite est arrivé un loup plus âgé, maigre et marqué par de nombreuses batailles.

Seterusnya datang seekor serigala yang lebih tua, kurus dan berparut dari banyak pertempuran.

Buck commença à grogner, mais s'arrêta et renifla le nez du vieux loup.

Buck mula merengus, tetapi berhenti sebentar dan menghidu hidung serigala tua itu.

Le vieux s'assit, leva le nez et hurla à la lune.

Orang tua itu duduk, mengangkat hidungnya, dan melolong pada bulan.

Le reste de la meute s'assit et se joignit au long hurlement.

Pek yang lain duduk dan ikut melolong panjang.

Et maintenant, l'appel est venu à Buck, indubitable et fort.

Dan kini panggilan itu datang kepada Buck, tidak dapat disangkal dan kuat.

Il s'assit, leva la tête et hurla avec les autres.

Dia duduk, mengangkat kepalanya, dan melolong dengan yang lain.

Lorsque les hurlements ont cessé, Buck est sorti de son abri rocheux.

Apabila lolongan itu terakhir, Buck melangkah keluar dari tempat perlindungannya yang berbatu.

La meute se referma autour de lui, reniflant à la fois gentiment et avec prudence.

Pek itu menutup sekelilingnya, menghidu baik dan berhati-hati.

Les chefs ont alors poussé un cri et se sont précipités dans la forêt.

Kemudian para pemimpin menjerit dan berlari ke dalam hutan.

Les autres loups suivirent, hurlant en chœur, sauvages et rapides dans la nuit.

Serigala-serigala lain mengikuti, menjerit dalam paduan suara, liar dan pantas pada waktu malam.

Buck courait avec eux, à côté de son frère sauvage, hurlant en courant.

Buck berlari dengan mereka, di sebelah abang liarnya, melolong sambil berlari.

Ici, l'histoire de Buck fait bien de se terminer.

Di sini, kisah Buck akan sampai ke penghujungnya.

Dans les années qui suivirent, les Yeehats remarquèrent d'étranges loups.

Pada tahun-tahun berikutnya, Yeehats melihat serigala aneh.

Certains avaient du brun sur la tête et le museau, du blanc sur la poitrine.

Ada yang coklat di kepala dan muncung, putih di dada.

Mais plus encore, ils craignaient une silhouette fantomatique parmi les loups.

Tetapi lebih-lebih lagi, mereka takutkan sosok hantu di kalangan serigala.

Ils parlaient à voix basse du Chien Fantôme, chef de la meute.

Mereka bercakap dalam bisikan tentang Anjing Hantu, ketua kumpulan itu.

Ce chien fantôme était plus rusé que le plus audacieux des chasseurs Yeehat.

Anjing Hantu ini mempunyai lebih licik daripada pemburu Yeehat yang paling berani.

Le chien fantôme a volé dans les camps en plein hiver et a déchiré leurs pièges.

Anjing hantu itu mencuri dari kem pada musim sejuk yang mendalam dan mengoyakkan perangkap mereka.

Le chien fantôme a tué leurs chiens et a échappé à leurs flèches sans laisser de trace.

Anjing hantu membunuh anjing mereka dan melarikan anak panah mereka tanpa jejak.

Même leurs guerriers les plus courageux craignaient d'affronter cet esprit sauvage.

Malah pahlawan mereka yang paling berani takut menghadapi roh liar ini.

Non, l'histoire devient encore plus sombre à mesure que les années passent dans la nature.

Tidak, kisah itu semakin gelap, apabila tahun berlalu di alam liar.

Certains chasseurs disparaissent et ne reviennent jamais dans leurs camps éloignés.

Sesetengah pemburu lenyap dan tidak pernah kembali ke kem mereka yang jauh.

D'autres sont retrouvés la gorge arrachée, tués dans la neige.

Yang lain ditemui dengan kerongkong mereka terbuka, terbunuh dalam salji.

Autour de leur corps se trouvent des traces plus grandes que celles que n'importe quel loup pourrait laisser.

Di sekeliling badan mereka terdapat jejak—lebih besar daripada yang boleh dibuat oleh serigala.

Chaque automne, les Yeehats suivent la piste de l'élan.

Setiap musim luruh, Yeehats mengikuti jejak moose.

Mais ils évitent une vallée avec la peur profondément gravée dans leur cœur.

Tetapi mereka mengelakkan satu lembah dengan ketakutan yang terukir jauh ke dalam hati mereka.

Ils disent que la vallée a été choisie par l'Esprit du Mal pour y vivre.

Mereka mengatakan lembah itu dipilih oleh Roh Jahat untuk rumahnya.

Et quand l'histoire est racontée, certaines femmes pleurent près du feu.

Dan apabila kisah itu diceritakan, beberapa wanita menangis di sebelah api.

Mais en été, un visiteur vient dans cette vallée tranquille et sacrée.

Tetapi pada musim panas, seorang pelawat datang ke lembah yang tenang dan suci itu.

Les Yeehats ne le connaissent pas et ne peuvent pas le comprendre.

Yeehats tidak mengenalinya, dan mereka juga tidak dapat memahaminya.

Le loup est un grand loup, revêtu de gloire, comme aucun autre de son espèce.

Serigala adalah seekor yang hebat, disalut dengan kemuliaan, tidak seperti yang lain dari jenisnya.

Lui seul traverse le bois vert et entre dans la clairière de la forêt.

Dia sendirian menyeberang dari kayu hijau dan memasuki padang rumput hutan.

Là, la poussière dorée des sacs en peau d'élan s'infiltre dans le sol.

Di sana, debu emas dari karung kulit moose meresap ke dalam tanah.

L'herbe et les vieilles feuilles ont caché le jaune du soleil.

Rumput dan daun tua telah menyembunyikan kuning dari matahari.

Ici, le loup se tient en silence, réfléchissant et se souvenant.

Di sini, serigala berdiri dalam diam, berfikir dan mengingati.

Il hurle une fois, longuement et tristement, avant de se retourner pour partir.

Dia melolong sekali—lama dan sedih—sebelum dia berpaling untuk pergi.

Mais il n'est pas toujours seul au pays du froid et de la neige.

Namun dia tidak selalu bersendirian di tanah sejuk dan salji.

Quand les longues nuits d'hiver descendent sur les basses vallées.

Apabila malam musim sejuk yang panjang turun di lembah yang lebih rendah.

Quand les loups suivent le gibier à travers le clair de lune et le gel.

Apabila serigala mengikuti permainan melalui cahaya bulan dan fros.

Puis il court en tête du peloton, sautant haut et sauvagement.

Kemudian dia berlari di kepala pek, melompat tinggi dan liar.

Sa silhouette domine les autres, sa gorge est animée par le chant.

Bentuknya menjulang di atas yang lain, tekaknya hidup dengan nyanyian.

C'est le chant du monde plus jeune, la voix de la meute.

Ia adalah lagu dunia muda, suara kumpulan.

Il chante en courant, fort, libre et toujours sauvage.

Dia menyanyi sambil berlari—kuat, bebas, dan selamanya liar.